Annamaria Guerriero.

Domenico Bruni III^B

Noi e il futuro

Eventi e problemi del mondo globalizzato

ellepiesse
libri per la scuola

Copertina di Gianni Abeille
Composizione e impaginazione di Daria Marino

ellepiesse - libri per la scuola - Napoli

Ristampe

5 4 3 2
2019 - 2018 - 2017 - 2016 - 2015

ISBN
978-88-89118-81-8

Finito di stampare nel mese di aprile 2017
dalla Vulcanica Srl - Nola (NA)

PRESENTAZIONE

È possibile immaginare il futuro confidando in un progresso apportatore di benessere e opportunità per tutti, specialmente per i giovani che oggi riempiono le aule delle nostre scuole? È possibile nutrire una rinnovata speranza in un mondo oltre ogni crisi: economica, finanziaria, ambientale, morale, culturale, nei rapporti tra i popoli? È possibile un mondo "globalizzato" anche nei diritti umani e non soltanto nella circolazione delle merci e del denaro, un mondo in cui davvero non ci siano muri tra gli uomini e tra i popoli? Sì, se il mondo in cui viviamo cominciamo ad osservarlo con spirito critico; se scrutiamo nel groviglio di contraddizioni che lo caratterizzano, imparando a leggere la realtà oltre l'apparenza, non accontentandoci più delle facili ovvietà.

Questo è quanto il libro vuole offrire ai giovani lettori: uno strumento per guardarsi intorno, per capire, per provare ad orientarsi nella babele di messaggi in cui ci sommergono i mass media.

La civiltà dell'immagine, delle mode e dei consumi di massa è fin troppo accattivante, tanto che i giovani, che purtroppo oggi leggono poco, anche le notizie preferiscono "vederle" in televisione e in Internet, abituandosi così alla fruizione di un'informazione "veloce e spettacolare", quindi soltanto superficiale.

Nella convinzione che soltanto il recupero di una coscienza critica può evitare facili omologazioni ed allineamenti, il libro vuole offrire ai giovani lettori un'occasione di riflessione su eventi e problemi della complessa realtà attuale. La speranza, nonché l'augurio, è che diventi uno sprone all'approfondimento ed all'ulteriore ricerca, ma anche alla maturazione di cittadini responsabili e consapevoli che una società migliore è sempre possibile.

Domenico Bruni

Diritti umani, Costituzione, democrazia

1 Libertà e diritti

L'aspirazione alla **libertà** ha animato gli uomini di ogni tempo e civiltà, che spesso si sono scontrati per il tentativo di alcuni di sopraffare gli altri e ridurli sotto il proprio dominio: pensiamo agli schiavi e ai servi dell'antichità, ai popoli soggiogati da altri popoli, a coloro che, nel passato o più di recente, sono stati oppressi e discriminati, agli sfruttati e agli emarginati di oggi.

La libertà rimarrebbe una pura astrazione se non si concretizzasse nella rivendicazione di precisi diritti: non a caso gli uomini, nel loro cammino sulla strada del progresso, ne hanno maturato una coscienza sempre più netta e definita.

Ma che cosa sono i **diritti umani**? Sono un complesso di norme, storicamente determinate e fondamentali, che garantiscono ad ogni persona la possibilità di partecipare, liberamente e con piena dignità, alla vita sociale.

Nel corso dei secoli, si è sentita la necessità di affermare uno o più diritti umani in base alle esigenze del periodo ed alle condizioni socio-politiche esistenti. Ad esempio, nella **Dichiarazione d'indipendenza americana** del 1776 veniva rivendicato soprattutto il diritto alla libertà, all'uguaglianza ed alle pari opportunità di ogni uomo, contro la condizione d'asservimento predominante in quel particolare momento storico. Invece nella **Dichiarazione dei diritti dell'uomo e del cittadino**, prodotta dalla Rivoluzione francese nel 1789, oltre all'affermazione della liprodottabertà e dell'uguaglianza degli uomini, veniva proclamato il diritto dei cittadini a partecipare, personalmente o mediante rappresentanti, all'elaborazione delle leggi dello Stato.

Nel secolo scorso, il 10 dicembre 1948, nel clima di fiducia nel futuro che si diffuse dopo la liberazione dalla barbarie del nazifascismo, l'Assemblea generale delle Nazioni Unite proclamò la **Dichiarazione universale dei diritti dell'uomo**. Il primo dei trenta articoli che costituiscono la Dichiarazione afferma che "tutti gli uomini nascono liberi ed eguali in dignità e diritti. Essi sono dotati di ragione e di coscienza e devono agire gli uni verso gli altri in spirito di fratellanza".

Nei successivi articoli sono enunciati i diritti alla vita, alla libertà ed alla sicurezza personale; alla protezione da trattamenti disumani come torture e punizioni crudeli; ad una presunta innocenza, in caso di reato, fino a prova contraria di colpevolezza; alla cittadinanza; alla libertà di movimento e di residenza entro i confini nazionali; alla libertà di pensiero, di coscienza, di religione, di opinione e di espressione, di riunione e di associazione pacifica; al lavoro e ad un'equa retribuzione; alla salute, al riposo, allo svago ed al benessere personale; all'istruzione. Inoltre **viene proibita ogni forma di schiavitù e di servitù.**

La *Dichiarazione universale* dell'ONU rappresenta, rispetto alle Dichiarazioni delle rivoluzioni americana e francese, un'ulteriore, significativa conquista, proprio in quanto non appartiene ad alcuna nazione in particolare né ad alcuna ideologia o religione. La *Dichiarazione universale* appartiene al mondo intero, parla insomma a tutti i sette miliardi di persone, di lingua, religione, cultura e tradizioni diverse, che popolano la Terra.

Contemporaneamente al progresso della società, della morale e del pensiero, è via via maturata la consapevolezza di nuovi diritti, da quello di voto (con il suffragio universale) al diritto al lavoro, ad un'equa retribuzione, alla pensione quando non si è più in grado di lavorare; dal diritto alla tutela della salute al diritto all'istruzione, dal diritto alla parità con l'uomo, rivendicato dalle donne, al diritto alla sicurezza.

Ma l'uomo del ventunesimo secolo ha soprattutto il diritto di vivere in un mondo pacificato, senza guerre e libero dall'incubo del terrorismo; in un mondo sano, senza l'inquinamento ambientale, e più giusto, senza fame, povertà, sfruttamento e discriminazioni; in un mondo in cui l'interesse generale, nel rispetto di ogni persona, possa prevalere su particolarismi ed egoismi. Un mondo, insomma, in cui, come cita l'articolo 1 della ***Carta dei diritti fondamentali dell'Unione Europea***, "la dignità umana è inviolabile e deve essere rispettata e tutelata".

2 Le conquiste della democrazia: diritti civili, politici ed economico-sociali

I diritti umani possono essere distinti in **diritti civili, politici** ed **economico-sociali.** Ai primi appartengono i diritti di ogni persona (senza alcuna distinzione di sesso, etnia, religione), alla vita, alla libertà personale, alla sicurezza, all'uguaglianza, alla libertà di pensiero, di movimento, di espressione, di riunione, di fede religiosa, di assistenza legale.

I **diritti politici** riguardano la possibilità, per ogni individuo, di partecipare alla vita politica del proprio Paese, mediante elezioni libere, periodiche e con la garanzia della segretezza del voto.

I **diritti economico-sociali**, infine, attengono alla dignità ed alla libertà della persona dal bisogno: sono i diritti al lavoro, al riposo periodico, alla giusta retribuzione, alla pensione durante la vecchiaia, alla libertà di organizzazione sindacale, all'istruzione, alla tutela della salute.

Questi diritti sono a fondamento della **democrazia**, in quanto il riconoscimento e la difesa degli stessi sono inderogabili in una società che si dichiari autenticamente democratica. In particolare, sono fondamentali i diritti sociali, cioè quelli che in genere vengono tutelati con il cosiddetto ***welfare State*** ("Stato di benessere", tradotto letteralmente dall'inglese), cioè un modello di Stato che si propone di fornire, mediante una politica di interventi sociali, una serie di servizi a tutti i cittadini, in particolare a quelli meno abbienti: assistenza sanitaria, pubblica istruzione, un livello di reddito minimo garantito, eventuale indennità di disoccupazione, sussidi familiari, accesso alle risorse culturali (biblioteche, musei), assistenza in caso d'invalidità e durante la vecchiaia. Sono servizi che, però, gravano sui conti pubblici, in quanto richiedono ingenti risorse finanziarie. Queste provengono in buona parte dal prelievo fiscale che ha, nei Paesi democratici, un sistema di tassazione progressivo: le imposte aumentano al crescere del reddito.

Ogni autentica democrazia, inoltre, deve ispirarsi al principio di equità sociale, realizzando la parità delle opportunità per tutti (ovvero l'uguaglianza delle condizioni di partenza senza distinzioni e senza discriminazioni), in modo che le capacità e le potenzialità di ciascuno possano essere valorizzate adeguatamente, così da diventare ricchezza per l'intera comunità.

3 La Costituzione della Repubblica Italiana

La tutela e la valorizzazione dei diritti umani hanno ispirato la maggior parte delle Costituzioni moderne, inclusa quella che è a fondamento della Repubblica Italiana.

La nostra **Costituzione** entrò in vigore il 1° gennaio del 1948, dopo che, nel dicembre del 1947, era stata approvata dall'Assemblea Costituente e promulgata dal Capo provvisorio dello Stato Enrico De Nicola. Dal desiderio di lasciarsi alle spalle la nefasta esperienza della dittatura fascista, che aveva rovinato il nostro Paese gettandolo infine nella catastrofe della seconda guerra mondiale, e sull'onda della lotta partigiana di Liberazione, è nata la Costituzione che pone a fondamento della nostra Repubblica la **democrazia** e il **lavoro** ("L'Italia è una Repubblica democratica, fondata sul lavoro", art. 1). Inoltre, ben diversamente dal regime fascista, quando tutto il potere era nelle mani del dittatore Benito Mussolini, la Costituzione tiene separati ed in equilibrio tra loro i tre poteri fondamentali dello Stato: il **potere legislativo**, che spetta al Parlamento eletto dal popolo; il **potere esecutivo**, affidato al Consiglio dei Ministri che per governare ha bisogno di avere la maggioranza in Parlamento; il **potere giudiziario**, che compete alla Magistratura.

La Costituzione italiana dedica ben 42 articoli, tra quelli relativi ai *Principi fondamentali* e quelli concernenti i *Diritti e doveri dei cittadini*, al riconoscimento delle **libertà individuali** (libertà di parola, di stampa, di fede religiosa, di riunione, di domicilio, di circolazione) e ribadisce, nell'articolo 3, **l'uguaglianza di tutti gli uomini "davanti alla legge"** senza alcuna distinzione di sesso, etnia, lingua, religione ed opinioni politiche. Nello stesso articolo, là dove si afferma che è "compito della Repubblica rimuovere gli ostacoli di ordine economico e sociale che, limitando di fatto la libertà e l'eguaglianza dei cittadini, impediscono il pieno sviluppo della persona umana e l'effettiva partecipazione di tutti i lavoratori all'organizzazione politica, economica e sociale del Paese", è recepito in pieno il principio di equità di cui sopra, in quanto viene coniugata la libertà di ognuno con lo sviluppo della società, senza discriminazioni né privilegi.

Il diritto al lavoro negato

Percentuale di disoccupati sulla popolazione complessiva in Italia

anno	disoccupati	giovani disoccupati (15-24 anni)	
		Maschi	Femmine
2010	8,4%	26,9%	29,4%
2011	8,4%	27,1%	32,1%
2012	10,7%	33,7%	37,6%
2013	12,1%	39,0%	41,5%
2014	12,7%	41,3%	44,7%

Percentuale di disoccupati nel Nord, nel Centro e nel Sud dell'Italia

anno	Nord	Centro	Sud
2010	5,9%	7,6%	13,4%
2011	5,7%	7,5%	13,5%
2012	7,4%	9,4%	17,1%
2013	8,4%	10,7%	19,7%
2014	8,6%	11,4%	20,7%

I dati rilevano come la disoccupazione, in drammatico aumento negli ultimi anni per la crisi economica, colpisca soprattutto i giovani e le donne e sia un problema sociale particolarmente grave nell'Italia meridionale.

Fonte: Istat (Istituto Centrale di Statistica), 2014

La Costituzione dedica alcuni articoli alla **famiglia**, riconoscendone i diritti e il matrimonio come istituzione fondante, ma l'articolo 30 stabilisce il diritto ad ogni tutela giuridica ed economica anche dei figli "nati fuori del matrimonio" ed il diritto/dovere dei genitori di mantenerli ed educarli.

Particolarmente significativo è l'articolo 11 della nostra Costituzione: "**l'Italia ripudia la guerra** come strumento di offesa alla libertà degli altri popoli e come mezzo di risoluzione delle controversie internazionali".

4 Il diritto al lavoro e la libertà dal bisogno

La democrazia moderna si sviluppa nella misura in cui sono garantiti i diritti sociali ed economici, a cominciare dal diritto al lavoro che significa, innanzi tutto, **libertà dal bisogno**.

Purtroppo oggi, in conseguenza di una **crisi economica** che dura da troppo tempo, la povertà è in aumento e sempre più ampi strati della popolazione hanno visto peggiorare le loro condizioni di vita: pensiamo soprattutto ai giovani che hanno difficoltà a trovare un impiego o lorano in modo precario, ma anche agli anziani che percepiscono una pensione insufficiente per un'esistenza dignitosa.

Oltre **quindici milioni di italiani sono oggi a rischio di povertà**, secondo le statistiche, costretti a vivere con meno della metà del reddito medio, ed i giovani s'inseriscono nella società con sempre meno opportunità. Un dato allarmante, che rende sempre più necessari gli interventi che possano ridurre il disagio, come indennità di disoccupazione, eventuale salario minimo garantito, pensioni più dignitose.

Il lavoro, oltre ad affrancare il cittadino dal bisogno, gli consente anche di realizzare se stesso in quanto parte integrante della società, poiché è sempre il lavoro che, insieme alla famiglia, dà un senso alla sua vita.

Del resto, l'articolo 1 della nostra Costituzione afferma, come già detto, che l'Italia è una Repubblica fondata sul lavoro, mentre l'articolo 4 recita che "la Repubblica riconosce a tutti i cittadini il diritto al lavoro e promuove le condizioni che rendono effettivo questo diritto". Ma attenzione: ciò non vuol dire che lo Stato italiano garantisce ad ogni suo cittadino un impiego o la conservazione del posto di lavoro. Lo dimostra, purtroppo, l'alto tasso di disoccupazione nel nostro Paese, soprattutto nel Mezzogiorno, dove tanti giovani sono costretti ad attendere anni prima di poter lavorare o devono accontentarsi di svolgere attività di ripiego, precarie, sovente sottopagate o addirittura "a nero", cioè senza un regolare contratto di lavoro.

La Costituzione riconosce ai lavoratori il diritto di **organizzarsi in sindacati** per la tutela dei propri interessi ed il **diritto di sciopero**, cioè di astensione collettiva dal lavoro, da esercitare sempre "nell'ambito delle leggi che lo regolano". A garantire dignità e diritti ai lavoratori provvede una legge del 1970 nota come ***Statuto dei lavoratori***.

5 Il diritto alla tutela della salute

Questo è uno dei diritti oggi più radicati nella coscienza collettiva. Il progresso sociale ha infatti recepito il diritto alla tutela della salute come uno dei più importanti, per quanto riguarda non solo l'individuo, ma anche la comunità. Non a caso la nostra Costituzione, nell'articolo 32, afferma che la Repubblica tutela la salute come fondamentale diritto della persona e come interesse della collettività, garantendo a tutti il ricovero in ospedale in caso di necessità e cure gratuite agli anziani, ai meno abbienti ed alle persone affette da patologie particolarmente gravi.

Ma non basta affermare i diritti dei cittadini se poi questi non hanno **pari opportunità**, se cioè non sono in grado di fruire realmente di quei diritti che, in condizioni di disuguaglianza sociale, diventerebbero soltanto enunciazioni astratte.

In particolare, per quanto riguarda il delicato settore della sanità,

"*Il lavoro in nero è schiavitù.*"

Dalle parole di papa Francesco durante la visita a Scampia, un quartiere popolare di Napoli, il 18 marzo 2015.

tutti i cittadini, indipendentemente dalle loro condizioni sociali, devono poter avere le stesse opportunità di cura e di prevenzione delle malattie. Infatti la protezione della salute si assicura non solo attraverso la **cura delle malattie**, rendendo possibile a tutti la fruizione dei farmaci e delle strutture sanitarie ed ospedaliere e di trarre beneficio dalle conquiste più recenti della medicina, ma anche mediante un'efficace **prevenzione** delle stesse malattie: ad esempio, suggerendo comportamenti adeguati in materia d'igiene, combattendo alcune piaghe sociali, anche devastanti, come il *tabagismo*, l'*alcolismo* e soprattutto le *tossicodipendenze*.

La necessità di tutelare la salute dei cittadini nel modo più efficace ha indotto gli Stati democratici, nel corso del XX secolo, a sviluppare un **servizio sanitario pubblico**, inizialmente riservato ai lavoratori, ai meno abbienti e in genere alle fasce più deboli della popolazione, poi esteso all'intera popolazione.

È ovvio che, per far fronte alle crescenti esigenze della società,

Curiosità

Il testamento biologico

Il **testamento biologico**, detto anche *testamento di vita* o "dichiarazione anticipata di trattamento", contiene l'espressione della volontà di una persona in merito ad eventuali trattamenti terapeutici nel caso dovesse contrarre una malattia invalidante.

Il termine "testamento", derivante dal linguaggio giuridico, in questo caso non si riferisce, pertanto, alla donazione ereditaria, a parenti o beneficiari, dei beni materiali di una persona dopo la sua morte, bensì al diritto di ogni essere umano di decidere quali cure mediche accettare e quali rifiutare. In merito, l'articolo 32 della nostra Costituzione afferma che "nessuno può essere obbligato a un determinato trattamento sanitario se non per disposizione di legge. La legge non può in nessun caso violare i limiti imposti dal rispetto della persona umana".

È un argomento che suscita una serie di interrogativi di carattere etico e scientifico: è giusto che una persona venga tenuta in vita soltanto attraverso macchine o sistemi artificiali, con nutrizione ed idratazione forzate? Può la scienza medica accanirsi terapeuticamente su un paziente con il solo risultato di prolungargli l'esistenza in uno stato soltanto vegetativo? Un paziente allo stadio terminale ha il diritto di morire senza ulteriori sofferenze?

con ospedali sempre meglio attrezzati, dotati di un numero adeguato di medici ed infermieri, di attrezzature e macchinari efficienti, sono necessari investimenti cospicui, possibili con un impegno sempre più gravoso delle finanze pubbliche. Tuttavia, se è giusto che gli sprechi siano contrastati in ogni campo, è pur sempre vero che il diritto alla tutela della salute dei cittadini resta una conquista irrinunciabile di progresso sociale e di democrazia.

Il diritto alla salute riguarda anche la **sicurezza nei luoghi di lavoro**, che non devono essere nocivi alla salute dei lavoratori. Purtroppo sono ancora tanti, ogni anno, gli incidenti sul lavoro e le conseguenti ***morti bianche***, come sono chiamate quelle che avvengono durante lo svolgimento delle mansioni lavorative. Non c'è niente di più incivile di morire lavorando per guadagnarsi uno stipendio che consenta, a sé ed alla propria famiglia, di progettare il futuro, specialmente quando una vita viene spezzata perché magari un'azienda ha voluto risparmiare sui costi di prevenzione e di sicurezza nell'uso degli impianti e dei materiali.

La protezione della salute passa, infine, attraverso il **diritto di vivere in un ambiente sano**, a "misura d'uomo", riducendo al minimo l'impatto dei fattori inquinanti. È un'esigenza che si è imposta in conseguenza di una sempre più diffusa coscienza ambientalista.

Gli incidenti sul lavoro

anno	infortuni denunciati	infortuni mortali
2009	790.112	1.053
2010	775.374	980
2011	716.909	920
2012	651.527	790
2013	595.583	660

Nonostante la diminuzione di incidenti e morti sul lavoro, ancora muoiono in media due lavoratori al giorno! Purtroppo l'Italia è ai primi posti in Europa in questa triste classifica.

Fonte: Rapporto Inail 2014

6 Il diritto alla sicurezza

Ogni persona ha il diritto di vivere isicurezzan sicurezza all'interno del proprio Paese, quindi è compito dello Stato proteggere i cittadini dal rischio di **conflitti internazionali**.

A tal fine, il diritto alla sicurezza viene garantito non solo dalle forze armate poste a difesa dei confini nazionali, ma soprattutto attraverso una saggia *politica estera* che punti ad instaurare relazioni amichevoli con i governi degli altri Paesi, ispirate alla pace ed alla cooperazione tra i popoli. Inoltre, negli ultimi anni, è sorta l'esigenza di difendersi dalla minaccia del **terrorismo internazionale**, in particolare dopo gli attentati negli Stati Uniti dell'11 settembre 2001 e quelli che sono seguiti causando vittime nella popolazione civile in tanti altri Paesi (vedi pag. 35). Ma non bisogna nemmeno abbassare la guardia nei confronti di un terrorismo che possa nascere dall'interno della società italiana, come accaduto durante i cosiddetti *anni di piombo* (anni Settanta ed Ottanta del secolo scorso).

Lo Stato democratico deve proteggere i cittadini anche dalla **malavita organizzata**, purtroppo ancora radicata nel nostro Mezzogiorno (dove agiscono la *mafia*, la *camorra*, la *'ndrangheta*, la "*sacra corona unita*"), e dagli episodi di **microcriminalità** (ad esempio, i furti negli appartamenti o nei negozi e gli "scippi" ai passanti nelle strade) frequenti in alcune nostre città.

7 Il diritto allo studio

Il diritto allo studio è garantito dalla **scuola pubblica**, che svolge l'importante compito d'istruire ed educare i giovani ed ha avuto, nel nostro Paese, il merito storico di sconfiggere l'analfabetismo e di elevare il livello culturale medio della popolazione.

La scuola pubblica è **gratuita, libera ed aperta a tutti**, senza distinzioni di etnia, di ceto sociale, di religione, ed è in grado di valorizzare le capacità di tutti gli alunni, inclusi quelli diversamente abili, indirizzandoli verso i più alti livelli d'istruzione (art. 34 della Costituzione).

Esiste anche una **scuola privata**, alla quale la nostra Costituzione riconosce piena libertà, ma senza oneri per lo Stato, cioè senza l'erogazione di finanziamenti pubblici (art. 33).

Il diritto allo studio presuppone una **scuola di qualità**, capace di offrire ai giovani **pari opportunità formative** e le adeguate conoscenze e competenze per inserirsi al meglio nella società ed accedere al mondo del lavoro.

Bisogna ammettere, però, che la scuola italiana è ancora in ritardo rispetto agli *standards* formativi europei ed è chiamata a risolvere al più presto alcune sue evidenti contraddizioni. Ad esempio, non basta che la scuola e l'università siano aperte a tutti, se poi il costo delle tasse d'iscrizione e dei libri di testo rende praticamente assai difficile, per non dire impossibile, ad una famiglia a basso reddito o con più figli sopportare quello sforzo economico. Diventa perciò necessario erogare *buoni-libro* e *borse di studio*, così come previsto dalla Costituzione, in modo che tutti abbiamo veramente la possibilità di avvalersi del diritto allo studio.

8 I diritti delle donne

Negli ultimi decenni la donna ha conosciuto, soprattutto nei Paesi occidentali, una rapida **emancipazione** che l'ha portata alla parità giuridica con l'uomo: una parità di dignità e diritti tra uomo e donna che è riconosciuta da tutte le Costituzioni moderne, inclusa ovviamente quella italiana.

Sul progresso della condizione delle donne hanno influito anche i **movimenti femministi** che, negli anni, hanno lottato prima per conseguire l'**uguaglianza giuridica fra i sessi** e poi per una **liberazione complessiva della donna**, innanzi tutto nell'ambito della famiglia, in una società prima autoritaria e "maschilista".

Il *femminismo*, in particolare, ha insistito sul tema della specificità femminile (cioè la donna deve restare tale e non comportarsi come un uomo), più che su una generica parità uomo-donna. D'altronde la democrazia è di per sé sinonimo di uguaglianza di opportunità, sancita anche dalla nostra Costituzione.

Ma le donne continuano ad essere penalizzate e discriminate, nei

Paesi industrializzati come in quelli in via di sviluppo, nonché a subire **violenze e molestie** in famiglia, nei luoghi di lavoro, per strada. Nel 1993, nella Conferenza di Vienna sui diritti umani, fu approvata la *Dichiarazione sull'eliminazione della violenza contro le donne*, secondo la quale è da considerarsi violenza sulle donne "qualunque atto di violenza sessista che produca, o possa produrre, danni o sofferenze fisiche, sessuali o psicologiche, ivi compresa la minaccia di tali atti, la coercizione o privazione arbitraria della libertà, sia nella vita pubblica sia in quella privata". Nella stessa occasione è stata istituita, per il 25 novembre di ogni anno, la Giornata mondiale contro la violenza sulle donne.

Inoltre, se è vero che oggi ci sono donne soldato, donne *manager*, magistrati donne, astronaute, ministre, bisogna tuttavia rilevare che, nella nostra società, gli incarichi di potere e di prestigio sono in maggioranza svolti dagli uomini. Infatti, si è dovuto ricorrere in Italia alle cosiddette ***quote rosa*** che prevedono, a partire dal 2015, nei Consigli di amministrazione delle società quotate in Borsa e negli Enti pubblici, la presenza di una quota di donne pari ad almeno il 30% del totale di consiglieri, così da garantire alle donne l'opportunità di assumere potere decisionale in campi, come quello dell'economia e della finanza, in cui spesso a prevalere sono gli uomini.

Diventa anche necessario, per permettere l'accesso delle donne alle carriere più prestigiose, istituire appositi **servizi sociali** ed opportunità, in modo da liberare la donna che lavora dal "fardello" delle incombenze domestiche e delle responsabilità famigliari: ad esempio, un maggiore numero di asili-nido sul territorio e presso le aziende, il tempo prolungato a scuola per i figli, il *part-time* nel lavoro.

9 Il diritto a non subire alcuna discriminazione

Nell'ambito dei diritti umani bisogna includere anche il **diritto a non essere discriminati**, che oggi *sembra* acquisito dall'opinione pubblica, mentre la storia ci insegna che non è stato sempre così, e tuttora è troppo spesso violato. Pensiamo alle discriminazioni che ha dovuto subire, negli anni Cinquanta e Sessanta, la popolazione afroamericana, in seguito liberata dal pregiudizio etnico dei bianchi con il **movimento pacifista di Martin Luther King**; o alla segregazione razziale (nota come *apartheid*) a cui furono costretti i neri del Sudafrica fino al 1990, quando **Nelson Mandela**, *leader* di un ampio movimento di lotta, ne decretò la fine diventando poi il presidente del suo Paese.

Nella storia, però, il caso più cruento di attacco ad una presunta diversità è stato senza dubbio la persecuzione, con il successivo tentativo di eliminazione fisica (la cosiddetta *soluzione finale*), degli **Ebrei** da parte del **regime nazista in Germania**. Se i neri africani ed americani erano considerati diversi ed inferiori per il colore della loro pelle, ma in realtà per "legittimarne" lo sfruttamento, gli Ebrei in Germania vennero perseguitati col pretesto di non appartenere alla "pura razza ariana" e considerati i responsabili della sconfitta tedesca nella prima guerra mondiale: farneticazioni che provocarono la terribile tragedia della ***Shoàh***.

Ma forse non tutti sanno che Hitler ritenne "indesiderabili" anche i portatori di handicap, gli omosessuali, i nomadi *rom* e *sinti*: non a caso furono anche questi deportati e trucidati nei tristemente famosi *lager* nazisti, ovviamente insieme a tanti oppositori politici democratici, socialisti, comunisti.

Oggi, come detto, c'è un maggiore rispetto per le diversità, malgrado non manchino, anche nel nostro Paese, pregiudizi e discriminazioni nei riguardi dei *migranti*, nonché delle comunità nomadi di *rom* e *sinti*, che addirittura in certe occasioni, in alcune delle nostre città, sono stati brutalmente cacciati in massa dalle aree dove si erano insediati.

Non di rado, ad essere emarginati dalla nostra società sono pure gli omosessuali, gli ammalati di Aids o di qualche altra grave patologia, i senza fissa dimora: persone che vengono giudicate "diverse" perché hanno un particolare orientamento sessuale, soffrono per alcune malattie o hanno problemi a relazionarsi con il resto della collettività.

Certo, la concezione della **diversità** rispetto al passato è nettamente migliorata, tuttavia c'è ancora molto da fare affinché essa sia percepita da tutti non più come qualcosa di "indesiderabile" e da evitare, ma **come una ricchezza culturale e sociale**.

10 La democrazia dell'inclusione

Proprio la diffidenza che alcuni ancora manifestano nei confronti degli immigrati, degli omosessuali, dei nomadi, ci deve far capire che la democrazia moderna è un concetto molto più esteso che in passato e si basa non solo su una condivisione accettata di norme (che ovviamente stabiliscono diritti e doveri), ma anche su regole di partecipazione e soprattutto su una sempre più ampia *inclusione*. Di questo si sta prendendo coscienza soltanto da poco.

Una democrazia vera deve essere **inclusiva**, cioè deve tendere ad includere e non ad escludere. Includere chi? Tutti, anche chi viene ritenuto "diverso": ad esempio, l'immigrato, l'omosessuale, il *rom*, che qualcuno ancora tende istintivamente ad emarginare.

Includere vuol dire anche fornire a tutti le stesse possibilità, come affermato dal già citato articolo 3 della nostra Costituzione. È un principio che stabilisce la **finalità inclusiva** delle istituzioni della Repubblica Italiana, ma purtroppo questo significato della democrazia moderna sfugge ad alcuni opinionisti e perfino a certi uomini politici che dovrebbero considerare la funzione pubblica come un servizio reso ai cittadini, ed invece, non di rado, anche solo per procurarsi una manciata di voti in più, sono pronti ad alzare la voce contro le minoranze etniche, a lanciarsi in crociate discriminatorie contro il "diverso" che ci sta accanto.

La concezione della democrazia ha conosciuto una progressiva evoluzione nel corso dei secoli XIX e XX, grazie al contributo del **pensiero liberale**, che ha sensibilizzato le coscienze sui diritti civili; del **pensiero borghese democratico radicale**, che ha introdotto il suffragio universale e sostenuto il principio basilare della sovranità popolare; del **pensiero cristiano**, che ha posto l'accento sulla dignità della persona e sulla necessità della solidarietà fra tutti; del **pensiero socialista e comunista**, che ha insistito sulla rivendicazione dell'uguaglianza sociale, sulla dignità del lavoro e sulla libertà dal bisogno.

Non bisogna considerare la democrazia come un modello universale, definito una volta per tutte: si può notare invece una progressiva **democratizzazione della società**, conseguente alla sempre più ampia partecipazione dei cittadini alle scelte politiche e alla gestione della cosa pubblica.

11 Il diritto alla vita violato: la pena di morte nel mondo

È giusto condannare alla **pena di morte** chi si rende responsabile di crimini efferati? È un modo efficace di combattere la criminalità? O, forse, non è piuttosto un modo di vendicare una violenza subita con un'altra violenza?

Certo, alcuni reati particolarmente feroci colpiscono la sensibilità dell'opinione pubblica più di altri, suggerendo istintivamente la richiesta di una punizione "esemplare"; ma bisogna capire che, con la pena di morte, si vìola pur sempre il fondamentale diritto di ogni essere umano alla vita.

La pena capitale è stata eliminata dal Codice penale di molti Paesi del mondo; resta in vigore, però, ancora in troppi Paesi, sebbene in numero sempre minore.

Il Regno d'Italia l'abrogò nel 1889, quando fu varato il *Codice Zanardelli*, ma il regime fascista la reintrodusse nel 1926. Fu poi abolita definitivamente nel nostro Paese all'indomani della Liberazione dal fascismo.

I sostenitori della pena di morte le attribuiscono un valore deterrente nei confronti del crimine: una tesi non confortata, però, dalle statistiche. Negli Stati Uniti, ad esempio, il tasso di criminalità, nel complesso altissimo, non fa registrare differenze significative fra gli Stati dell'Unione che mantengono nel proprio ordinamento giudiziario la pena di morte e quelli che l'hanno abolita.

Inducono invece ad essere contrari alla pena di morte molte **ragioni di civiltà giuridica**, che si possono così riassumere:

1) nessuno, neppure lo Stato, che ese-

Curiosità

La pena di morte nel mondo

Sono **37** i Paesi che ancora mantengono in vigore la pena di morte. Tra questi, alcuni degli Stati Uniti, la Cina, l'India, il Pakistan, l'Iran, la Corea del Nord, il Giappone, l'Arabia Saudita e, unico tra gli Stati europei, la Bielorussia. Nel 2014 sono state poco più di **quattromila** le esecuzioni capitali nel mondo, avvenute soprattutto in Asia.

Fonte: Rapporto dell'organizzazione "Nessuno Tocchi Caino", 2011

guendo una pena capitale si macchierebbe paradossalmente dello stesso delitto che vorrebbe punire, può togliere la vita ad un essere umano;

2) il turbamento emotivo e la volontà di vendetta, che di solito spingono una parte dell'opinione pubblica a chiedere l'esecuzione capitale per chi si macchia di un crimine efferato, potrebbero col tempo mutarsi in sentimenti di pietà e di commozione, trasformando così il condannato in un "martire";
3) il dovere della giustizia moderna di rieducare, più che punire, chi commette atti criminosi, rende inaccettabile la pena di morte;
4) l'errore giudiziario, sempre possibile, diventa, ad esecuzione avvenuta, ovviamente irreparabile.

Il grado di civiltà di una società si misura anche dai progressi realizzati nell'organizzazione sociale e nel comune senso della morale: non si può regredire alla primitiva *legge del taglione* basata sul principio "occhio per occhio, dente per dente".

La Costituzione italiana afferma che "le pene non possono consistere in trattamenti contrari al senso di umanità e devono tendere alla rieducazione del condannato" (articolo 27), mentre l'Unione Europea ha sancito l'inammissibilità della pena di morte, per cui gli Stati che non l'avessero abolita non ne potrebbero fare parte.

Nell'autunno 2007 proprio l'Italia ebbe il merito di promuovere e far approvare dall'Assemblea Generale delle Nazioni Unite un provvedimento di **moratoria di tutte le esecuzioni capitali**, cioè la loro immediata sospensione nei Paesi che ancora mantenevano la pena di morte, nell'attesa che la cancellassero definitivamente dal loro ordinamento giudiziario.

Curiosità

Che cos'è Amnesty International

Amnesty International è un'organizzazione internazionale di volontari, sorta in Gran Bretagna nel 1961, per la difesa dei diritti umani, che si batte in particolare contro il carcere per reati di opinione, la tortura e la pena di morte. Ha ricevuto il **premio Nobel per la pace** nel 1977 e il **premio delle Nazioni Unite per i diritti umani** nel 1978. Oggi è in prima fila nella lotta per la sospensione di tutte le esecuzioni capitali, in ogni luogo e senza esclusione alcuna.

Focus

Un nuovo diritto: quello alla riservatezza

Tra i diritti umani di cui negli ultimi anni si è acquisita consapevolezza c'è il **diritto alla riservatezza** (in inglese, ***privacy***), anche se le sue origini risalgono alla fine dell'Ottocento, quando in Inghilterra fu introdotto il *right of privacy*, cioè il diritto a non subire intrusioni nella propria vita privata.

In Italia il diritto alla riservatezza fu riconosciuto nel 1996, mediante l'istituzione, da parte del Parlamento, dell'*Autorità garante della protezione dei dati personali*.

Tuttavia oggi il diritto dei cittadini alla riservatezza rischia in troppe occasioni di essere violato. Pensiamo alle aziende che chiedono, soprattutto attraverso Internet, l'autorizzazione a trattare i dati personali dei clienti per scopi pubblicitari e commerciali; alle informazioni su interessi, gusti, amicizie delle persone, che possono facilmente essere ricavate dai cosiddetti *social network*; alle telecamere a "circuito chiuso" che riprendono le persone nei negozi, nei centri commerciali, in banca o allo stadio (sebbene necessarie per individuare eventuali autori di reati); all'invadenza dei *mass media*, in particolare della televisione, che "entrano" nella vita privata non solo di personaggi famosi del cinema, dello sport e della musica, ma anche della gente comune, sbirciando tra le pareti domestiche e nelle relazioni interpersonali.

Pensiamo, ancora, alle **intercettazioni telefoniche** utilizzate per le indagini giudiziarie: è vero che lo scopo è di scoprire comportamenti illeciti, ma non di rado le conversazioni telefoniche di personaggi noti sono pubblicate dai giornali ancor prima che la Magistratura emetta una sentenza o, comunque, non vengono cancellate una volta diventate irrilevanti ai fini del procedimento giudiziario.

Insomma, la vita privata finisce per diventare un affare d'interesse pubblico ed invece, se si è nei limiti della legalità e all'interno della sfera famigliare, ogni cittadino non dovrebbe assolutamente essere infastidito.

Focus

Decentramento e federalismo

Nel nostro Paese si continua a discutere di **federalismo**, un tema proposto con sempre maggiore insistenza negli ultimi anni. Bisogna subito sgombrare il campo dagli equivoci: il federalismo autentico e democratico non ha nulla a che vedere con il *secessionismo*, cioè con l'ipotesi di spezzare l'Italia (che deve restare una repubblica unitaria, come vuole la nostra Costituzione) ma rappresenta un'evoluzione delle autonomie locali sancite e valorizzate dalla stessa Carta Costituzionale.

Il federalismo, inteso come il **decentramento** del potere, sottraendo allo Stato alcune funzioni, ad esempio in materia fiscale, sanitaria, scolastica, per distribuirle tra le Regioni ed i Comuni, può rappresentare una valorizzazione del principio dell'**autonomia locale**, con una partecipazione più diretta dei cittadini alla gestione della cosa pubblica e alla soluzione dei problemi locali. A patto che non sopprima il senso della solidarietà nazionale, ma la favorisca facendo sentire tutti i cittadini protagonisti della vita sociale e politica del Paese.

Questa, lo si ribadisce, è anche la lettera della nostra Costituzione che, nell'articolo 5, se stabilisce che la **Repubblica è una e indivisibile**, tuttavia esalta le **autonomie locali** come strumenti di partecipazione democratica dei cittadini.

Le parole per capire

Costituzione: la legge fondamentale di uno Stato, che contiene i princìpi fondamentali ispiratori e le norme che regolano le strutture dello Stato ed i suoi rapporti con i cittadini. La Costituzione della Repubblica Italiana entrò in vigore il 1° gennaio 1948.

Diritti di cittadinanza: diritti, ma anche doveri, che scaturiscono dall'appartenenza di un individuo ad uno Stato, esercitando i quali l'individuo acquisisce la dignità di cittadino di quello Stato.

Diritto alla diversità: il diritto a non essere discriminato o emarginato, ma incluso nella società al pari degli altri cittadini, per chi è diverso dalla maggioranza dei cittadini per appartenenza etnica, religione professata, lingua parlata, condizione psicofisica, orientamento sessuale, ecc.

Dittatura: governo autoritario e totalitario di un solo uomo o partito ed esercitato mediante sistemi polizieschi in spregio della libertà e dei diritti dei cittadini. Ne è stato un esempio il fascismo, con la dittatura di Mussolini che fu esercitata in Italia dal 1925 al 1943.

Equità sociale: giusta ripartizione, nella società, dei vantaggi come pure degli oneri e degli obblighi.

Morti bianche: morti che avvengono per incidenti sul lavoro, quasi sempre conseguentemente alla carenza delle indispensabili misure di sicurezza. Costituiscono la più evidente violazione del diritto alla sicurezza sul lavoro.

Quote rosa: percentuale di seggi in un Parlamento, in un Consiglio comunale o regionale, in un Consiglio d'Amministrazione di società, obbligatoriamente destinata alle donne, allo scopo di facilitare il loro accesso alle carriere pubbliche e dirigenziali.

Statuto dei lavoratori: insieme di norme, contenute in una legge del 1970, che tutelano la libertà e la dignità dei lavoratori in applicazione dei principi costituzionali, nonché l'attività dei sindacati nei luoghi di lavoro.

Welfare (State): tradotto dall'inglese, *Stato del benessere*, o Stato sociale, cioè il sistema pubblico di protezione delle fasce sociali più deboli mediante l'assistenza sanitaria, le pensioni, le indennità di disoccupazione e d'invalidità, ecc.

PROPOSTE DI LAVORO

Per la comprensione

1. *Rispondi alle seguenti domande:*

- Che cosa s'intende per diritti umani? ....
....
- Quando andò in vigore la Costituzione della Repubblica Italiana e dopo quali tragiche esperienze? ....
- A quali organi sono affidati dalla Costituzione italiana i tre poteri fondamentali dello Stato? ....
....
- Che cosa s'intende per diritto allo studio e come viene garantito dalla Costituzione italiana? ....
....
- Quale riscontro trova nella Costituzione il diritto alle pari opportunità? ...
....
- Quali ragioni di civiltà giuridica inducono a respingere la pena di morte?
....

2. *Indica, per ogni affermazione, se è vera o falsa:*

	VERA	FALSA
- La Costituzione italiana non ammette il diritto di sciopero.	☐	☐
- Gli ordinamenti dell'Unione Europea ritengono inammissibile la pena di morte.	☐	☐
- Il testamento biologico contiene la decisione di una persona riguardo ad eventuali trattamenti terapeutici in caso di malattie invalidanti.	☐	☐

3. *Indica la categoria dei diritti umani a cui appartiene ciascuno dei diritti citati.*

	Diritti civili	Diritti politici	Diritti economico-sociali
diritto alla libertà di pensiero	☐	☐	☐
diritto di riunione	☐	☐	☐
diritto alla libertà di culto religioso	☐	☐	☐
diritto di voto	☐	☐	☐
diritto ad un'equa retribuzione	☐	☐	☐
diritto al lavoro	☐	☐	☐
diritto alla tutela della salute	☐	☐	☐
diritto ad avere pari opportunità	☐	☐	☐

Per la riflessione e la produzione scritta

1. *Le Dichiarazioni dei diritti umani come tappe di un ideale percorso dell'umanità verso la libertà.*
2. *I Princìpi fondamentali della Costituzione italiana che ritieni siano particolarmente importanti per la democrazia nel nostro Paese.*
3. *L'istruzione come condizione dell'esercizio della cittadinanza: non si può essere veri cittadini, partecipi e interessati alla "cosa pubblica", se non si è adeguatamente istruiti.*
4. *Le opposte opinioni che si confrontano sulla pena di morte: c'è chi la ritiene valida a scoraggiare la criminalità e chi invece la considera una mostruosità giuridica. Esponi le tue idee in merito.*
5. *Perché la tutela della salute, oltre ad essere un diritto del cittadino, è anche nell'interesse della società?*
6. *Ritieni giusto che anche la vita privata dei personaggi famosi, ad esempio dello sport e dello spettacolo, sia oggetto dell'attenzione dei mass media?*

1 La pace in tutto il mondo è ancora lontana

Si è detto che la più grande negazione dei diritti umani è la **guerra** ed il ventesimo secolo se n'è andato portandosi le tragedie di due catastrofiche guerre mondiali, dell'olocausto nucleare di Hiroshima e di Nagasaki, dei lager nazisti e dello sterminio di oltre sei milioni di Ebrei. Rimarrà la memoria storica di quelle tragedie ad ammonire l'umanità in questo ventunesimo secolo affinché non si ripetano più.

Ma purtroppo la guerra non è scomparsa dall'orizzonte dell'uomo del ventunesimo secolo. Il Terzo Millennio non ha portato la pace nel mondo e tante guerre si combattono ancora, soprattutto nelle aree più povere del Pianeta. Nemmeno l'Europa è rimasta immune, perché, dopo le guerre ed i genocidi nella Penisola Balcanica degli anni Novanta del secolo scorso, si sono sentite nuovamente tuonare le artiglierie e si sono viste ancora una volta le scene di terribile sofferenza della popolazione civile sotto le bombe in Ucraina, nell'Europa orientale.

Alle guerre si è aggiunta la recrudescenza del **terrorismo** che, dopo l'attacco alle Torri Gemelle di New York dell'11 settembre 2001, il più sanguinoso della storia, è diventato sempre più minaccioso.

Nel mondo "globalizzato" di oggi, in cui il poderoso sviluppo del commercio tende ad abbattere ogni frontiera ed in cui i mass media, Internet e le nuove tecnologie informatiche praticamente "connettono" tutti gli abitanti del Pianeta, non c'è guerra o attacco terroristico che non produca conseguenze nel resto del mondo. Questo ci rende consapevoli della **necessità della pace e della cooperazione fra tutti i popoli**, subito e senza eccezione alcuna.

2 Il Medio Oriente, focolaio di tensioni e conflitti

Dalla metà del secolo scorso il **Medio Oriente è la regione di maggiore tensione del mondo**. L'espressione ***Medio Oriente*** continua ad essere di origine anglosassone (*Middle East*): è nata all'inizio del XX secolo per indicare la vasta regione compresa tra il Vicino Oriente, cioè la Turchia, e l'Impero britannico delle Indie di quel tempo.

In pratica, il Medio Oriente include gran parte del **mondo arabo**, cioè la Penisola Arabica (Arabia Saudita, Yemen, Oman, Emirati Arabi Uniti, Qatar, Bahrein) ed i Paesi della "mezzaluna fertile" (Siria, Libano, Giordania, Iraq, Kuwait, Egitto, Stato d'Israele e territori amministrati dall'Autorità Nazionale Palestinese).

Questi Paesi sono tutti di **religione islamica**, fatta eccezione per lo **Stato ebraico d'Israele**.

La presenza d'ingenti riserve di **petrolio** nel sottosuolo ha suscitato l'interesse delle Potenze industrializzate dell'Occidente, che, per il loro sviluppo economico, hanno necessità di un costante approvvigionamento energetico.

Inoltre il cosiddetto ***oro nero*** ha anche fatto la fortuna di alcuni dei Paesi dell'area, diventati tra i più ricchi del mondo, come il Kuwait e gli Emirati Arabi Uniti.

Il Medio Oriente è diventato l'area più "calda" del mondo non solo per la presenza di notevoli riserve di petrolio, che costituiscono una risorsa d'importanza strategica per l'economia mondiale, ma anche perché dal 1848, anno di fondazione dello Stato ebraico d'Israele, si è prodotta una ***questione palestinese*** tuttora irrisolta.

Infatti, alla fine della seconda guerra mondiale, anche in conseguenza della ***Shoah***, con oltre sei milioni di Ebrei che avevano perso la vita nei campi di concentramento nazisti, l'ideale di una "patria ebraica", che ponesse fine alla loro millenaria *diaspora*, fu particolarmente sentito dagli Ebrei sopravvissuti.

Non a caso in Palestina, dove viveva oltre un milione di Arabi, si erano insediati quasi settecentomila Ebrei, di cui circa la metà nei primi anni successivi alla fine del secondo conflitto mondiale.

3 Lo Stato d'Israele e la questione palestinese

La Palestina era un "mandato" britannico, alla scadenza del quale, nel novembre del 1947, fu divisa dall'ONU in due parti: l'una **ebraica,** comprendente poco più della metà del territorio, e l'altra **araba. Gerusalemme** avrebbe ricevuto lo "status" giuridico di *città internazionale*, tenuto conto della sua importanza per le tre grandi religioni monoteistiche (la cristiana, la musulmana e l'ebraica).

Ma i Palestinesi e gli Stati arabi confinanti non accettarono la "spartizione" decisa dall'ONU. Quando il 14 maggio 1948, allo scadere del "mandato" britannico, il *leader* degli Ebrei di Palestina **David Ben Gurion** proclamò solennemente, alla presenza dei delegati del Consiglio nazionale ebraico, la nascita dello **Stato d'Israele**, i Paesi arabi mossero subito guerra alla nuova entità politica.

Fu quella la **prima di una lunga serie di guerre in Medio Oriente**, ma anche l'inizio di un dramma per la popolazione palestinese che, non accettando di vivere in uno Stato che riconosceva pienezza di diritti soltanto ai cittadini di religione ebraica, preferì abbandonare in massa le terre assegnate allo Stato israeliano, riparando nei Paesi arabi vicini.

Nonostante l'evidente disparità di forze, lo Stato d'Israele, aiutato in modo decisivo dagli Stati Uniti e dalle altre Potenze occidentali, riuscì a

Curiosità

Quanto costa un F-35

La sigla F-35 indica un formidabile **aereo da guerra**, un cacciabombardiere supersonico invisibile ai radar, prodotto da un consorzio di industrie aeronautiche di molti Paesi occidentali, tra cui l'italiana Finmeccanica, guidato dall'americana Lockeed. È un autentico gioiello tecnologico, ma anche un terribile strumento di morte, e per di più costosissimo. Si è calcolato che ogni aereo F-35 non costi meno di duecento milioni di euro. Con tale cifra quanti ospedali o quante scuole si potrebbero costruire? Quanti vaccini si potrebbero distribuire alle popolazioni povere del Sud del mondo?

volgere a proprio favore le sorti di quel primo conflitto, occupando infine un territorio ben più ampio di quello originariamente assegnatogli dalle Nazioni Unite, compresa anche la parte ovest della città di Gerusalemme.

A quella prima guerra ne seguirono altre tra lo Stato d'Israele e gli Stati arabi confinanti (Egitto, Siria, Giordania): nel 1956 la **guerra del Canale di Suez**, nel 1967 la **guerra dei sei giorni**, nel 1973 la **guerra del Kippur**.

Israele e territori governati dall'Autorità Nazionale Palestinese (Gaza e Cisgiordania)

Queste guerre aggravarono la *questione palestinese*, cioè il problema delle genti arabe di Palestina, le quali, per non vivere in condizioni di cittadinanza limitata nello Stato ebraico d'Israele, continuarono ad andar via dalle loro terre, riducendosi a vivere in condizioni di estrema precarietà nei campi-profughi. Infatti, ad ogni guerra, ondate di sfollati alimentavano la nuova *diaspora* palestinese, tanto che oggi si calcolano in ben cinque milioni i Palestinesi ospitati negli Stati arabi vicini.

Dalla disperazione dei campi-profughi trasse alimento la **guerriglia palestinese**, condotta contro Israele da organizzazioni di vario orientamento politico. Essa s'intensificò notevolmente dopo l'occupazione israeliana di **Gaza** e della **Cisgiordania**, dove si addensa la popolazione palestinese. Le organizzazioni palestinesi si federarono nell'**OLP (Organizzazione per la Liberazione della Palestina)**. Di gran lunga la più importante di tali organizzazioni era **Al Fatah**, guidata da **Yasser Arafat**, riconosciuto anche presidente dell'OLP.

Dopo che l'Egitto, il più importante degli Stati arabi confinanti con Israele, ebbe raggiunto un accordo di pace con quest'ultimo, nel 1988 nei territori di Gaza e della Cisgiordania cominciò l'**Intifada**, la ***rivolta delle pietre***, così chiamata perché uomini, donne e ragazzi palestinesi organizzavano la resistenza alle truppe israeliane occupanti con sassi e bastoni. L'OLP proclamò simbolicamente la nascita di uno Stato palestinese in Cisgiordania e a Gaza e, nel contempo, s'impegnò a riconoscere lo Stato d'Israele.

Mentre anche la Giordania sottoscriveva un trattato di pace con Israele, Palestinesi ed Israeliani avviavano finalmente trattative dirette e raggiungevano una storica intesa per la nascita di un'**Autorità Nazionale palestinese (ANP)**, primo embrione di un'entità statale palestinese a Gaza e nella Gisgiordania. In tali territori i Palestinesi svolsero anche delle libere elezioni che portarono alla vittoria, in Cisgiordania, di Al Fatah e del suo *leader* **Abu Mazen**, succeduto al defunto Arafat, ed a Gaza di **Hamàs**, un'organizzazione politica che un tempo aveva fomentato il terrorismo ed aveva anche avversato i negoziati diretti con Israele. Oggi la ANP è ancora divisa: la Striscia di Gaza è sotto il controllo degli oltranzisti di Hamàs, mentre la Cisgiordania è sotto il controllo della fazione moderata capeggiata da Abu Mazen. In queste condizioni, anche i negoziati di pace con Israele stentano a riprendere.

Nonostante i negoziati tra Palestinesi e Israeliani siano stati più volte ripresi e bloccati, e nonostante permanga uno stato di tensione nell'area, tuttavia la prospettiva di vedere convivere in Palestina due popoli, quello israeliano e quello palestinese, ciascuno libero nella sua patria, deve considerarsi ormai irreversibile.

“ *L'umanità ha oggi bisogno di ponti, non di muri.* ”

Con queste parole, pronunciate nel novembre del 2003, **papa Giovanni Paolo II** biasimò la costruzione in Cisgiordania di un muro per separare gli insediamenti di coloni israeliani dalla popolazione palestinese. La frase può benissimo essere riferita a tutte le barriere artificiose che vengono innalzate per separare i popoli tra di loro.

4 Il Medio Oriente e il petrolio

Il Medio Oriente ha, come si è detto, un'importanza decisiva per gli equilibri internazionali anche per la presenza, nel sottosuolo, d'ingenti riserve di **petrolio.** I Paesi del Golfo Persico forniscono ogni anno un quarto della produzione mondiale di greggio e l'Arabia Saudita è addirittura il primo produttore mondiale. Il controllo politico dell'area è, pertanto, decisivo per gli interessi degli Stati più industrializzati, il cui approvvigionamento energetico dipende proprio dalle importazioni di petrolio. Per questo i governi occidentali, soprattutto britannico e americano, avevano appoggiato, in passato, monarchi ed emiri di alcuni Stati dell'area che consentivano alle **Compagnie petrolifere occidentali** di controllare i pozzi petroliferi e i terminali degli oleodotti.

Ma, a partire dagli anni Settanta, la maggior parte dei Paesi produttori di petrolio decise di ridimensionare il potere delle Compagnie petrolifere occidentali e di coordinare le produzioni ed esportazioni di greggio attraverso l'**Opec** (*Organization of the Petroleum Exporting Countries*), l'organismo internazionale formato dai Paesi esportatori di greggio. Nell'**ottobre del 1973**, allo scoppio della "guerra del Kippur", non a caso i Paesi arabi produttori ricorsero al petrolio come arma economica contro gli alleati occidentali d'Israele, spingendo l'Opec ad aumentare di molto il prezzo del greggio.

Nel **1979**, dopo la **rivoluzione islamica in Iran**, seguì una **seconda crisi petrolifera**, con una nuova impennata del prezzo del greggio.

Le conseguenze dei due *shock petroliferi*, che segnavano la fine dell'epoca in cui l'energia era ritenuta una risorsa disponibile in modo illimitato, si fecero avvertire pesantemente nei Paesi industrializzati dell'Occidente, dove si contrassero sensibilmente i consumi di massa. Tra gli effetti delle crisi petrolifere si ebbe, però, anche la **ricerca di fonti alternative di energia**, soprattutto per quanto riguarda quelle pulite e rinnovabili.

Alla nuova Repubblica Islamica dell'Iran mosse guerra nel 1980 il dittatore dell'Iraq **Saddam Hussein**. Il conflitto, scoppiato per il controllo di alcune regioni di confine, ricche di pozzi petroliferi, durò ben otto anni, e costò circa un milione di morti.

Qualche anno dopo, il dittatore iracheno provocò un nuovo conflitto nell'area del Golfo Persico, occupando nell'agosto del 1990 il **Kuwait**. Questo è uno Stato piccolo, ma ricchissimo di petrolio, già

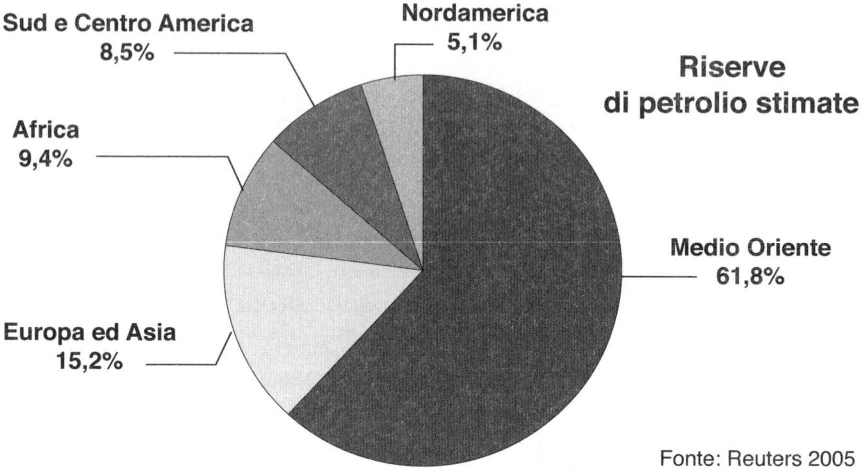

Si comprende l'importanza strategica del Medio Oriente: vi si trova, secondo una stima del 2005, il 61,8% delle riserve mondiali di petrolio conosciute.

protettorato britannico, che nel 1961 aveva ottenuto l'indipendenza mantenendosi poi sempre fedele all'alleanza con le Potenze occidentali, ma che Saddam Hussein rivendicava come provincia dell'Iraq.

L'ONU intervenne contro la violazione del diritto internazionale, autorizzando l'invio contro l'Iraq di un contingente armato formato da truppe americane, di altri Stati occidentali ed anche di alcuni Paesi arabi. Nel gennaio del 1991, mentre venivano duramente bombardate le città irachene, l'offensiva delle truppe di terra mise fine definitivamente alle velleità del dittatore iracheno, i cui soldati dovettero lasciare il Kuwait.

La **guerra del Golfo** fu una delle più sanguinose che siano mai state combattute nell'area mediorientale: oltre centomila furono i soldati iracheni uccisi, ma non si contano le centinaia di migliaia di civili periti durante i bombardamenti aerei su Baghdad e sulle altre città irachene.

Dopo aver subito gli attentati dell'**11 settembre 2001**, gli Stati Uniti attaccarono nuovamente il regime di Saddam Hussein, accusato di possedere armi di distruzione di massa e di ospitare in Iraq organizzazioni terroristiche. Ma certamente influì, sulla scelta dell'attacco militare, anche la volontà di controllare i ricchi giacimenti petroliferi del Paese mediorientale.

5 La "Primavera araba"

Con l'espressione ***Primavera araba*** s'intende un'ondata di proteste di piazza che nel 2010 e nel 2011 abbattéi regimi autoritari e corrotti che da decenni erano al potere in alcuni Paesi arabi: prima fu la volta della **Tunisia**, poi dell'**Egitto**, infine della **Libia**, dove la ultraquarantennale dittatura di **Gheddafi** è stata rovesciata alla fine di un'aspra guerra civile che vide anche l'intervento militare di Francia e Gran Bretagna. L'ondata di lotte e di proteste popolari raggiunse anche altri Paesi del Medio Oriente, tra cui la **Siria** dove la dura repressione del regime autoritario al potere da molti anni innescò una sanguinosa guerra civile che ancora si trascina ed ha causato decine di migliaia di vittime nella popolazione civile.

Ad alimentare le ribellioni della *Primavera araba* sono stati i **giovani** i quali, servendosi dei cosiddetti ***social network***, specialmente di *Twitter*, erano diventati i portavoce delle ragioni della protesta contro i regimi oppressori. Infatti i giovani, che nei Paesi arabi costituiscono la maggioranza della popolazione, mediante gli innumerevoli contatti che la Rete permette d'instaurare, si sono fatti carico delle speranze di libertà e di democrazia dei loro popoli e, proprio mediante Internet ed i *social network*, hanno organizzato forti proteste di piazza, che hanno coinvolto le masse popolari ed infine provocato il **crollo dei regimi**

I Paesi della "Primavera araba"

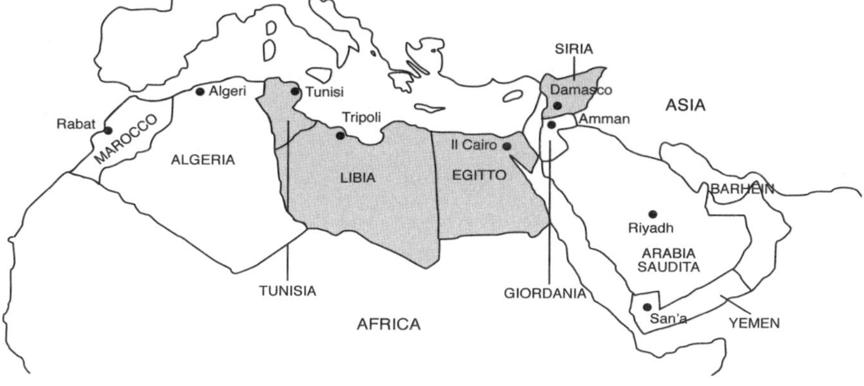

autoritari e dittatoriali. Internet si è dimostrato così un **poderoso strumento di libertà** e di denuncia dei soprusi e della violazione dei diritti umani, che invano i regimi autoritari, attraverso il controllo dei mezzi di informazione, avevano cercato di nascondere.

Purtroppo le speranze suscitate alcuni anni fa dalla *Primavera araba* sono andate deluse: la Tunisia, l'Egitto ed altri Paesi arabi, lungi dal trovare una stabilità politica nel segno della democrazia ed uno sviluppo economico solido che lasciasse immaginare ai giovani di quei Paesi un futuro diverso dalla scelta tra disoccupazione ed emigrazione, sono insidiati dal terrorismo ispirato dal fondamentalismo islamico; la Siria e la Libia continuano ad essere dilaniate, la prima da una sanguinosa guerra civile e la seconda dai contrasti tra le opposte fazioni che si contendono il potere.

6 Il terrorismo

Il terrorismo è una pratica di lotta politica che, apparsa in forme sporadiche nell'Ottocento, si è notevolmente diffusa nella seconda metà del Novecento, imponendosi all'attenzione dell'opinione pubblica e conoscendo una particolare recrudescenza negli ultimi anni.

In genere, sono definiti terroristi coloro che, per ottenere dei cambiamenti sociali o istituzionali, fanno ricorso al terrore che incutono con l'**uso della violenza**. Purtroppo, in questa pratica della violenza, i gruppi terroristici, negli ultimi anni, si sono mostrati sempre più spietati: privi di scrupoli morali, non ritengono la vita umana il valore supremo, convinti come sono che il loro "grande fine" giustifichi ogni mezzo, per quanto atroce.

Per tutti i gruppi terroristici è di grande importanza il sistema dei *mass media*, che amplifica la risonanza delle loro azioni, contribuendo così a diffondere il terrore nella società. Un terrorista che agisse da solo e senza che la sua azione fosse conosciuta dall'opinione pubblica non conterebbe praticamente nulla. La "pubblicità", che viene data dai *mass media* dopo qualche azione clamorosa, è tutto. Anche per questo i terroristi scelgono con cura gli obiettivi da colpire, preferendo quelli che possono avere, sull'opinione pubblica, un particolare impatto simbolico.

Anche l'**Italia**, come del resto altri Paesi europei, ha conosciuto e subito a lungo il terrorismo: durante gli anni Settanta e i primi anni Ottanta, che furono chiamati gli ***anni di piombo***, centinaia di persone, tra magistrati, uomini politici, poliziotti, sindacalisti, caddero vittime dei terroristi di sinistra (*Brigate Rosse*, *Prima Linea*) e di destra (*Ordine Nuovo*, *NAR*). Fu quello, per il nostro Paese, un periodo particolarmente difficile: la fase più drammatica si ebbe tra il marzo e il giugno del 1978 con il rapimento del presidente del partito della Democrazia Cristiana Aldo Moro, il massacro dei cinque uomini della sua scorta e la successiva uccisione dello statista.

Fu messa a dura prova, in quell'occasione, la tenuta della democrazia in Italia; ma lo Stato, grazie all'impegno della magistratura e delle forze dell'ordine, nonché di tutte le forze politiche e dei lavoratori, riuscì infine a sconfiggere il terrorismo.

7 Il terrorismo ispirato al fondamentalismo islamico

Il terrorismo è diventato da qualche tempo vistosamente attivo soprattutto in **Medio Oriente** e in alcuni **Paesi di religione islamica**, configurandosi come una minaccia per la stabilità internazionale. L'irrisolta questione palestinese e la disperazione delle masse immiserite di tanti Paesi islamici hanno costituito il terreno di coltura di alcune organizzazioni che s'ispirano al **fondamentalismo religioso islamico**. Esse rivendicano il riscatto del popolo palestinese e, più in generale, delle masse diseredate dei Paesi islamici. In questo caso, il fondamentalismo, che non è una prerogativa solo dell'Islam, ma può svilupparsi nell'ambito di qualsiasi religione qualora si pretenda di organizzare tutta la società sulla base di precetti religiosi, rischia di diventare, per alcuni popoli di religione musulmana, il mezzo attraverso il quale conservare e difendere la propria identità nazionale dall'invadenza economica e culturale dell'Occidente.

Tra le organizzazioni terroristiche che fanno leva sul fondamentalismo islamico, la più nota e pericolosa è ***Al Qaeda***, fondata da un ricco sceicco originario dell'Arabia Saudita, **Osama Bin Laden**, ucciso nel 2011 da un commando statunitense che lo aveva sorpreso in un nascondiglio segreto in Pakistan.

Al Qaeda e il suo fondatore Osama Bin Laden organizzarono alcuni dei più sanguinosi attentati terroristici, tra cui quello già ricordato dell'11 settembre 2011. In quella mattina di terrore, due aerei di linea furono dirottati da terroristi *kamikaze*, cioè destinati al suicidio, e portati a schiantarsi contro le ***Twin Towers***, le cosiddette *Torri Gemelle*, di **New York**. Un terzo aereo fu dirottato e lanciato sul Pentagono, la sede del Ministero della Difesa americano, mentre un quarto aereo dirottato precipitava in una foresta della Pennsylvania. ***Le Torri Gemelle,*** i grattacieli simbolo di **New York**, collocati nel cuore del **World Trade Center**, il centro dell'economia e della finanza americana, crollavano a qualche minuto di distanza l'uno dall'altro.

Rimasero due milioni di tonnellate di detriti, ma di molte vittime, in tutto circa tremila, non rimase nulla: furono disintegrate dalle altissime temperature raggiunte all'interno dell'edificio. Fu quello il **più sanguinoso attacco terroristico di tutti i tempi**.

Purtroppo non fu l'ultimo. La mattina dell'11 marzo 2004 alcune bombe esplosero quasi contemporaneamente su quattro treni, affollati di lavoratori pendolari, a **Madrid**, in Spagna. Il 7 luglio 2005, a **Londra**, in Inghilterra, esplosero altre bombe su tre convogli della metropolitana. I due attacchi terroristici, rivendicati ancora da *Al Qaeda*, causarono centinaia di morti e migliaia di feriti.

La scia di sangue lasciata dal terrorismo si è allungata ulteriormente negli ultimi anni, per gli attentati compiuti in numerosi altri Paesi.

Il disprezzo dei terroristi per la vita umana è evidente non solo nelle stragi di vittime innocenti, ma anche nella frequente scelta di ricorrere ad **attentatori *kamikaze*** (cioè suicidi). È successo tante volte in Israele, dove giovani palestinesi, con indosso abiti imbottiti di bombe, si sono lasciati esplodere in mezzo alla folla, presso ristoranti, fermate di autobus, scuole; nonché in Afghanistan e in Iraq, dove spesso dei terroristi suicidi hanno guidato autovetture piene di esplosivo, lanciandole contro obbiettivi militari ed anche civili.

Accadde anche a **Nassiriya**, città dell'Iraq, il 13 novembre 2003, dove ben diciannove militari italiani, in gran parte carabinieri, persero la vita e quasi altrettanti rimasero feriti per un attacco terroristico condotto da attentatori *kamikaze* di *Al Qaeda* che, a bordo di autoveicoli pieni di esplosivo, erano penetrati nel recinto del locale Comando del contingente militare italiano allora presente nel Paese mediorientale in appoggio alle truppe d'occupazione americane.

8 Le guerre in Afghanistan ed in Iraq

Gli Stati Uniti, dopo, aver subito i sanguinosi attentati dell'11 settembre 2001, dichiararono guerra al terrorismo, promuovendo delle **guerre preventive** contro tutti quegli Stati che, a loro giudizio, potevano rappresentare una minaccia alla sicurezza: una strategia discutibile e che, non a caso, incontrò l'opposizione di alcuni governi, anche europei, nonché della maggior parte dell'opinione pubblica mondiale.

Nell'ottobre 2001, a meno di un mese dall'attacco alle Torri Gemelle, scattava la rappresaglia, più volte minacciata, contro il regime dei Talebani in Afghanistan, colpevole di dare ospitalità agli uomini dell'organizzazione terroristica *Al Qaeda*.

I **Talebani**, fondamentalisti islamici, nel 1996 avevano instaurato un regime intransigentemente obbediente ai precetti della religione islamica. Questo regime teocratico aveva fatto precipitare nel Medio Evo un Paese molto povero, già duramente provato dalle guerre e dalla miseria. Si pensi che aveva costretto ad una dura condizione di segregazione le donne, che non è esagerato definire di schiavitù, una condizione ben rappresentata dal *burqa*, un ampio mantello che doveva coprire tutto il corpo, dalla testa ai piedi, con una grata in corrispondenza degli occhi: insomma, una sorta d'indumento-prigione.

Nell'autunno del 2001, l'intervento armato congiunto degli Stati Uniti e della Gran Bretagna portava alla caduta del regime dei Talebani. La capitale Kabul veniva liberata e vi s'insediava un governo di coalizione aperto alla partecipazione di tutte le forze afghane avverse ai Talebani.

Nel marzo del 2003 fu la volta dell'Iraq: il **regime dittatoriale di Saddam Hussein** fu accusato di essere in possesso di armi di distruzione di massa, chimiche e batteriologiche, che potevano essere usate anche in attacchi terroristici. Oggi si è accertato che quell'accusa era solo un pretesto per muovere guerra ad un vecchio nemico degli Stati Uniti.

Contro la guerra in Iraq, ma anche contro tutte le altre guerre nel mondo, a lungo si batterono i **movimenti pacifisti** che, nelle piazze delle città di un gran numero di Paesi, diedero vita a cortei e manifestazioni di protesta, inalberando la **bandiera con i colori dell'arcobaleno, simbolo della pace**.

Ma gli appelli alla ragionevolezza che provenivano da quello che era diventato un vero e proprio **movimento mondiale per la pace**, contro la guerra in Iraq, contro ogni guerra nel mondo, rimasero inascoltati. Nell'aprile del 2003 i *marines* entravano in Baghdad e il Paese mediorientale finiva sotto l'occupazione militare americana e britannica.

Il regime tirannico di Saddam Hussein, che aveva soffocato ogni dissenso ed aveva imposto duri sacrifici alla popolazione, costringendola a frequenti guerre e sterminando con i gas asfissianti le popolazioni curde di alcuni villaggi del nord del Paese, venne abbattuto e lo stesso dittatore fu processato da un tribunale iracheno e condannato a morte.

Ma l'Iraq entrava in una difficile fase d'instabilità che perdura ancora oggi, nonostante che le truppe di occupazione americane siano andate via da tempo.

La miseria dilagante, le disfunzioni dell'amministrazione pubblica, la difficoltà di mantenere l'ordine, il terrorismo dilagante hanno reso quanto mai problematica la situazione nel Paese mediorientale, benché si sia insediato un nuovo governo in conseguenza dello svolgimento di elezioni democratiche.

Il dopoguerra ha così tragicamente confermato quanto i pacifisti di tutto il mondo temevano prima che la guerra iniziasse, moltiplicando i problemi che si pensava di poter disinvoltamente risolvere con le armi.

Purtroppo, a patire le maggiori sofferenze delle guerre sono sempre le **popolazioni civili**. Milioni di persone in Iraq hanno dovuto subire bombardamenti, abbandonare le proprie case e i luoghi in cui vivevano. Distruzioni e innumerevoli vittime tra i civili sono state le inevitabili conseguenze di quella come di ogni altra guerra.

Nemmeno l'Afghanistan è pacificato. Il suo governo, grazie all'appoggio delle forze militari americane, è in grado di controllare le città, ma in vaste regioni del Paese, che è montuoso ed impervio, grande più del doppio dell'Italia, ma poverissimo, continuano gli scontri armati e gli attacchi terroristici, che provocano numerose vittime anche nella popolazione civile.

Così perdurano le drammatiche condizioni di vita di una popolazione stimata intorno ai ventitré milioni di abitanti, letteralmente prostrata da troppi anni di guerra che hanno distrutto una già fragilissima economia. Le uniche risorse economiche sono oggi rappresentate dall'oppio, che alimenta buona parte della produzione mondiale di eroina, e dagli aiuti umanitari della comunità internazionale.

9 Il nuovo terrorismo dell'I.S.I.S. o "Califfato"

Il terrorismo d'ispirazione fondamentalista islamica incombe con una nuova minaccia: in declino Al Qaeda, l'organizzazione terroristica fondata da Osama Bin Laden che fu responsabile degli attentati alle Torri Gemelle di New York nel 2001, è oggi l'I.S.I.S. a diffondere terrore e violenza. Ma che significa questa sigla? È l'acronimo di Stato Islamico dell'Iraq e della Siria, conosciuto più semplicemente come Stato Islamico (I.S.) o anche "Califfato". È nato da un'organizzazione armata islamica fondata dopo l'invasione americana dell'Iraq, che in origine era affiliata ad Al Qaeda, ma che nel 2014 ne prese le distanze con l'ambizione di fondare uno Stato che si richiamasse alla Jihad islamica, cioè alla "guerra santa" contro i "nemici della fede".

Con la fondazione dell'I.S.I.S. il terrorismo internazionale che si ispira al fondamentalismo islamico ha compiuto un salto di qualità, andando ben oltre la semplice organizzazione di terroristi in clandestinità, condizione che aveva caratterizzato Al Qaeda, ed è diventato una vera e propria organizzazione territoriale, i cui capi esercitano un potere politico su alcune province dell'Iraq e della Siria, dove hanno potuto approfittare della debolezza del governo locale nel primo e della guerra civile in atto da alcuni anni nella seconda, ma facendo proseliti anche in Egitto, in Yemen, in Libia ed in altri Paesi di religione islamica.

Il "Califfato" può contare su risorse finanziarie notevoli, derivanti dallo sfruttamento dei pozzi petroliferi presenti nei territori che controlla, può mettere a disposizione dei terroristi campi di addestramento, e, quel che è più pericoloso, può dotarli di armi sofisticate. Il rischio è che i capi dell'I.S.I.S. possano impadronirsi anche degli arsenali di armi di distruzione di massa, specialmente chimiche e batteriologiche, prima appartenuti ai regimi dittatoriali dell'Iraq, della Siria e della Libia.

Non bisogna sottovalutare un'organizzazione che più volte ha minacciato di compiere attentati in America e in Europa e che già si è resa responsabile dell'attacco alla sede del giornale satirico francese *Charlie Hebdo*, avvenuta a Parigi il 7 gennaio 2015, che causò la morte di dodici persone, tra giornalisti, vignettisti e grafici, e dell'assalto al Museo di Tunisi il 18 marzo 2015 che provocò il massacro di ventidue turisti inermi, tra cui anche quattro italiani.

La crudeltà dei terroristi dell'I.S.I.S. è stata evidenziata dai filmati delle uccisioni di prigionieri: immagini raccapriccianti, veicolate attraverso Internet, che hanno fatto il giro dei telegiornali di tutto il mondo. Alcune di queste vittime erano cooperanti di organizzazioni umanitarie internazionali, che si trovavano in Iraq e in Siria per aiutare le popolazioni locali, da troppi anni in balia della guerra e adesso sottoposte a nuovo terrore, che erano stati catturati e trattenuti come ostaggi per poi essere barbaramente trucidati.

Se il terrorismo di matrice islamica si è radicato in alcuni territori dell'Iraq e della Siria tanto da potersi ergere a "Califfato", ciò è accaduto anche per gli errori compiuti dai governi delle Potenze occidentali, chè non sono riusciti a favorire la pace e la stabilità politica nei due Paesi. L'assenza di un autorevole Stato democratico in Iraq, dopo l'abbattimento della dittatura di Saddam Hussein, e la perdurante guerra civile in Siria hanno dato via libera alle organizzazioni del terrorismo, che hanno approfittato anche dei contrasti sia tra Sunniti e Sciiti, le due principali correnti religiose dell'Islam, sia tra le opposte fazioni politiche locali che si contendono il potere.

Insomma, l'I.S.I.S. ha trovato un terreno fin troppo fertile per impiantarsi in un'area non trascurabile del Medio Oriente, fare proseliti in altri Paesi arabi e perfino occidentali, soggiogare e terrorizzare la popolazione locale, sfruttare le risorse del territorio per armarsi, macchiarsi di trucide esecuzioni debitamente filmate e minacciare l'Occidente con proclami di attentati.

10 Islam e Cristianesimo non sono avversari

Non bisogna, però, cadere nell'equivoco di confondere il terrorismo con l'Islam: sono due entità ben diverse, perché il terrorismo fa riferimento alla fede religiosa islamica soltanto per alimentare il fanatismo di coloro che sono chiamati a combattere la "guerra santa" contro gli "infedeli", mentre l'Islam autentico predica la pace e la fratellanza tra i popoli, proprio come le altre grandi religioni monoteistiche dell'umanità, quella ebraica e quella cristiana.

Islam, Ebraismo e Cristianesimo hanno tanto in comune: non soltanto la fede nello stesso ed unico Dio (*monoteismo*) ma anche il comune richiamo ad Abramo, la dottrina della *rivelazione* ed il giudizio al passaggio dalla vita terrena alla vita eterna.

Quale coerenza religiosa può esserci in organizzazioni terroristiche che preparano attentati in moschee, i luoghi di culto della religione musulmana, gremite di fedeli in preghiera il venerdì, il loro giorno festivo? Eppure non si contano più le stragi di fedeli compiute dai terroristi nelle moschee di tanti Paesi di religione islamica.

11 La guerra in Ucraina

Dopo i conflitti armati dei primi anni Novanta del secolo scorso nell'ex Jugoslavia, ancora una volta la guerra si è accesa in Europa, precisamente in **Ucraina nel 2014** dove, nelle regioni orientali del Paese, le cui città più importanti sono Donetsk e Lugansk, al centro del ricco bacino carbonifero e industriale del Donbass, la popolazione russofona si è ribellata all'indirizzo politico del nuovo governo del Paese, accusandolo di allontanarsi dai tradizionali stretti rapporti di collaborazione politica e di cooperazione economica con la **Russia** per avvicinarsi di più all'Unione Europea e in prospettiva aderire anche alla Nato, l'alleanza militare tra Stati Uniti d'America e la maggior parte dei Paesi europei. Tutto questo ha provocato una serie di conseguenze, come ad esempio l'abolizione della lingua russa nelle province orientali, dove la popolazione, che è interamente russofona, ha reagito manifestando la volontà di separarsi dal resto del Paese.

Ma andiamo con ordine. Quando nell'ormai lontano 1991 si disintegrò l'Unione Sovietica, nacquero quindici repubbliche indipendenti, alcune delle quali, come l'Estonia, la Lettonia e la Lituania, chiesero subito di aderire all'Unione Europea ed ormai da tempo ne fanno parte stabilmente, mentre altre, come ad esempio la Russia (che è la più grande), la Bielorussia e l'Ucraina si associarono in una Comunità di Stati Indipendenti, con forti legami politici ed economici tra i Paesi membri.

L'Ucraina, avente per capitale Kiev, è il secondo di questi Stati per grandezza e conta oltre cinquanta milioni di abitanti. In realtà, questo Paese è un mosaico in cui Ucraini e Russi sono mescolati ed è impossibile dividere nettamente le due comunità. Bisogna precisare che gli Ucraini sono abbastanza affini ai Russi e il Paese è stato per secoli parte integrante sia dell'Impero russo, all'epoca degli zar, sia dell'Unione Sovietica, al tempo del regime comunista. Quindi, come ha affermato giustamente papa Francesco, quella che è scoppiata nell'Ucraina orientale è una guerra fratricida tra persone che hanno ricevuto anche lo stesso battesimo, alludendo alla comune fede ortodossa.

Il conflitto, durato alcuni mesi e conclusosi con gli accordi di pace di Minsk, sottoscritti all'inizio del 2015 con la mediazione dell'Unione Europea, ha causato morti e feriti nella popolazione civile, costringendola a subire indicibili sofferenze per il solito triste corollario di ogni guerra: bombardamenti, stragi di innocenti, abitazioni distrutte, macerie, esodo di sfollati.

12 Le troppe guerre "dimenticate" che ancora si combattono nel mondo

In non poche aree del mondo, forti tensioni o addirittura vere e proprie guerre dividono le popolazioni locali. Spesso, si tratta di **guerre dimenticate**, letteralmente scomparse dalle pagine dei giornali e dai *reportages* delle televisioni. Guerre di cui non si sa nulla poiché coinvolgono Paesi poveri e troppo lontani dagli interessi economici e strategici delle Potenze mondiali.

L'**Africa** è la più colpita: la lacerano guerre civili, conflitti etnico-religiosi, ventate di odio e d'intolleranza. Non di rado si tratta, ancora una volta, della triste eredità dei *colonialisti* europei i quali, con le spartizioni dei territori dettate unicamente dalla volontà di sfruttare al meglio le risorse locali, avevano diviso etnie affini o legate da antica amicizia e riunito altre etnie, diverse o separate da contrasti secolari.

Ricordiamo, tra i tanti Paesi dimenticati, quelli del **Corno d'Africa**, a cominciare dalla **Somalia**, dove imperversano numerose bande armate, alcune delle quali d'ispirazione fondamentalista islamica, che si combattono tra di loro e spingono decine di migliaia di profughi verso il **Kenya**, un Paese a sua volta lacerato da violenti contrasti etnici. Sempre alta resta la tensione anche lungo il confine tra l'**Etiopia** e l'**Eritrea**, Paesi tra i più poveri del mondo, che negli ultimi anni si sono spesso combattuti. È così debole l'autorità degli Stati del Corno d'Africa che, al largo delle coste della Somalia e specialmente nel Golfo di Aden, è tornata addirittura la ***pirateria***: alcune navi da carico, anche italiane, sono state sequestrate da bande armate che si muovono con veloci motoscafi e gli equipaggi sono stati presi in ostaggio e rilasciati solo dopo pagamento di ingenti riscatti.

Nel cuore dell'Africa *subsahariana* (cioè a sud del deserto del Sahara) resta preoccupante la situazione del **Ruanda** e del **Burundi**, dove gli scontri interetnici del passato hanno prodotto alcuni milioni di profughi.

Il **Congo**, un Paese grande quanto tutta l'Europa occidentale e ricchissimo di minerali anche d'importanza strategica e, per questo, oggetto delle ambizioni delle grandi Compagnie minerarie, contiua ad essere devastato da sanguinosi scontri interetnici, talvolta complicati dall'intervento delle truppe di Paesi confinanti. Decine di migliaia sono le vittime innocenti ed il numero dei profughi è ormai più di un milione.

Continuano anche i contrasti interetnici in **Senegal**, **Costa d'Avorio**, **Ghana**, **Mali** e specialmente in **Nigeria**, un Paese grande produttore ed esportatore di petrolio, dove organizzazioni di terroristi islamici e bande armate non si fanno scrupolo di sequestrare centinaia di giovani in una sola volta, né tanto meno di attentare agli impianti petroliferi o di catturare i tecnici delle Compagnie occidentali per poi chiederne il pagamento del riscatto. Invece la **Sierra Leone** e la **Liberia** sono appena uscite da lunghe e sanguinose guerre civili. In particolare, la Liberia sembra avviarsi verso la stabilità dopo libere e democratiche elezioni che, nel gennaio 2006, hanno portato alla Presidenza della Repubblica Ellen Johnson-Sirleaf, la prima donna africana diventata Capo di Stato ed insignita nel 2011 del premio Nobel per la pace.

Infine, sempre in Africa, le guerre dimenticate del **Sudan**: per anni il governo centrale, espressione delle popolazioni arabe del Nord e orientato verso il fondamentalismo islamico, è stato contrastato dalla guerriglia condotta da gruppi armati che reclamavano la fine della condizione di oppressione e di discriminazione delle popolazioni nere del Sud, di religione prevalentemente cristiana, e di quelle del **Darfur**, nell'ovest del Paese. Le pressioni esercitate dagli organismi delle Nazioni Unite sono riuscite a convincere il governo del Sudan a riconoscere nel luglio del 2011 l'indipendenza del Sud del Paese ed a fermare i combattimenti in Darfur. Ma soprattutto in quest'ultima regione, peraltro poverissima, decine di migliaia sono state finora le vittime ed oltre due milioni i profughi.

Anche in **Asia** si registrano conflitti. Permangono le tensioni lungo il confine tra l'**India** e il **Pakistan**, due Paesi che di recente si sono dotati di armamento nucleare; in particolare, nella regione montuosa del **Kashmir** da anni opera una guerriglia contro il governo indiano, appoggiata e finanziata dal Pakistan. Invece nello **Sri Lanka** è finita la guerriglia che da molti anni gruppi armati, appartenenti all'etnia *Tamil*, avevano condotto contro le forze governative, costata ben 70.000 vittime. In Estremo Oriente, tensioni e guerriglie interetniche continuano invece nelle **Filippine** ed in **Indonesia**.

A dimostrazione di quanto numerose siano le aree "calde" del mondo, erano ben diciotto le missioni dell'ONU, sul finire del 2014, a difesa di una tregua, sovente precaria, raggiunta in altrettanti conflitti, mentre erano oltre quarantamila i *caschi blu*, cioè gli uomini, provenienti da decine di Paesi, tra cui anche l'Italia, impegnati a mantenerla come forza d'interposizione tra le parti in lotta.

Focus

Il fondamentalismo islamico

Bisogna innanzi tutto precisare che il fondamentalismo può svilupparsi nell'ambito di ogni religione, qualora si pretenda di spiegare tutta la realtà e di organizzare la società sulla base dei fondamenti di quella fede religiosa. Tuttavia, se può esistere pure un fondamentalismo cristiano, così come un fondamentalismo ebraico, è il fondamentalismo islamico quello che, per varie ragioni, si è diffuso negli ultimi anni in alcuni Paesi arabi e, più in generale, in una parte del mondo musulmano.

Fin dal Medio Evo la religione islamica ha ispirato l'identità etnica e culturale dei popoli arabi, contribuendo decisamente a far sì che, nonostante le divisioni politiche, si mantenesse vivo l'ideale dell'unità della Nazione araba. L'Islam si è tuttavia diffuso anche oltre i Paesi arabi: in Iran, in Indonesia, in Pakistan, in molti Paesi dell'Africa subsahariana, perfino negli Stati Uniti dove è presente soprattutto tra le popolazioni di colore.

Proprio in **Iran** il fondamentalismo islamico conseguì il suo primo significativo successo con l'instaurazione nel 1979 della **Repubblica islamica**. Questa si configura come uno **Stato teocratico**, cioè guidato da capi religiosi, in questo caso gli *ayatollah*. Ogni aspetto della vita politica e sociale deve realizzarsi nell'osservanza rigorosa dei fondamenti religiosi, nell'applicazione integrale dei precetti etici, religiosi e civili contenuti nel "Corano", il libro sacro dell'Islam.

Un regime islamico vige anche in **Arabia Saudita**, dove il re è "custode" delle due sacre moschee della Mecca e di Medina.

Si deve anche ricordare l'**Afghanistan**: dal 1996 al 2001 fu governato dai Talebani, gruppi dell'oltranzismo fondamentalista, che imposero un regime semifeudale ed intransigentemente obbediente ai precetti coranici.

Altri gruppi del fondamentalismo islamico sono l'organizzazione libanese **Hezbollàh**, i gruppi palestinesi di **Hamàs** e della **Jihad Islamica**.

Le parole per capire

Armi di distruzione di massa: sono così definite le armi nucleari (bombe atomiche e all'idrogeno), batteriologiche e chimiche, cioè le armi non convenzionali, ricorrendo alle quali si può provocare uno sterminio su larga scala. In particolare, le armi chimiche (basate su aggressivi chimici, come ad esempio gas mortali) e batteriologiche (capaci di diffondere virus e batteri, quindi di provocare epidemie) sono state messe al bando da accordi internazionali, mentre quelle nucleari devono essere tenute sotto controllo per impedirne una pericolosa proliferazione.

Musulmani (o islamici): sono i seguaci dell'Islam, la religione monoteista fondata da Maometto in Arabia nel VII secolo, i cui precetti sono raccolti nel libro sacro del "Corano". Tra i musulmani si distinguono i **Sunniti**, che sono la maggioranza e si ritengono depositari della giusta interpretazione data alla religione dal profeta Maometto, e gli **Sciiti**, che sostengono il diritto esclusivo dei discendenti del califfo Alì, il genero di Maometto, di governare la comunità dei fedeli ed hanno dei loro particolari luoghi di culto in Iran ed in Iraq. Quasi tutte le popolazioni arabe sono di osservanza sunnita, mentre sono sciiti gli Iraniani e una parte degli Iracheni.

Primavera araba: l'insieme dei movimenti di protesta popolare, caratterizzati da un'ampia partecipazione di giovani, che nel 2010 e 2011 hanno scosso molti Paesi arabi, provocando la caduta di regimi autoritari e corrotti, come in Tunisia ed in Egitto, o apertamente dittatoriali come quello di Gheddafi in Libia, anche se in quest'ultimo caso è stato decisivo il sostegno militare di Francia e Gran Bretagna agli insorti.

Terrorismo: pratica di lotta politica adottata da gruppi eversivi, consistente nell'uso della violenza al fine di rovesciare un governo o destabilizzare un Paese. L'assassinio di avversari politici e le stragi indiscriminate di persone innocenti per mezzo di esplosivi sono le violenze a cui fanno più frequentemente ricorso le organizzazioni terroristiche, spesso utilizzando attentatori ***"kamikaze"***, cioè destinati al suicidio nel corso dell'azione terroristica stessa. I "kamikaze", nella seconda guerra mondiale, erano i piloti suicidi giapponesi che si lanciavano con i loro aerei contro le navi americane.

PROPOSTE DI LAVORO

Per la comprensione

1. *Rispondi alle seguenti domande:*

- Perché il Medio Oriente è un'area di forti tensioni e conflitti? ....
....
- Quali sono i termini della "questione palestinese"? ....
....
- Che cosa s'intende per terrorismo? ....
....
- Che cos'è il fondamentalismo islamico? ....
....
- Quale gravissimo attentato terroristico subirono gli Stati Uniti l'11 settembre del 2001? ....
....
- Quale fu la reazione degli Stati Uniti a quell'attentato? ....
....
- Qual è la situazione dell'Afghanistan e dell'Iraq oggi? ....
....
- Che cosa è stata la "primavera araba"? ....
....
- Che accadde in Libia nel 2011? ....
....
- Perché nel 2014 è scoppiata una guerra nell'Ucraina orientale? ....
....
- Che cos'è l'I.S.I.S. o "Califfato" e dove si estende? ....
....
....

2. *Scrivi i nomi degli Stati confliggenti nelle guerre indicate che si sono combattute in Medio Oriente.*

- **Guerra dei sei giorni:** .... contro ....
- **Guerra del Kippur:** .... contro ....
- **Guerra del Golfo:** .... contro ....

3. *Indica, per ognuna delle aree indicate, i conflitti armati attualmente in corso o nei quali è stata di recente raggiunta una tregua.*

Medio Oriente: ....
....

Africa sub-sahariana: ....
....

Africa occidentale: ....
....

Africa mediterranea: ....
....

Corno d'Africa: ....
....

Europa: ....
....

Per la riflessione e la produzione scritta

1. *Questione del petrolio e questione palestinese s'incrociano nell'area mediorientale. Analizzale entrambe, mettendone in rilievo le origini e prefigurando le possibili soluzioni nell'immediato futuro.*
2. *Perché il terrorismo mette in pericolo la libera convivenza civile?*
3. *Molte delle "guerre dimenticate" devastano Paesi già in gravi difficoltà sul piano economico: c'è un nesso, a tuo avviso, tra sottosviluppo e guerra?*
4. *L'aspirazione alla democrazia nella cosiddetta* Primavera araba.

1 L'ideale europeo nel tempo

L'ideale di un'**Europa unita**, che ha ispirato il pensiero e l'azione di tanti illustri uomini del passato, si sta concretizzando.

L'**integrazione economica** è praticamente realizzata; l'auspicio è che anche l'**unione politica**, verso la quale si sta progredendo pur fra tanti ostacoli, possa presto diventare realtà. L'unione dei popoli del Vecchio Continente è un fattore di benessere e di **progresso civile e sociale**, ma anche di **pace**, e non solo per l'Europa.

Nell'Ottocento molti pensatori auspicarono un'Europa unita. Per limitarsi al nostro Paese, ricordiamo come il milanese **Carlo Cattaneo** avesse proposto l'avvento in Europa di una grande federazione di popoli liberi; e come **Giuseppe Mazzini** avesse fondato nel 1834 la *Giovine Europa.*

Nella prima metà del XX secolo, i nazionalismi, le dittature nazista e fascista, nonché gli sconvolgimenti causati dalle due guerre mondiali, interruppero ogni sogno d'integrazione europea. Ma già nel 1941 **Altiero Spinelli**, uomo politico antifascista condannato al confino dal regime mussoliniano, aveva redatto il *Manifesto per un'Europa unita e libera*, a cui nel 1943 a Milano si ispirò il *Movimento federalista europeo*, sostenitore del principio che gli Stati del Vecchio Continente "dovessero rinunciare ad una parte della loro sovranità, a favore di costituende strutture federali europee". Dopo la seconda guerra mondiale, la condizione d'inferiorità dell'Europa rispetto alle due superpotenze Usa ed Urss, uscite vincitrici dal conflitto, e il desiderio di una pace duratura spinsero a cercare una prospettiva di unità europea.

2 Dall'Europa dei Sei all'Europa dei Ventotto

Negli anni Cinquanta, grazie all'opera di statisti quali il francese Schumann, l'italiano De Gasperi, il belga Spaak, il tedesco Adenauer, europeisti convinti, nacquero le prime istituzioni comunitarie europee.

L'obiettivo di creare una **unione doganale**, che favorisse lo sviluppo e l'integrazione economica dell'Europa occidentale, indusse sei Stati (**Belgio**, **Francia**, **Germania Federale**, **Italia**, **Lussemburgo**, **Olanda**) ad istituire tre Comunità: la **C.E.C.A.** (Comunità Europea del Carbone e dell'Acciaio), sorta a Parigi nel 1951; la **C.E.E.** (Comunità Economica Europea), fondata con il trattato di Roma, sottoscritto il **25 marzo 1957**; la **C.E.E.A.** (Comunità Europea per l'Energia Atomica), fondata a Roma nello stesso anno.

In particolare, il trattato istitutivo della C.E.E. prevedeva l'unione doganale tra i Paesi firmatari ed una tariffa doganale comune per le importazioni dagli altri Paesi, obiettivo che fu effettivamente raggiunto il 1° luglio 1968, quando divenne operante il **Mercato Comune Europeo** (M.E.C.).

Nel 1973 si ebbe il primo allargamento della Comunità Europea (C.E.), con l'ingresso di **Danimarca**, **Irlanda** e **Gran Bretagna**, che portarono il numero degli Stati membri dai sei originari a **nove**.

Un significativo passo in avanti sulla strada dell'Europa dei popoli, e non solo di quella dei mercati, fu l'elezione nel 1979, con voto popolare diretto in tutti i Paesi membri, dei deputati al **Parlamento Europeo**, avente la sua sede a **Strasburgo**.

Nel 1981 anche la **Grecia** aderì alla C.E., portando il numero degli Stati membri a **dieci**. Nel 1986 fu la volta di **Spagna** e **Portogallo**: i Paesi membri così diventarono **dodici**.

> “*Verrà un giorno in cui voi Francia, voi Italia, voi Russia, voi Inghilterra, voi Germania, voi nazioni tutte del continente, senza perdere le vostre qualità particolari e la vostra gloriosa individualità, vi fonderete strettamente in un'unità superiore e costituirete la federazione europea.*”

Furono le profetiche parole pronunciate dal grande scrittore francese **Victor Hugo** nel 1849.

L'Unione Europea nel 2015

Stati	Forma istituzionale	Capitale	Superficie (in kmq)	Popolazione 2015 (in milioni di abitanti)	Paesi che hanno aderito all'euro (€)
Austria	Repubblica	Vienna	82.450	8,2	€
Belgio	Monarchia	Bruxelles	30.280	10,4	€
Bulgaria	Repubblica	Sofia	108.610	7	
Cipro	Repubblica	Nicosia	9.240	1,2	€
Croazia	Repubblica	Zagabria	56.590	4,5	
Danimarca	Monarchia	Copenaghen	42.430	5,6	
Estonia	Repubblica	Tallin	42.390	1,3	€
Finlandia	Repubblica	Helsinki	304.090	5,3	€
Francia	Repubblica	Parigi	551.500	66	€
Germania	Repubblica	Berlino	348.770	81,1	€
Gran Bretagna	Monarchia	Londra	243.930	63,4	
Grecia	Repubblica	Atene	128.900	10,8	€
Irlanda	Repubblica	Dublino	68.890	4,8	€
Italia	**Repubblica**	**Roma**	**301.000**	**61**	**€**
Lettonia	Repubblica	Riga	62.250	2,2	€
Lituania	Repubblica	Vilnius	62.680	3,6	€
Lussemburgo	Monarchia	Lussemburgo	2.590	0,5	€
Malta	Repubblica	La Valletta	320	0,4	€
Olanda	Monarchia	Amsterdam	33.760	16,8	€
Polonia	Repubblica	Varsavia	304.250	38,4	
Portogallo	Repubblica	Lisbona	91.500	10,8	€
Rep. Ceca	Repubblica	Praga	77.250	10,2	
Romania	Repubblica	Bucarest	229.890	21,8	
Slovacchia	Repubblica	Bratislava	48.100	5,5	€
Slovenia	Repubblica	Lubiana	20.140	2	€
Spagna	Monarchia	Madrid	498.980	47,4	€
Svezia	Monarchia	Stoccolma	410.330	9,1	
Ungheria	Repubblica	Budapest	89.610	9,9	

Totale Paesi dell'euro	**2.687.830**	**339,3**
Totale U.E. dei Ventotto	**4.250.720**	**509,2**

Sempre nel 1986 venne ratificato l'***Atto Unico***, adottato al "vertice" (riunione) di Lussemburgo dei capi di Stato e di governo europei del dicembre 1985, che integrò il Trattato di Roma del 1957: i dodici Paesi s'impegnavano a completare, per il 31 dicembre 1992, il *Mercato comune europeo*, basato sulla libera circolazione delle merci, dei servizi e delle persone, senza dazi e senza dogane; a intensificare la cooperazione economica; a garantire la protezione dell'ambiente.

Un altro importante "vertice" europeo si tenne a **Maastricht**, in Olanda, il 9 e 10 dicembre 1991. In quell'occasione furono poste le fondamenta dell'**Unione Europea (U.E.)**, denominazione che sostituì quella di Comunità Europea (C.E.), mediante la definizione di un'unione politica da attuare con l'estensione dei poteri del Parlamento europeo e il rafforzamento delle altre istituzioni comunitarie; l'adozione di un comune indirizzo nei settori del lavoro e dei servizi sociali; l'introduzione della "cittadinanza europea", che si affianca a quella nazionale, con uguali diritti (di voto, di movimento, di residenza, di soggiorno) per tutti i cittadini dell'U.E.; l'introduzione di una moneta unica destinata a sostituire le monete nazionali. Gli accordi furono ratificati ufficialmente dal **Trattato di Maastricht**, firmato il 7 febbraio 1992.

Nel 1995 **Austria**, **Finlandia** e **Svezia** portarono il numero dei Paesi membri dell'Unione Europea a **quindici**. Ma sempre più numerosi erano gli Stati che chiedevano di entrarvi, a cominciare dai Paesi dell'Europa orientale che, dopo il crollo del comunismo, avevano ripristinato democrazia parlamentare e libertà di mercato. Infatti il 1° maggio 2004 entrarono nell'Unione Europea dieci nuovi Stati che avevano maturato i requisiti richiesti: consolidamento della democrazia, stabilità economica, libertà di mercato. Questi Paesi erano l'**Estonia**, la **Lettonia**, la **Lituania**, la **Repubblica Ceca**, la **Slovacchia**, la **Polonia**, l'**Ungheria**, la **Slovenia**, Stati dell'Europa orientale un tempo appartenenti all'area dei Paesi socialisti filosovietici, nonché **Cipro** e **Malta**, isole del Mediterraneo.

Nel 2007 fu la volta di **Bulgaria** e **Romania**, altri Paesi un tempo socialisti e filosovietici. Infine il 1° gennaio 2013 l'ingresso della Croazia ha portato a **ventotto** il numero degli Stati membri dell'Unione Europea, la quale oggi conta una popolazione complessiva che supera i **cinquecento milioni di abitanti**. Ma altri Paesi sono candidati, in un prossimo futuro, ad entrare nell'U.E.: tra questi la Serbia, la Macedonia e la Bosnia.

3 Le istituzioni dell'Unione Europea

Le istituzioni più importanti dell'Unione Europea sono il Parlamento Europeo, la Commissione Europea, il Consiglio dell'Unione Europea, il Consiglio Europeo, la Corte di Giustizia, la Corte dei Conti, la Banca Centrale Europea.

Il **Parlamento Europeo** ha la sua sede a Strasburgo, in Francia, ed è composto da 736 deputati eletti ogni cinque anni, con suffragio universale e diretto, dai cittadini degli Stati membri dell'Unione. Le sue funzioni principali sono: esercitare democraticamente il controllo sull'insieme delle attività comunitarie, approvare il bilancio dell'Unione, partecipare all'elaborazione della leggi dell'Unione, rivolgere interrogazioni al Consiglio Europeo ed alla Commissione Europea, esprimere il parere sull'adesione dei nuovi Stati membri, formulare proposte politiche per il rafforzamento dell'Unione, tutelare i diritti dell'uomo all'interno ed all'esterno dell'Unione.

La **Commissione Europea** si riunisce a Bruxelles, che è un po' la capitale dell'Unione Europea, dato che, per la maggior parte, le istituzioni comunitarie hanno la loro sede nella capitale belga. La Commissione è composta da 28 commissari, di cui uno con funzioni di Presidente, designati per cinque anni dai governi degli Stati membri, uno per ciascun Paese, ma operanti collegialmente ed in modo pienamente indipendente da quegli stessi governi che li hanno nominati. La Commissione è l'organo esecutivo che vigila sulla corretta applicazione dei Trattati, che amministra le politiche comunitarie e da cui partono le iniziative più importanti.

Il **Consiglio dei ministri dell'Unione Europea**, con sede a Bruxelles, è formato dai ministri dei Paesi membri per settori di competenza (esteri, finanza, agricoltura, ecc.). Il suo compito principale è di orientare la funzione legislativa, operando in accordo con il Parlamento Europeo e la Commissione Europea.

Il **Consiglio Europeo** è formato dai capi di governo degli Stati membri e dal Presidente della Commissione Europea. Si riunisce a Bruxelles con cadenza almeno semestrale, per definire a grandi linee l'orientamento politico dell'Unione. La sua presidenza è tenuta, a turno, da un Paese membro dell'Unione.

La **Corte di Giustizia**, con sede a Lussemburgo, ha la funzione di fornire la corretta interpretazione delle disposizioni dei trattati comunitari e di dirimere le controversie tra l'ordinamento comunitario e i vari ordinamenti nazionali.

La **Corte dei Conti**, con sede anch'essa a Lussemburgo, ha la funzione di controllare la regolarità delle entrate e delle spese dell'Unione, esaminando i bilanci di tutti gli organismi dell'Unione.

La **Banca Centrale Europea** (B.C.E.) ha sede a Francoforte sul Meno, in Germania, ed ha il compito di gestire la politica monetaria comune. Dal 10 novembre 2011 a presiedere la B.C.E. è un italiano: l'economista Mario Draghi.

4 Che cos'è Eurolandia

Eurolandia è "l'area dell'euro", la **moneta unica europea**. Fin dal 1979 i Paesi allora membri della Comunità Economica Europea, allo scopo di accelerare l'integrazione delle loro economie, avevano deciso di coordinare le politiche monetarie. Così, col tempo, maturarono le condizioni giuste per introdurre un'unica moneta europea.

Fu al già ricordato "vertice" di Maastricht che si decise di realizzare l'unione monetaria, con l'adozione di una moneta unica in tutti i Paesi europei che avessero rispettato determinati ***parametri di convergenza economica***, concordati per ridurre il tasso d'inflazione e il deficit pubblico.

Il 1° gennaio 1999 entrò in vigore l'**euro**, la moneta unica europea, sia pure soltanto come *unità di conto* nella maggior parte delle transazioni finanziarie, in undici dei quindici Stati allora membri dell'Unione Europea: **Austria**, **Belgio**, **Finlandia**, **Francia**, **Germania**, **Irlanda**, **Italia**, **Lussemburgo**, **Olanda**, **Portogallo**, **Spagna**. Successivamente si aggiunse anche la **Grecia**. Fu affidata alla **Banca Centrale Europea (B.C.E.)** la gestione della moneta comune europea e fu fissato il valore di cambio con l'euro delle varie monete nazionali: per l'Italia un euro era l'equivalente di 1936,27 delle vecchie lire.

Dal 1° gennaio 2002 sono in circolazione le monete e le banconote in euro, in sostituzione delle vecchie monete nazionali. Hanno scelto l'euro anche la **Slovenia** dal 2007, **Cipro** e **Malta** dal 2008, la

Slovacchia dal 2009, l'**Estonia** dal 2011, la Lettonia dal 2014, la Lituania dal 2015, cosicché i Paesi di *Eurolandia* sono oggi **diciannove**.

I Paesi che aderiscono all'euro sono tenuti a rispettare il cosiddetto ***Patto di stabilità***, che prescrive dei limiti inderogabili all'indebitamento degli Stati. Infatti i Paesi che aderiscono alla moneta unica possono essere paragonati alle famiglie di un condominio che abbiano deciso di mettere in comune i rispettivi bilanci domestici: non è possibile che in qualche famiglia si lavori di meno e si facciano dei debiti che verrebbero scaricati sulle famiglie che lavorano di più e non s'indebitano. Analogamente, all'interno di *Eurolandia*, non è possibile che uno Stato contragga sempre più debiti ed un altro si mantenga virtuoso: tutti devono mantenersi dentro dei parametri economici precedentemente concordati.

L'Europa dell'euro

5 Oltre l'Europa dei mercati, verso l'Europa dei popoli

I valori fondanti la civiltà europea, a cominciare da quelli di libertà e democrazia, condivisi dai popoli del Vecchio Continente, sono ribaditi nella ***Carta dei diritti fondamentali dei cittadini europei***, approvata nel 2000, che ha rappresentato un significativo passo in avanti nella realizzazione di quell'**unità politica dei popoli europei**, quindi non solo economica e dei mercati, che tutti auspicano e premessa di una **Costituzione europea** in fase di elaborazione.

Il cammino verso un'Europa effettivamente unita è ancora lungo, ma non c'è dubbio che una comune *Carta costituzionale*, con l'indicazione dei valori fondanti la civiltà europea, rappresenterà una grande conquista dei popoli del Vecchio Continente, ma anche un punto di riferimento per i popoli del resto del mondo, soprattutto per quanto concerne la difesa dei diritti umani e l'impegno per la pace e il benessere dell'umanità intera.

Si aspetta, pertanto, un'Europa unita non solo nei mercati e nella moneta. Oltre l'**Europa dei mercati e della finanza**, bisogna infatti costruire l'**Europa dei popoli**, per affrontare e risolvere tutti insieme importanti questioni sociali, quali la disoccupazione e gli altri problemi del mondo del lavoro, il disagio giovanile, l'integrazione delle minoranze etniche, degli immigrati e dei più deboli, l'allarme droga, l'insidia della criminalità organizzata, l'inquinamento ambientale, nonché per promuovere la pace nel mondo ed una distribuzione più equa delle ricchezze e delle risorse tra tutti i popoli del Pianeta.

L'Europa unita deve poter avere una politica comune nei settori decisivi dell'economia, del fisco, della difesa, degli esteri, nonché in campo sociale, promuovendo la tutela dei diritti, a cominciare da quelli dei lavoratori, e la protezione dell'ambiente. Deve infine basarsi sulla pluralità delle culture, consentendo a tutti i popoli europei, comprese le minoranze etniche, di cooperare alla realizzazione della **"casa comune" europea**.

Focus

La crisi dell'euro: come uscirne?

Da alcuni anni è in atto nel mondo una preoccupante **crisi economica**, che si manifesta con il rallentamento delle attività produttive, la chiusura di alcune aziende ed il conseguente aumento della disoccupazione.

La crisi si è fatta avvertire pesantemente anche in Europa, colpendo in particolare alcuni Paesi dall'economia più fragile, come la Grecia, il Portogallo, l'Irlanda e la Spagna. Soprattutto lo Stato greco, per far fronte ai sempre più gravi problemi sociali causati dalla crisi economica (chiusura di aziende, aumento dei disoccupati, difficoltà di trovare lavoro per i giovani, ecc.) ha dovuto indebitarsi in modo crescente, incontrando poi difficoltà a pagare gli interessi sui debiti contratti. Dal 2011 la crisi economica ha colpito anche l'**Italia**, sulle finanze pubbliche della quale pesa un forte debito, in gran parte ereditato dal passato.

Ne è conseguita una **crisi della stessa moneta unica europea, l'euro**, e nel nostro Paese alcune forze politiche hanno chiesto di ritornare alla vecchia moneta nazionale, la lira.

All'improvviso si è scoperto che l'euro è una moneta fragile. Perché? La risposta è semplice: perché l'euro è la moneta di Paesi diversi, che hanno un diverso sviluppo economico, una diversa politica fiscale, nei quali le imposte e le tasse si pagano in modo diverso ed anche le sanzioni per chi non le paga sono disciplinate in modo diverso. Infatti la moneta rispecchia l'economia di una nazione: se questa è in sviluppo, anche la sua moneta godrà di "buona salute"; se invece l'economia è in difficoltà, anche la moneta sarà apprezzata di meno. Tuttavia all'euro hanno aderito sia Paesi dall'economia solida, come ad esempio la Germania, sia Paesi dall'economia più fragile, come quelli del Sud dell'Europa.

Si dirà: ma questo si sapeva anche prima, allora perché si è scelto l'euro? Anche in questo caso la risposta è ovvia: perché l'euro ha enormemente facilitato gli scambi commerciali fra i Paesi che l'hanno adottato, non più intralciati dal dover calcolare ogni volta il cambio tra le diverse valute nazionali. Inoltre si sperava che l'introduzione della moneta unica, riducendo la sovranità degli Stati nazionali in una loro tradizionale prerogativa, quella di avere una propria moneta, accelerasse il processo di unificazione politica dell'Europa. Ma così non è stato, e la perdurante divisione fra gli Stati membri dell'Unione Europea, al manifestarsi della crisi economica, ha messo in difficoltà l'euro, tanto che alcuni hanno anche temuto che fosse prossima la sua fine, con il conseguente ritorno alle monete nazionali.

Ma dall'attuale crisi economica e dalle conseguenti difficoltà dell'euro si può uscire soltanto rafforzando l'Unione Europea, facendola diventare al più presto un'autentica **unione politica**, con una Costituzione europea ed un'unica politica estera; con una comune politica economica ed uno stesso sistema di riscossione fiscale.

Per il momento, la Banca Centrale Europea ha fronteggiato il pericolo predisponendo un massiccio piano di aiuti per gli Stati in difficoltà: così, aiutando le finanze di questi Stati, si aiuta l'euro, nell'interesse di tutti.

Le parole per capire

Europeismo: l'ideale dell'unificazione europea che, senza svilire il senso di appartenenza ad una comunità nazionale, fa sentire cittadini europei.

Moneta unica: in Europa è l'**euro**, in circolazione dal 2002, che ha sostituito le monete nazionali in diciannove Paesi dell'Unione Europea. Si è così creato, all'interno dell'Unione Europea, uno spazio monetario (Eurolandia), in cui oltre trecentotrenta milioni di cittadini europei usano la stessa moneta.

Patto di stabilità: è l'accordo, sottoscritto dai Paesi aderenti all'euro, che impegna a rispettare alcuni parametri di convergenza economica, come ad esempio il contenimento del deficit annuo di bilancio entro il 3%.

Spazio doganale: area formata dal territorio di più Stati che si sono accordati per scambiarsi le merci senza che siano gravate da dazi doganali. Tal è stato il Mercato Comune Europeo (M.E.C.).

Proposte di lavoro

Per la comprensione

1. *Rispondi alle seguenti domande:*

- Quali sono state le origini dell'Unione Europea? ....

....

- Che cos'è stato il Mercato Comune Europeo (Mec)? ....

....

- Che cosa sono il Consiglio Europeo e il Consiglio dell'Unione Europea?

....

- Che cos'è la Commissione Europea? ....
- Quali Paesi dell'Unione Europea non aderiscono all'euro? ....

....

- Quali Trattati sono stati particolarmente decisivi nella storia dell'integrazione europea? ....
- Che cos'è la Banca Centrale Europea (BCE)? ....

....

2. *Scrivi, accanto ad ogni data, l'avvenimento relativo al processo di costruzione dell'unità europea.*

1951: ....
1957: ....
1973: ....
1979: ....
1992: ....
2002: ....
2004: ....

3. *Scrivi, per ciascuna delle istituzioni indicate, quali sono la sede, la composizione e le funzioni:*

Istituzione	Sede	Composizione	Funzioni
Parlamento Europeo	....	....	....
Commissione Europea	....	....	....
Consiglio Europeo	....	....	....
Corte di Giustizia	....	....	....

Per la riflessione e la produzione scritta

1. *L'ideale dell'Europa unita come elemento ispiratore del pensiero di alcuni grandi spiriti del passato.*
2. *Conduci una ricerca storica ed individua alcune grandi costruzioni politiche del passato che hanno unito, almeno in parte, i popoli del Vecchio Continente. Il suggerimento è di cominciare dall'Impero romano.*
3. *Che cosa manca ancora, a tuo giudizio, per un'effettiva unione politica dell'Europa?*
4. *Come immagini la scuola europea del futuro?*
5. *Ritieni che i giovani, in Italia, siano pronti a diventare, in un prossimo futuro, cittadini europei?*
6. *Immagina di dover fare un viaggio attraversando l'Europa. Quali vantaggi ti procurerebbe l'euro, la moneta unica europea?*
7. *L'Europa unita come fattore di pace nel mondo ed esempio per i popoli degli altri Continenti.*

1 L'impoverimento del Sud del mondo

Il *pianeta dimenticato* è quello della **miseria** e della **sofferenza**, rappresentato dai miliardi di uomini che vivono in tanti Paesi del Sud del mondo devastati dalla povertà e dalle epidemie. Ma appartengono al *pianeta dimenticato* anche gli abitanti delle periferie degradate delle città dei Paesi più industrializzati ed i milioni di migranti che cercano di raggiungere tali città, fuggendo dalla fame e dalle guerre per un futuro migliore.

Anche la **crisi economica** che ha colpito l'economia mondiale, senza risparmiare nemmeno l'Occidente, ha aggravato lo squilibrio tra la povertà di gran parte dei Paesi in via di sviluppo dell'Asia, dell'Africa, dell'America Latina e l'opulenza dei Paesi più ricchi e da tempo industrializzati dell'America del Nord e dell'Europa.

Miseria, denutrizione, precarie condizioni igienico-sanitarie, diffusione di malattie gravi (tubercolosi, malaria, Aids), analfabetismo dilagante: queste le condizioni che caratterizzano i Paesi più poveri. A tutto ciò si aggiungono non di rado i feroci **conflitti interetnici** e le loro drammatiche conseguenze: distruzioni di villaggi, massacri di uomini, donne e bambini, fughe di centinaia di migliaia di sfollati verso i Paesi vicini, emigrazione clandestina verso l'Europa e l'America del Nord.

A peggiorare la situazione, ostacolando o rallentando ogni tentativo di sviluppo, contribuiscono il ***boom* demografico**, cioè il sensibile incremento della popolazione del Sud del mondo; lo **scambio ineguale**, esistente sul mercato mondiale tra i prodotti finiti dei Paesi industrializzati e i semilavorati e le materie prime dei Paesi poveri; il peso del **debito**, più che raddoppiato negli ultimi dieci anni, che tanti Stati del Sud

Reddito medio annuo per abitante nel 2013 (in dollari; in quell'anno un dollaro equivaleva in media a € 0,73)

dei dieci paesi più ricchi		dei dieci paesi più poveri	
Qatar	105.091	Rep. Democratica del Congo	394
Lussemburgo	79.593	Zimbabwe	589
Singapore	61.567	Burundi	648
Norvegia	56.663	Liberia	716
Brunei	55.111	Eritrea	792
Hong Kong	53.432	Repubblica Centrafricana	827
Stati Uniti	51.248	Niger	853
Emirati Arabi Uniti	49.883	Malawi	893
Svizzera	46.474	Madagascar	972
Australia	44.073	Afghanistan	1.072

Fonte: Fondo Monetario Internazionale

Le speranze di vita (in anni)

nel mondo industrializzato		nel Sud del mondo	
Giappone	84	Ciad	49
Cina	82	Sudafrica	49
Svizzera	82	Guinea-Bissau	49
Australia	82	Afghanistan	50
Italia	**82**	Swaziland	50
Svezia	81	Rep. Centrafricana	51
Francia	81	Somalia	51
Norvegia	81	Zambia	51
Spagna	81	Namibia	51
Islanda	81	Gabon	52

Fonte: statistiche ONU 2014

Le statistiche dimostrano che la ricchezza è concentrata nei Paesi occidentali ed in alcuni Paesi produttori di petrolio (Qatar, Emirati Arabi Uniti), mentre la povertà è specialmente in Africa, alla quale appartengono i nove Paesi più poveri. Analogamente si vive più a lungo (quindi meglio) nel mondo industrializzato, mentre si vive all'incirca la metà in alcuni Paesi africani e in Afghanistan, un Paese dell'Asia povero e devastato da troppi anni di guerra.

hanno contratto con le banche e gli Stati ricchi del Nord del Pianeta.

Le cifre della diffusione della povertà nel Sud del mondo sono eloquenti: più di **ottocento milioni di individui sono malnutriti e vivono nella completa indigenza**; una persona su cinque è privata dei più elementari servizi (sanità, scuola, acqua potabile, servizi igienici, ecc.); oltre 160 milioni di bambini soffrono per la carenza di proteine e calorie; di questi, oltre 6 milioni muoiono ogni anno per gli effetti della fame. Se si tiene conto del previsto aumento della popolazione mondiale nell'arco dei prossimi trent'anni (si pensi che dal 2000 ad oggi si è passati da sei ad oltre sette miliardi di persone), queste drammatiche cifre sono purtroppo destinate ad aumentare.

Un obiettivo, in particolare, è emerso dalle tante Conferenze internazionali promosse dall'ONU: una diversa e più equa **distribuzione delle ricchezze**, indispensabile affinché si superino le disuguaglianze economiche tra i vari Paesi del Pianeta ed all'interno di uno stesso Paese. Tuttavia l'attuale processo di **globalizzazione** dell'economia, cioè di *mondializzazione della produzione*, di unificazione dei mercati e di divisione internazionale del lavoro, penalizza sempre più i Paesi poveri a vantaggio degli Stati già ricchi ed industrializzati.

I Paesi con il maggior numero di poveri
(percentuale della popolazione che vive al di sotto della soglia di povertà, con meno di un euro al giorno)

Ciad	80%	Mozambico	70%
Haiti	80%	Nigeria	70%
Liberia	80%	Suriname	70%
Congo	71%	Swaziland	69%
Sierra Leone	70%	Zimbabwe	68%

Fonte: Stime ONU 2009-2011

Anche in questa statistica della povertà è l'Africa in evidenza: sono suoi otto Paesi, mentre Haiti e Suriname sono in America Latina.

2 Colonialismo e neocolonialismo

La povertà del Sud del mondo trae origine dalla politica delle **Potenze coloniali** di un tempo (soprattutto Francia e Gran Bretagna) che si spartirono, dalla metà dell'Ottocento, immensi territori dell'Africa e dell'Asia, impoverendoli progressivamente delle loro risorse umane e materiali e distruggendo antiche culture locali attraverso l'imposizione della civiltà europea. Uno sfruttamento quasi simile operarono anche gli Stati Uniti nei confronti dei Paesi dell'America Latina.

La conquista coloniale produsse sì alcuni vantaggi (sviluppo delle infrastrutture, miglioramento della medicina, diffusione dei prodotti industriali e dell'istruzione), ma pure tante conseguenze negative: violento impatto sugli equilibri etnici ed ambientali, divisioni ed aggregazioni di etnie imposte dai colonizzatori con conseguenti conflitti etnici, comparsa di squilibri sociali prima inesistenti, sconvolgimento di usi e costumi tradizionali.

Le popolazioni locali furono indotte a lavorare nelle piantagioni, in cui veniva coltivata un'unica varietà di pianta (**monocoltura**), o nelle miniere, dove era estratto qualche minerale abbondante dal sottosuolo: in entrambi i casi ad esclusivo beneficio della Potenza colonizzatrice che poteva così procurarsi le materie prime necessarie al proprio sviluppo industriale.

Il processo di **decolonizzazione**, che s'impose dopo la seconda guerra mondiale per concludersi negli anni Settanta, in alcuni casi anche dopo cruenti conflitti con i colonizzatori europei, portò all'indipendenza politica dei Paesi dell'Africa e dell'Asia, ma non al loro pieno affrancamento dalla pesante eredità del colonialismo. Infatti i governi dei giovani Stati di Africa ed Asia, dopo la conquista dell'indipendenza, cercarono di promuovere lo sviluppo economico, ma conseguendo il poco soddisfacente risultato di concentrare le scarse nuove industrie nei grandi agglomerati urbani e di lasciare la gran parte del territorio ad un'agricoltura ancora troppo condizionata dalla *monocoltura* imposta dai vecchi colonialisti.

“ *I diritti e i doveri di ciascuno sono connessi a quelli degli altri ed al bene comune della società stessa.* ”

Da un discorso di papa Francesco al Parlamento Europeo, novembre 2014.

1

2

I DIRITTI UMANI IN ITALIA SONO GARANTITI DALLA COSTITUZIONE REPUBBLICANA, varata dopo la sconfitta del fascismo e il ritorno del nostro Paese alla libertà e alla democrazia. L'ingresso dei partigiani in una città appena liberata dall'occupazione nazifascista (1); la firma della Costituzione da parte di Umberto Terracini, presidente dell'Assemblea Costituente, davanti al primo Presidente della Repubblica Enrico De Nicola il 27 dicembre 1947 (3); la Camera dei Deputati, fulcro della democrazia parlamentare del nostro Paese, in palazzo Montecitorio a Roma, durante la seduta di celebrazione del centocinquantesimo anniversario dell'Unità d'Italia il 17 marzo 2011 (2).

3

IL LAVORO È A FONDAMENTO DELLA NOSTRA REPUBBLICA, come proclama la Costituzione. Un'immagine del lavoro in una moderna industria.

4

5

Talvolta i diritti dei lavoratori, pur riconosciuti dalla Costituzione, sono ostacolati o negati: manifestazioni di lavoratori metalmeccanici (7) e di lavoratori precari che protestano contro il "lavoro nero", cioè senza garanzie contrattuali (5) e che, non riconoscendo ai lavoratori la dignità, li rende anonimi, senza un'identità (6).

6

7

8

9

DIRITTI NEGATI. Il diritto alla sicurezza nei luoghi di lavoro non sempre è rispettato nei cantieri edili italiani (8 e 9). Una manifestazione di *rom*: i diritti di cittadinanza dei nomadi spesso sono violati a causa del pregiudizio nei loro confronti che purtroppo alimenta anche episodi d'intolleranza (10).

10

11

Un manifesto della Pubblicità Progresso per la sicurezza nei luoghi di lavoro.

12

PER I DIRITTI DELLE DONNE: una manifestazione contro le violenze sulle donne, in particolare contro i frequenti femminicidi.

14

LA LEGGE È UGUALE PER TUTTI campeggia nelle aule dei tribunali italiani a significare l'uguaglianza dei diritti e dei doveri per tutti i cittadini della Repubblica.

13

Manifestazione pubblica di sindaci (con la fascia tricolore) per il decentramento amministrativo. La tutela dei diritti dei cittadini sul territorio passa anche attraverso una maggiore autonomia dei Comuni.

Gli Stati che compongono l'Unione Europea.

- dal 1957
- dal 1973
- dal 1981
- dal 1986
- dal 1990 (in conseguenza della riunificazione della Germania)
- dal 1995
- dal 2004 (con Malta e Cipro non visibili nella cartina).
- dal 2007
- dal 2013

L'aula del Parlamento Europeo a Strasburgo. Campeggia la bandiera dell'Unione Europea: dodici stelle in campo azzurro.

Scontri armati in Libia (15). Scene di guerre che purtroppo si ripetono in tanti Paesi dell'Africa subsahariana: ribelli nigeriani in armi contro il governo (17) e scontri etnici in Kenya (18).

15

16

GUERRA IN UCRAINA. Il massacro di Odessa (2 maggio 2014): cinquanta morti e centinaia di feriti tra le persone inermi assediate nella Casa dei Sindacati assaltata e incendiata.

LE CONSEGUENZE DELLA GUERRA: un campo-profughi in Congo (20); un palestinese con i suoi figli davanti alla propria abitazione, a Gaza, danneggiata dai colpi di arma da fuoco israeliani (21).

20

17

18

19

SPESE MILITARI: un caccia F-35 in volo. Il suo costo si aggira sui duecento milioni di euro. Quanti ospedali e quante scuole si potrebbero costruire con una tale cifra? Quanti bambini dei Paesi poveri del Sud del mondo si potrebbero salvare dalla fame?

21

GUERRE E TERRORISMO. A Gaza giovani palestinesi si proteggono con una lamiera dai proiettili della polizia israeliana (22); i tragici effetti degli attentati terroristici: contro un autobus civile in una città israeliana (23) e tra la folla in una strada di Kabul, in Afghanistan (24); miliziani dell'I.S.I.S. con le loro divise e bandiere nere (25).

22

23

24

25

26

Il più tragico attentato terroristico di tutti i tempi: due aerei dirottati da terroristi *kamikaze* e lanciati contro le *Twin Towers*, due grattacieli di Manhattan (New York); furono circa tremila le vittime.

27

PER NON DIMENTICARE. Anche l'Italia ha conosciuto gli anni bui del terrorismo: ecco la stazione ferroviaria di Bologna, il 2 agosto 1980, quando fu devastata dall'esplosione di una bomba che provocò 86 vittime e centinaia di feriti.

28

PIANETA DIMENTICATO: misere baracche su palafitte nel Bangladesh, Asia (28); viaggio di migranti sul fiume Congo, in Africa, con le loro povere masserizie al seguito (29).

29

30

PIANETA DIMENTICATO: lavorazione di pelli per paghe da fame in Bangladesh, magari per piccole aziende locali che producono per conto di ricche multinazionali occidentali (30); raccolta di lattine in una discarica: anche in questo modo si può guadagnare qualcosa per sopravvivere nei Paesi poveri del Sud del mondo (31).

31

Lo sguardo di questi due bambini del Burundi, profughi, insieme a molti altri, di una delle tante guerre che hanno insanguinato l'Africa centrale, sembra rivolto a chi ha la fortuna di vivere nel mondo ricco, ma anche indifferente: che cosa si fa concretamente per aiutare il "pianeta dimenticato"?

32

33

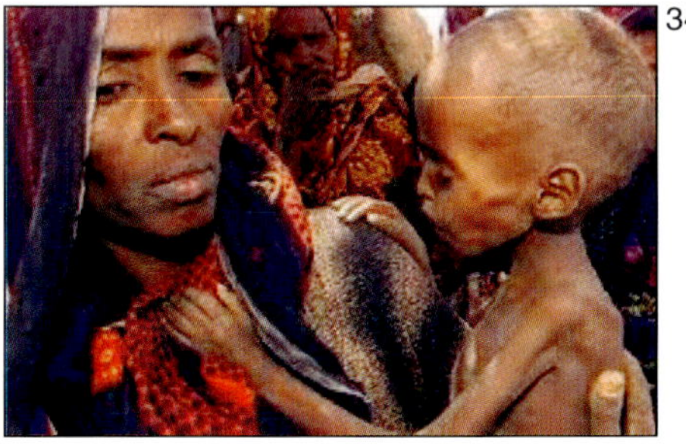
34/a

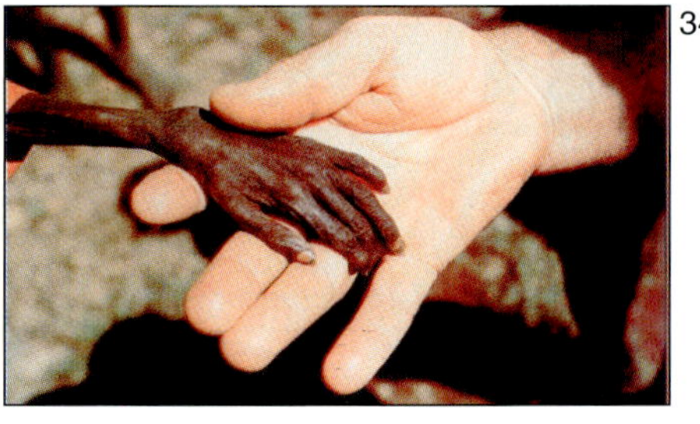
34/b

La produzione di cibo nel mondo basterebbe per tutti, eppure 800 milioni di esseri umani soffrono la fame: "Nutrire il pianeta, energia per la vita", lo slogan dell'Esposizione Universale di Milano del 2015 (33); i drammatici effetti della denutrizione su un bambino del Sudan tenuto in braccio dalla madre (34).

35

IN FUGA DALLA FAME E DALLE GUERRE. Migranti ammassati su un camion in viaggio dal cuore dell'Africa verso le coste del Mediterraneo, nella speranza di trovarvi un imbarco, anche da clandestini, per l'Europa.

Per fronteggiare fenomeni come l'analfabetismo di massa, le rivalità etniche, la carenza e l'inefficienza dei servizi di base (ospedali, scuole, comunicazioni, strade, ecc.), e risolvere i problemi indotti dalla penuria di capitali e di tecnologie e dall'incremento demografico, i governi locali chiesero ai governi ed alle banche degli Stati ricchi dell'Occidente di finanziare i loro programmi di sviluppo.

La conseguenza è stata che i Paesi più poveri si sono indebitati pesantemente, ed il **debito crescente**, intrecciandosi con lo ***scambio ineguale*** (vedi paragrafo seguente), ha determinato una nuova forma di dipendenza dei Paesi ex colonie dai Paesi ricchi ed industrializzati, detta significativamente **neocolonialismo**. Gli Stati forti e ricchi infatti s'impongono oggi non più mediante il comando politico e l'occupazione militare dei territori dei Paesi poveri, come avveniva al tempo del vecchio colonialismo, bensì attraverso un dominio commerciale, finanziario, industriale e tecnologico a distanza.

Il debito dei Paesi più poveri del Sud del mondo si è rapidamente ingigantito negli ultimi decenni, determinando situazioni davvero critiche nell'Africa subsahariana, dove l'ammontare del debito complessivo supera di molto il valore di quanto viene annualmente prodotto.

Alcuni economisti hanno calcolato che, dividendo il debito complessivo accumulato da tutti i Paesi dell'Africa per il numero dei loro abitanti, agli Africani toccherebbe di restituire circa 350 euro cadauno, ma molti di loro vivono in Paesi dove il reddito medio a testa è intorno ai 100 euro.

I Paesi con più analfabeti
(percentuale di analfabeti sulla popolazione adulta nel 2013)

Gambia	50,8%	Ciad	35,4%
Senegal	43,9%	Etiopia	40%
Benin	41,5%	Burkina Faso	29%
Sierra Leone	41,1%	Niger	29%
Guinea	41%	Mali	28%

Fonte: Rapporto ONU 2013

Analfabetismo e povertà s'intrecciano strettamente: i dieci Paesi con il più alto tasso di analfabetismo sono tra i più poveri dell'Africa. Nei Paesi industrializzati, invece, l'analfabetismo è pressoché assente dalla popolazione adulta (0-1,5%).

Curiosità

Che cosa sono le multinazionali

Le multinazionali sono **grandi aziende** di cui la proprietà e la direzione si trovano in un Paese, generalmente tra quelli più ricchi e industrializzati, mentre gli impianti di produzione e le strutture di distribuzione sono dislocati in Paesi diversi, per cui le sue decisioni possono avere un peso politico, oltre che economico, anche fuori del Paese di origine.

Una multinazionale può facilmente spostare da un Paese all'altro capitali, tecnologie, produzioni, potendo così cogliere tutte le opportunità che un Paese può offrire, anche e soprattutto dal punto di vista del costo della manodopera. Non a caso tante multinazionali dislocano parte della loro produzione, generalmente quella meno tecnologica e che usa più manodopera, in Paesi poveri del Sud del mondo, dove salari e stipendi sono più bassi, ci sono meno imposte e anche l'organizzazione sindacale dei lavoratori è più debole.

Infine è il caso di considerare che la "modernizzazione", favorita dalla diffusione delle nuove tecnologie, ha sì migliorato le condizioni di vita nei quartieri residenziali di alcune **megalopoli** dell'Asia, dell'Africa e dell'America Latina; ma le loro periferie sono diventate invivibili, pur nell'imitazione del consumismo dei Paesi ricchi, a causa della sovrappopolazione, della scarsità di servizi sociali, della disoccupazione, della criminalità e della corruzione dilaganti.

3 Lo scambio ineguale

Alla base del *neocolonialismo* c'è lo **scambio vistosamente ineguale**, sul mercato mondiale, fra i **prodotti finiti**, esportati dai Paesi industrializzati, e le **materie prime** e i semilavorati, che costituiscono le sole risorse disponibili dei Paesi poveri unitamente alla manodopera, che viene retribuita con salari bassissimi per lavori faticosi o esportata con le ondate migratorie che si riversano nella parte ricca del mondo.

I Paesi industrializzati acquistano infatti a basso costo materie prime (prodotti agricoli, minerali grezzi, ecc.) e semilavorati dai Paesi poveri ed in via di sviluppo, con cui realizzano, nelle loro industrie, **prodotti finiti ad alto valore aggiunto** (si chiama così l'aumento del valore determinato dalla lavorazione). Questi prodotti sono poi esportati anche negli stessi Paesi fornitori delle materie prime, a prezzi elevati e tali da incorporare il maggior valore derivante dalla lavorazione, dalle tecnologie applicate, dal trasporto, dalle reti di commercializzazione.

Alcune fasi di questo ciclo produttivo vengono inoltre sempre più frequentemente ***delocalizzate*** dalle grandi multinazionali occidentali, cioè spostate proprio nei Paesi poveri, dove si può sfruttare l'abbondante manodopera, disponibile per salari irrisori: si tratta generalmente delle lavorazioni "meno tecnologiche", che non richiedono impiego di personale particolarmente qualificato, ma possono essere affidate a manovali generici e perfino a ragazzi. Non a caso tanta **infanzia sfruttata**, si trova nel Sud del mondo (vedi pagine 184 e seguenti).

La miseria e l'arretratezza tecnologica in cui versano i Paesi poveri non lasciano loro altra scelta che deprezzare le poche merci, già a basso valore aggiunto, che possono immettere nel mercato mondiale pur di ottenere le risorse necessarie a comprare i prodotti indispensabili alla propria popolazione. Così i Paesi poveri diventano sempre più poveri e i Paesi ricchi sempre più ricchi.

Le drammatiche conseguenze della povertà nel mondo

ottocento milioni	**le persone malnutrite**
un miliardo	**le persone che non hanno ancora l'acqua potabile in casa**
novecento milioni	**le persone che sono completamente analfabete, incapaci perfino di scrivere il proprio nome**

4 Lo squilibrio demografico

Nel secolo scorso l'industrializzazione, il progresso tecnologico e scientifico, in particolare della medicina, e il miglioramento delle condizioni igienico-sanitarie hanno favorito un poderoso **incremento demografico**: fra il 1900 e il 2000 la popolazione mondiale è passata da **quasi due miliardi** a **sei miliardi** di persone, superando nel 2011 la cifra di **sette miliardi**. Oggi si stima che sia di 7,3 miliardi.

È preoccupante, però, che il ***boom* demografico** investa innanzi tutto quei Paesi dove più carenti sono le risorse e più precarie le condizioni igienico-sanitarie: qualsiasi programma per il loro sviluppo economico rischia così di fallire sul nascere. Attualmente **nei Paesi del Sud del mondo è concentrata la gran parte della popolazione mondiale**: oltre seicento milioni di persone in America Latina, un miliardo in Africa, oltre quattro milioni e trecento milioni in Asia.

Popolazione mondiale, 1900-2011 (in miliardi)

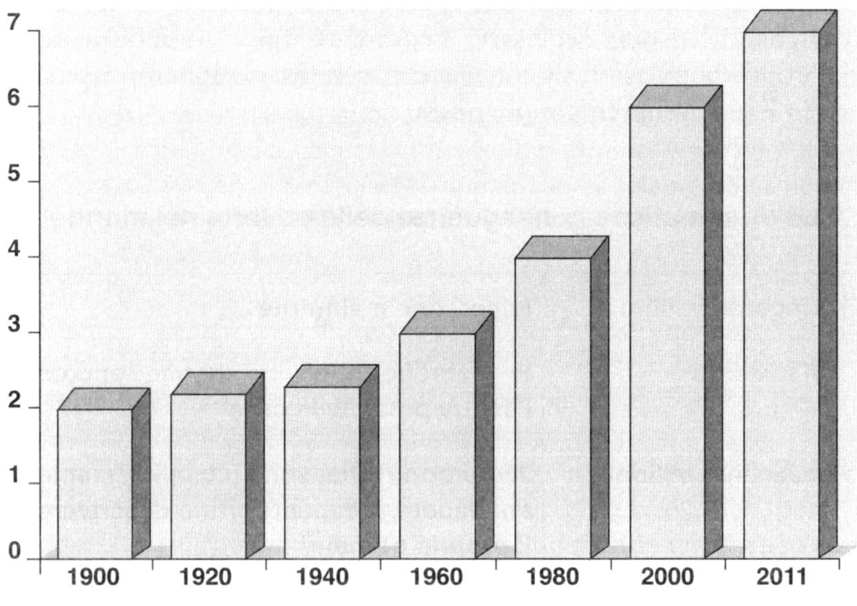

I quindici Paesi più popolati del mondo nel 2013 e quelli che si prevede lo saranno nel 2025 (in milioni di abitanti)

2013		2025	
Cina	**1.393**	**India**	**1.415**
India	1.252	Cina	1.407
Stati Uniti	324	Stati Uniti	335
Indonesia	249	Indonesia	288
Brasile	200	Brasile	209
Pakistan	182	Nigeria	203
Nigeria	173	Bangladesh	179
Bangladesh	156	Messico	141
Russia	142	Russia	138
Giappone	127	Filippine	120
Messico	122	Giappone	119
Filippine	98	Congo	105
Vietnam	91	Etiopia	105
Etiopia	94	Zaire	105
Germania	81	Vietnam	103

Fonte: statistiche ONU, 2013

L'**incremento demografico dei Paesi in via di sviluppo** è dovuto a due fattori in particolare: la scomparsa o la riduzione di tante epidemie (benché di recente altre, come ad esempio l'Aids, ne abbiano preso il posto); l'aumento del tasso di natalità, favorito dall'alto numero di matrimoni precoci, dalla scarsa conoscenza dei metodi contraccettivi, dalla necessità di avere più figli da far lavorare in un'agricoltura povera e per niente meccanizzata.

Molteplici sono le conseguenze negative causate dall'incremento demografico in atto nei Paesi in via di sviluppo: la **sovrappopolazione delle grandi metropoli**, con il relativo **degrado delle loro periferie**, prive dei più elementari servizi sociali e in condizioni igienico-sanitarie precarie; la diffusione di **nuove epidemie** (ad esempio l'Aids) e dell'**analfabetismo**; la massiccia **emigrazione** verso i Paesi ricchi dell'Occidente, alla ricerca di lavoro e condizioni di vita migliori.

Infine, ma non ultima per importanza, c'è la contraddizione tra una minoranza di Paesi industrializzati, tra cui l'Italia, in cui la popolazione tende ad invecchiare per il costante aumento dell'età media, ed una maggioranza di Paesi in via di sviluppo in cui la percentuale di giovani è invece in costante crescita.

5 La fame nel mondo

In un mondo che continua a progredire velocemente al ritmo di sempre più incalzanti innovazioni tecnologiche, bisogna soffermarsi a riflettere su alcuni dati inquietanti. Secondo il Rapporto sullo sviluppo umano, ci sono **ottocento milioni di esseri umani malnutriti** (un dato drammatico, perché decine di migliaia di uomini, donne e soprattutto bambini muoiono ogni giorno per gli effetti della denutrizione), ed **un miliardo di persone che non hanno accesso all'acqua potabile**.

Non può accadere tutto per colpa delle calamità naturali, come siccità e carestie, della scarsità di cibo o del *boom* demografico. Vi sono, è triste ammetterlo, ma lo abbiamo visto nei paragrafi precedenti, grandi responsabilità dei Paesi industrializzati dell'Occidente che, mossi dai propri interessi economici, hanno prima sfruttato le risorse umane e materiali dei Paesi poveri del Sud del Pianeta (*colonialismo*) e poi hanno impedito lo sviluppo di questi ultimi, inducendoli ad una pesante forma di dipendenza economica e di sudditanza politica (*neocolonialismo*), acuita dall'intreccio del debito crescente e dello scambio ineguale.

Denutrizione e ***boom*** **demografico** sono anche le condizioni che favoriscono la **diffusione delle epidemie**: l'insufficiente alimentazione indebolisce le difese immunitarie dell'organismo umano, rendendolo poco resistente all'attacco di germi patogeni, mentre la sovrappopolazione veicola più facilmente il contagio.

Città immense come Calcutta, Mumbay, Nuova Delhi, San Paolo, Giacarta, Città del Messico, il Cairo, superano abbondantemente i dieci milioni di abitanti. Nelle periferie sterminate e degradate di queste **megalopoli**, spesso fatte di tante *bidonvilles*, mancano i più elementari servizi sociali. Purtroppo la situazione è destinata a peggiorare, secondo le previsioni dell'ONU che indicano un sensibile aumento della popolazione mondiale, in particolare di quella del Sud del mondo, nel corso di questi primi decenni del XXI secolo.

Anche la Fao, l'organismo delle Nazioni Unite per l'alimentazione e l'agricoltura, che ha sede a Roma e promuove ogni anno una Conferenza mondiale per fare il punto sulla lotta alla fame, teme che il rialzo del prezzo dei cereali, dovuto alla scelta scellerata di alcuni Paesi industrializzati, a cominciare dagli Stati Uniti, di produrre **biocarburanti** (vedi pag. 138), possa avere brutte ripercussioni sui Paesi più poveri.

Anche per quanto concerne il progresso della medicina, è contraddittorio che, proprio mentre si fanno passi in avanti nella cura di patologie che in passato sembravano invincibili, in tanti Paesi poveri si continui a morire, oltre che per l'Aids, per malattie come la **malaria**, la **tubercolosi** ed il **morbillo**, che in Europa sono da tempo pienamente sotto controllo. Ma questa è la realtà e, per tentare di cambiarla da subito, la strada da percorrere è quella dell'attivazione di campagne sanitarie di massa, basate sulla prevenzione e sull'informazione, nonché sull'impiego mas-

Asia e Africa: l'emergenza continua
Milioni di denutriti nel mondo nel 2014

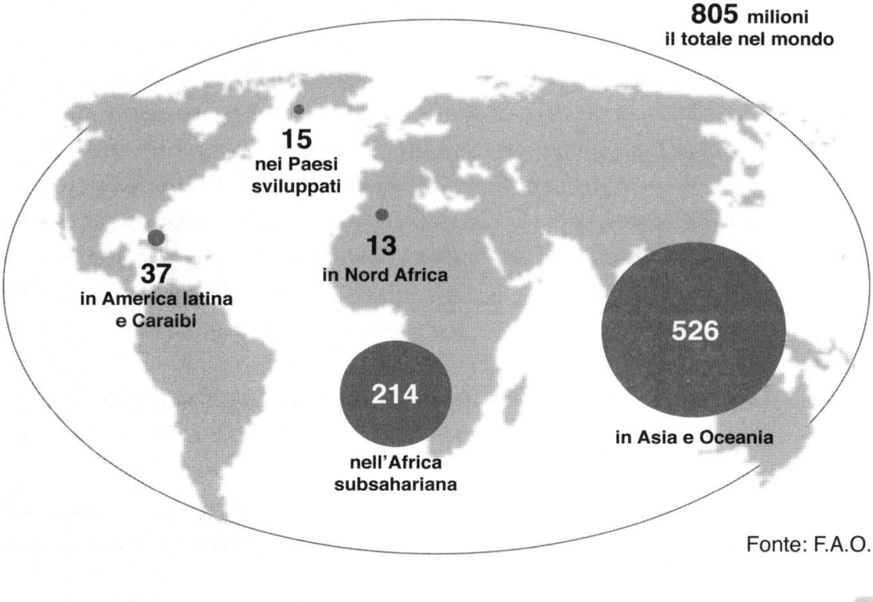

Fonte: F.A.O.

Curiosità

Che cosa sono le megalopoli

La parola "megalopoli" in origine fu usata per designare la grande conurbazione della costa nord-orientale degli Stati Uniti che si estende per circa mille chilometri da Boston a Washington, attraverso le metropoli di New York, Filadelfia ed altri centri urbani. Oggi indica comunemente **zone molto vaste ed urbanizzate** che, sviluppandosi intorno ad una metropoli, ne inglobano anche le cittadine vicine. Si realizzano così degli **estesi agglomerati urbani** con popolazioni che complessivamente superano i **dieci milioni di abitanti**.

La crescita delle megalopoli si è di recente avuta soprattutto nei **Paesi del Sud del mondo**, dove si hanno megalopoli dalle estese e talvolta purtroppo degradate periferie, tra cui si possono ricordare Mumbai, Nuova Delhi e Calcutta in India, Città del Messico, San Paolo in Brasile, Il Cairo in Egitto, Seul in Corea del Sud, Lagos in Nigeria, Dar es Salaam in Tanzania, Manila nelle Filippine, Teheran in Iran, Karachi in Pakistan, Giacarta in Indonesia, Lima in Perù.

siccio di squadre di medici e infermieri, prestate dai Paesi economicamente più forti, con funzioni di coordinamento. Indispensabile è anche l'invio di **consistenti quantitativi di farmaci di base e di vaccini, a prezzo ribassato**, per le cure di primo impatto delle malattie più diffuse.

Bisogna convincersi che la fame nel mondo non è tanto un problema di penuria di cibo (infatti da alcuni anni si assiste ad una sovrapproduzione di cereali nei Paesi ad agricoltura avanzata), quanto piuttosto di una distribuzione complessiva diseguale delle risorse.

6 L'Expo 2015 di Milano: "Nutrire il Pianeta, energia per la vita"

È lo slogan che simboleggia efficacemente l'Esposizione Universale di Milano del 2015 sul tema dell'**alimentazione globale**. Il capoluogo

Le quindici megalopoli più popolate del mondo

1) Tokyo (Giappone)	34.900.000 abitanti
2) New York (USA)	21.600.000 ab.
3) Seul (Corea del Sud)	21.150.000 ab.
4) Città del Messico (Messico)	20.750.000 ab.
5) San Paolo (Brasile)	20.250.000 ab.
6) Mumbai (India)	18.150.000 ab.
7) Osaka (Giappone)	18.000.000 ab.
8) Nuova Delhi (India)	17.150.000 ab.
9) Los Angeles (USA)	16.800.000 ab.
10) Giacarta (Indonesia)	15.850.000 ab.
11) Il Cairo (Egitto)	15.100.000 ab.
12) Calcutta (India)	14.550.000 ab.
13) Buenos Aires (Argentina)	13.700.000 ab.
14) Manila (Filippine)	13.450.000 ab.
15) Mosca (Russia)	13.200.000 ab.

Fonte: statistiche ONU 2011

lombardo è diventato la vetrina mondiale dove tutti i Paesi espongono il meglio delle proprie produzioni e tecnologie per quanto concerne l'alimentazione e la nutrizione, allo scopo di garantire cibo sano, sicuro e sufficiente a tutti i popoli, nel rispetto degli equilibri ambientali.

La grande manifestazione internazionale è stata organizzata per consentire al grande pubblico di visitatori di scoprire e gustare le prelibatezze gastronomiche di tanti Paesi, ma anche e soprattutto per riflettere sull'iniqua distribuzione del cibo nel mondo e sull'**importanza di una sana alimentazione** che oggi s'impone anche in conseguenza di troppe insidie, come ad esempio la produzione di cibi su scala industriale o da colture transgeniche (vedi pag. 212), tesa più alla quantità che alla qualità di ciò che viene messo in commercio.

Se è vero che così si è favorito un aumento della quantità complessiva di cibo disponibile, consentendo quindi di affrontare meglio gravi problemi come la fame nel mondo, tuttavia le modificazioni genetiche di alcuni vegetali comportano dei rischi i cui effetti non sono del tutto conosciuti.

Il dibattito tra gli scienziati in merito è ancora aperto: alcuni ritengono che il cibo di origine transgenica sia rischioso per l'uomo, altri negano questa pericolosità. Tuttavia, sebbene la produzione di cereali e di soia sia aumentata notevolmente proprio grazie alle colture transgeniche, nel mondo c'è ancora disparità nella distribuzione delle risorse alimentari.

Attualmente forse si producono più alimenti di quanto i sette miliardi di persone che popolano il Pianeta abbiano complessivamente bisogno, però la quantità di questi alimenti è distribuita male, per cui, mentre in quasi tutti i Paesi dell'Occidente si assiste ad una distruzione incredibile di cibo, troppe persone, concentrate in alcuni Paesi del Sud del mondo, non hanno il necessario per sfamarsi. La **FAO**, l'Organizzazione delle Nazioni Unite per l'alimentazione e l'agricoltura, ha calcolato che ogni anno nel mondo si spreca un terzo della produzione totale destinata al consumo umano. In Italia ogni persona butta via annualmente in media 49 chilogrammi di cibo per disattenzione o negligenza nella gestione della spesa; mentre negli Stati Uniti se ne gettano addirittura 110 chilogrammi a testa. È uno **spreco imperdonabile**, se si pensa che attualmente nel mondo oltre ottocento milioni di persone, e fra questi duecento milioni di bambini al di sotto dei cinque anni, soffrono di denutrizione.

È indispensabile ed urgente, per sanare la piaga della perdurante fame in troppe aree del Pianeta dimenticato, ossia del Sud del mondo, una distribuzione più equa delle risorse alimentari, ma si avverte anche la necessità di un'alimentazione più sana ed equilibrata per tutti, anche nei Paesi più fortunati, perché mangiare in modo sbagliato, non dosando l'assunzione delle calorie, può causare seri problemi di salute, come l'**obesità**, ormai riconosciuta come una malattia. A tal proposito, un recente studio ha evidenziato che, negli ultimi anni, i ragazzi italiani in età scolare sono mediamente aumentati nel peso di circa cinque chilogrammi, manifestando una tendenza all'obesità che deriva pur sempre da abitudini alimentari non corrette.

7 L'Aids, la strage dei poveri

Se nei Paesi ricchi ed industrializzati del Nord del Pianeta l'Aids resta una piaga non sanata, ma che almeno non si è ulteriormente aggravata, grazie ai passi in avanti compiuti dalla ricerca farmacologica e alle insistenti campagne di prevenzione ed informazione, non si può affermare altrettanto per i Paesi poveri del Sud del mondo, dove le precarie condizioni di vita delle popolazioni locali (miseria, denutrizione, analfabetismo, insufficienza di strutture e mezzi sanitari) hanno favorito il diffondersi a macchia d'olio della *sindrome da immunodeficienza acquisita*. Così milioni di persone, in tanti Paesi del Sud del Mondo, stanno morendo, **anche perché, in tali Paesi, non ci sono risorse sufficienti per comprare e distribuire capillarmente i nuovi farmaci**.

L'**Africa** è il continente di gran lunga più devastato dall'Aids. Basti pensare che l'80% del totale dei decessi avvenuti nel mondo a causa di questa malattia si è avuto proprio in Africa.

In particolare nell'insieme dei Paesi a sud del Sahara (Africa *subsahariana*) vivono oggi ben 24,7 milioni di persone ammalate di Aids e di sieropositivi, su un totale di oltre 35 milioni in tutto il mondo, vale a dire oltre il 70%.

Questa tragedia è una conseguenza della miseria e dell'ignoranza: si stima che di Aids siano già morte nel mondo circa 39 milioni

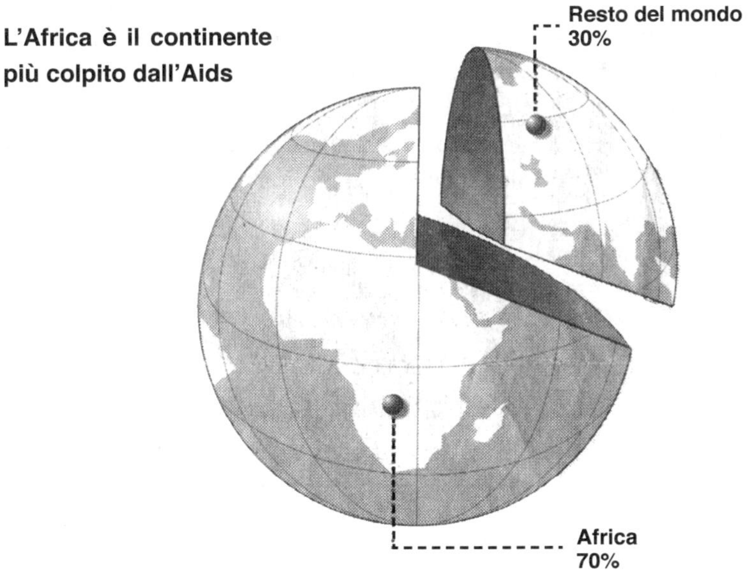

Aids: percentuale di malati conclamati e sieropositivi nel 2014

di persone delle quali ben il 95% nella parte meno prospera, in Paesi poverissimi e indebitati con un alto tasso di analfabetismo e dove le strutture sanitarie, per carenza di mezzi, sono inadeguate o del tutto assenti e il test per accertare la presenza del virus Hiv, responsabile della malattia, spesso non viene effettuato. La conseguenza è che, spesso, chi è contagiato non lo sa nemmeno.

In particolare, in Zimbabwe, Botswana e Swaziland, tra i Paesi più poveri dell'Africa australe, l'Hiv ha contagiato, secondo i dati dell'OMS (Organizzazione Mondiale della Sanità), quasi un terzo della popolazione compresa fra i 15 ed i 49 anni: è una percentuale altissima, che pesa in maniera drammatica sull'economia di Paesi già poveri, pregiudicandone irrimediabilmente il futuro.

Altro dato drammatico: in media vengono messi al mondo ogni anno circa 500mila bambini sieropositivi, contagiati dalle madri infette. Si pensi che l'85% del totale vive in Africa.

Anche quando non sono direttamente colpiti dall'infezione, i giovani sono coloro che ne subiscono maggiormente le tragiche conseguenze: nelle regioni più povere, decine di migliaia di orfani di genitori uccisi dall'Aids sono costretti a vivere di espedienti, senza casa né famiglia.

L'Aids distrugge l'economia già povera d'interi Paesi dell'Africa: perché richiede ingenti spese nella sanità; perché cancella generazioni di lavoratori già formati professionalmente e nella loro età più produttiva, dato che la fascia più colpita va proprio dai 12 ai 50 anni d'età; perché spopola campagne, scuole, uffici pubblici, falcia tanti giovani e, con questi, la speranza di migliorare le condizioni di vita. L'Africa, se non debella l'Aids, non avrà alcuna possibilità di uscire dalla spirale povertà-sottosviluppo.

“ *La cura esisteva, ma non per la gente povera dei Paesi poveri. Loro capivano quanto fosse assurdo il fatto che nascere in un posto piuttosto che in un altro faceva la differenza. Due pillole al giorno potevano salvare la loro vita. Ma non in Africa.* ”

Sono le parole dette da **Bono Vox**, leader degli *U2*, una delle più famose *bands* di musica rock, ritornando da un viaggio in Africa a proposito della difficoltà di curare gli ammalati di Aids in alcuni Paesi di quel continente.

PER NON DIMENTICARE
L'Aids: che cos'è e come si trasmette

L'Aids (parola formata dalle iniziali di Acquired Immuno-Deficiency Syndrome, sindrome da immunodeficienza acquisita) è una **grave malattia infettiva**, causata da un **virus**, cioè un microrganismo che può vivere solo all'interno di una cellula dove si replica a spese di quest'ultima, che è stato chiamato **Hiv** (dall'inglese Human Immuno-deficiency Virus, virus dell'immunodeficienza umana). Il virus Hiv aggredisce i linfociti T, particolari globuli bianchi del sangue che presiedono alla difesa dell'organismo. Quest'ultimo viene indebolito e messo nella possibilità di contrarre diverse gravi malattie, definite opportuniste, come ad esempio polmoniti, infezioni intestinali e cutanee, meningiti ed alcuni tipi di tumore.

Il termine "acquisita" indica che la malattia si trasmette **per contagio** mediante il sangue. Pertanto sono assolutamente da evitare: uso di siringhe e aghi contaminati da sangue infetto; rapporti sessuali, senza le adeguate precauzioni, con persone colpite dalla malattia o anche soltanto sieropositive (cioè che portano nel sangue il virus, senza che abbiano la malattia conclamata).

I primi casi di Aids furono scoperti nel 1980 in alcune città degli Stati Uniti e l'anno successivo furono registrati ufficialmente i primi casi in altri Paesi. In breve tempo, si diffusero panico e timore, in particolare nel mondo occidentale, per una malattia sconosciuta ed insidiosa. Nel maggio del 1983 il virus dell'Aids fu isolato da un gruppo di ricercatori dell'Istituto Pasteur di Parigi guidato da **Luc Montagnier** e, l'anno seguente, da un'équipe dell'Università statunitense di Bethesda, diretta da **Robert Gallo**.

La speranza di debellare l'Aids oggi sembra più concreta. Sono stati messi a punto *cocktails* di più farmaci che, somministrati a chi è soltanto sieropositivo, consentono di allontanare, anche di molti anni, l'insorgere della malattia conclamata. Inoltre si stanno sperimentando vaccini in grado d'inibire una particolare proteina che favorisce la trascrizione genetica, quindi la riproduzione del virus Hiv all'interno delle cellule infettate.

8 La globalizzazione e i movimenti "no-global"

"Tutto può essere prodotto e venduto ovunque": questo è lo slogan simbolo di un mercato globalizzato in cui ogni azienda diventa libera di decidere dove produrre e dove vendere. Ma se le barriere del commercio internazionale, rappresentate dalle frontiere degli Stati, sono state abbattute, ciò è avvenuto non di rado a vantaggio dei Paesi più industrializzati e già ricchi, le cui aziende, alcune delle quali diventate *multinazionali*, hanno moltiplicato i propri luoghi di produzione, dislocandoli anche nei Paesi poveri del Sud del mondo dove hanno potuto sfruttare i bassi salari, la limitata o assente sindacalizzazione dei lavoratori e, più spesso di quanto si creda, anche il diffuso **lavoro nero dei minori**.

Questa è la **globalizzazione**: un'unica grande economia che abbraccia l'intero Globo e nella quale tutte le realtà economiche locali sono intrecciate l'una all'altra o, come si dice comunemente, **integrate**. Possiamo ben dire che oggi, all'inizio del XXI secolo, l'intero Pianeta è diventato un **unico grande mercato mondiale**.

Questo mondo globalizzato, come si dice comunemente, cioè senza più frontiere per il commercio, è un bene o un male? Certo, la libertà degli scambi ed il loro incremento hanno prodotto effetti positivi: **idee e culture viaggiano con le merci** e, dallo scambio delle idee, trae impulso il più generale progresso dell'umanità. Tuttavia non possiamo nasconderci che i maggiori beneficiari di questo straordinario sviluppo sono i Paesi ricchi del Nord del Pianeta. Le grandi *società multinazionali* che vi hanno sede controllano i mercati e, muovendo capitali e merci da uno Stato all'altro, sono in grado di sfruttare le migliori opportunità, realizzando profitti giganteschi e lasciando le briciole ai Paesi poveri. È ovvio infatti che solo le più grandi aziende possono essere competitive in un mercato "globale", riuscendo a sfruttare tutte le differenze nei costi di produzione che possono verificarsi tra un Paese e l'altro.

Contro le distorsioni dell'attuale processo di globalizzazione economica si è sviluppato un ampio movimento, detto comunemente ***no-global***. È un movimento formato da lavoratori, giovani, ambientalisti, contadini, pacifisti di tutto il mondo, a carattere transnazionale e di opposizione ad un meccanismo economico accusato di essere incapace di portare benessere veramente a tutti. Questo movimento, contro la globalizzazione dall'alto, quella dell'economia nell'interesse dei più ricchi e potenti, pone all'attenzione dell'opinione pubblica la necessità di una **globalizzazione diversa e più giusta**: una globalizzazione anche dei diritti degli uomini, in modo che in tutto il mondo ci siano gli stessi diritti dei lavoratori e la stessa tutela dei minori e dell'ambiente.

Contro un'economia mondiale che, liberalizzando gli scambi commerciali e in assenza di regole a garanzia di tutti i popoli della Terra, privilegia invece gli interessi delle grandi *multinazionali* e delle banche occidentali, il *movimento no-global* sostiene la necessità di un'effettiva **cooperazione** fra tutti i Paesi del mondo e nell'interesse dell'umanità intera, sulla base di questi princìpi: la **difesa dell'ambiente**, per uno sviluppo effettivamente sostenibile ed a vantaggio, in primo luogo, dei Paesi più poveri; la **tutela della salute**, con il miglioramento delle condizioni igienico-sanitarie dei Paesi del Sud del mondo allo scopo di debellarvi l'Aids e le altre malattie più diffuse; la **difesa dei diritti del lavoro**, a partire dai più deboli, come i migranti ed i minori. Ad esempio, per la protezione di questi ultimi, è necessario impedire l'accesso ai mercati dei prodotti di quelle aziende che sfruttano il lavoro minorile. Urge, insomma, un nuovo **piano di sviluppo** complessivo, all'elaborazione ed all'attuazione del quale devono collaborare i governi degli Stati industrializzati come quelli dei Paesi poveri, sotto l'egida degli organismi sovranazionali (Onu, Fao, Oms, Unicef, ecc.).

Tale programma dovrebbe prevedere innanzi tutto la riduzione del debito dei Paesi più poveri e la valorizzazione delle loro risorse materiali

Curiosità

Gli aiuti umanitari

Da tempo gli Stati industrializzati destinano una parte della ricchezza che producono ad aiuti umanitari pubblici ai Paesi più poveri: in verità è una parte piccolissima, appena lo **0,3% in media del prodotto interno lordo annuo**. L'Italia addirittura riserva agli aiuti solo lo 0,1%.

Eppure, con la cosiddetta *Dichiarazione del Millennio*, nel 2000, i governi degli Stati ricchi si erano impegnati a raddoppiare gli aiuti pubblici ai Paesi poveri, portandoli in media allo **0,7%** del loro prodotto interno lordo entro il 2015. L'obiettivo era di **dimezzare il numero di persone che soffrono la fame nel mondo**, portandolo nel 2015 a 500 milioni. Purtroppo è fallito: si riuscirà a raggiungerlo?

e specialmente umane, ad esempio mediante la **lotta all'analfabetismo**, perché uomini e donne istruiti sono maggiormente in grado di difendere i loro diritti, di proteggere la loro salute, di educare i figli, di migliorare le proprie condizioni di vita. Un programma che, nel ridurre le tensioni nel mondo e promuovendo la cooperazione tra i popoli, si riveli anche un concreto **programma per la pace stabile** in tutto il mondo.

9 I grandi Paesi emergenti del Sud del mondo

La **globalizzazione** dell'economia, se è vero che ha favorito subito gli interessi delle grandi aziende *multinazionali*, più forti e più competitive nei mercati mondiali, è anche vero che col tempo ha consentito che **emergessero** sul piano economico anche **alcuni grandi e popolosi Paesi dell'Asia, dell'America Latina ed oggi perfino dell'Africa**. Questi Paesi sono diventati consapevoli che, proprio per la loro grandezza e l'alto numero di abitanti, costituiscono dei mercati importantissimi e insostituibili per le merci dei prodotti dei Paesi più ricchi e già da tempo industrializzati. Quindi hanno potuto contrattare, da posizioni via via sempre più forti, condizioni di parità e di reciprocità negli scambi commerciali. Conseguentemente i Paesi occidentali, per non perdere l'accesso ai mercati di questi Paesi grandi e popolosi, hanno dovuto accettare che anche le merci di questi ultimi potessero avere accesso ai mercati mondiali.

Ha cominciato la **Cina**, il più popoloso Paese del mondo, che rappresenta un immenso mercato di oltre un miliardo e trecento milioni di abitanti. Il colosso asiatico ha invaso il mondo con i suoi prodotti, facendo leva sul loro basso prezzo; ma, acquistando tecnologia dai Paesi più industrializzati e sviluppando la sua industria nei settori più avanzati, come la meccanica di precisione e l'elettronica, ha potuto immettere nei mercati mondiali anche merci ad alto valore aggiunto e competitive per i costi di produzione più contenuti. In questo modo il grande Paese asiatico ha ricavato dalle sue esportazioni sempre più ingenti capitali che ha reinvestito nell'acquisto addirittura di prestigiose aziende europee ed americane, come case automobilistiche, società telefoniche, banche, ecc. Oggi la Cina, in virtù di un rapido e poderoso sviluppo industriale, è la seconda Potenza economica del mondo, dietro gli Stati Uniti.

L'esempio cinese è stato seguito da altri grandi Paesi asiatici, innanzi tutto dall'**India**, il secondo Paese del mondo per popolazione, quindi dalla **Corea del Sud** e dal **Brasile** che è il più grande Paese dell'America Latina. In questi grandi Paesi si è assistito negli ultimi anni ad un rapido sviluppo economico con tassi di crescita vertiginosi, oscillanti tra il 5 e il 10% di incremento annuo.

Bisogna anche precisare che gli alti tassi di crescita della Cina, dell'India e degli altri Stati emergenti si sono avuti in Paesi che hanno cominciato quasi da zero, per cui avevano necessità di tutto (industrie, infrastrutture, telecomunicazioni, ecc.) e che proprio per questo hanno attirato gli investimenti delle aziende dei Paesi più industrializzati. Ma adesso i grandi Paesi emergenti si stanno conquistando anche il diritto di parola alle Conferenze mondiali. Non a caso, le Conferenze periodiche dei **G20**, i venti Paesi economicamente più sviluppati del mondo, sono diventate più importanti delle riunioni dei G7, che riguardano solo i sette Paesi di più antica industrializzazione.

Lo sviluppo impetuoso che si è avuto nelle economie dei **grandi Paesi**

Curiosità

Che cos'è il G20

È l'abbreviazione di **Greath 20**, la Conferenza periodica dei capi di Stato e/o di governo dei **venti Paesi economicamente più importanti del mondo**. Questi sono: Australia, Arabia Saudita, Argentina, Brasile, Canada, Cina, Corea del Sud, Francia, Germania, Giappone, Gran Bretagna, India, Indonesia, Italia, Messico, Russia, Stati Uniti d'America, Sudafrica, Turchia, Unione Europea (considerata nel suo insieme).

Queste riunioni, che stanno diventando più importanti di quelle del G7 (Canada, Francia, Germania, Giappone, Gran Bretagna, Italia, Stati Uniti), anche per la crescente importanza dei grandi Paesi ad economia emergente dell'Asia, dell'Africa e dell'America Latina, si tengono per affrontare e risolvere le questioni più delicate ed importanti, soprattutto per quanto concerne lo sviluppo economico e il commercio mondiale.

emergenti, un tempo anch'essi poverissimi, è positivo ed interessante, benché vi permangano stridenti contrasti tra ampie fasce di popolazione ancora in estrema povertà e minoranze che si sono arricchite velocemente. Inoltre è probabile che lo sviluppo di Cina, India, Brasile, ecc., dia impulso all'economia di altri Paesi del Sud del mondo. Si pensi che perfino uno Stato africano, il **Sudafrica**, dove ancora fino all'inizio degli anni Novanta del secolo scorso vigeva l'*apartheid* (che escludeva la grande maggioranza dei neri dai diritti civili), oggi conosce, facendo leva sulle sue notevoli risorse minerarie, uno sviluppo economico sorprendente.

10 L'Italia da terra di emigranti a Paese d'immigrazione

Forse non tutti i ragazzi di oggi sanno che il nostro Paese è stato, in passato, terra di **emigranti**. Oggi l'Italia è un Paese d'immigrazione, "meta" agognata di tanti lavoratori che provengono dall'Europa orientale, dall'Asia, dall'Africa e dall'America Latina, non di rado da Paesi devastati dalla miseria e dalla guerra, talvolta anche sfidando le nostre leggi con l'arrivo in clandestinità, quasi sempre andando incontro a situazioni di disagio e di precarietà nei sobborghi delle nostre città. Proprio come i tanti Italiani che fino agli anni Settanta del secolo scorso, quindi nemmeno tanto tempo fa, lasciavano le campagne del Mezzogiorno per cercare fortuna all'estero.

Gli **immigrati extracomunitari** presenti oggi in Italia lavorano soprattutto nelle piccole fabbriche, nei campi durante i mesi del raccolto, nei negozi in qualità di fattorini e commessi, nelle case come domestici e badanti; qualcuno, meno fortunato, chiede l'elemosina per le strade e sui mezzi di trasporto pubblico, vende fazzoletti e cianfrusaglie varie, pulisce i vetri delle automobili ai semafori.

È giusto temere gli stranieri extracomunitari quando violano la legge; ma non lo è emarginarli e discriminarli. Purtroppo sono sempre più frequenti gli **episodi d'intolleranza e di razzismo** che a volte degenerano anche in atti di violenza: le cronache dei mezzi d'informazione ne raccontano sempre di nuovi.

Forse nel nostro Paese ci si è dimenticati troppo presto dei disagi provati da tanti nostri connazionali, costretti in un passato nemmeno tanto lontano ad emigrare in America, in Australia, in Germania, in Gran Bretagna, in Belgio, in Svizzera, alla ricerca di un lavoro e di condizioni di vita migliori. Forse troppo presto sono state dimenticate le umiliazioni patite in Svizzera dai nostri emigranti che, nelle manifestazioni di protesta, inalberavano cartelli con su scritto: "Cercavate braccia, sono arrivate persone".

I casi d'intolleranza e di razzismo nei confronti dei lavoratori extracomunitari rivelano come il nostro Paese sia purtroppo impreparato a ricevere gli immigrati, benché così necessari alla nostra economia, e come in una parte delle autorità locali e di governo, nonché della stessa opinione pubblica, manchi una vera e propria **cultura dell'accoglienza**.

Eppure è necessario promuovere una giusta riflessione sul fenomeno sociale dei **migranti**, che è di rilevanza mondiale e non certo soltanto italiano: bisogna considerarne attentamente le cause, che risiedono nelle condizioni di miseria, a volte di guerra, quasi sempre di sovrappopolazione di tanti Paesi poveri del Sud del mondo e, più in generale, nel divario che separa questi dagli Stati ricchi e industrializzati del Nord del Pianeta.

Il problema dell'immigrazione, come detto, non è solo italiano, ma riguarda tutta l'Unione Europea e il resto del mondo industrializzato. Anzi, possiamo dire che l'Italia ha percentuali ancora esigue di immigrati sulla popolazione totale, se confrontate con quelle di Paesi europei di più antica immigrazione come la Germania, la Francia, la Gran Bretagna, il Belgio e la Svizzera.

Sono necessari, pertanto, una regolamentazione complessiva dell'immigrazione nei Paesi dell'Unione Europea ed un coordinamento delle politiche locali, al fine di **promuovere la tutela, l'assistenza, l'integrazione sociale degli immigrati**, ma nel rispetto delle differenze culturali e religiose e con spirito di solidarietà.

Infine, non dobbiamo considerare i migranti soltanto degli **"strumenti" di lavoro**, che possono restare in Italia solo finché servono le loro braccia e dovranno andar via quando avranno perso il lavoro e non saranno più utili: quel che dicevano i nostri emigranti in Svizzera negli anni Sessanta e Settanta del secolo scorso, quando protestavano di essere persone e non solo braccia, è diventato quanto mai attuale per gli immigrati nel nostro Paese.

Dove lavorano gli immigrati in Italia
(in percentuale sul totale)

nei servizi domestici (colf, badanti, ecc.)	24,7
nella manifattura	19,4
nell'edilizia	16,7
nel settore alberghiero e nella ristorazione	9
nel commercio	8,2
nei servizi alle imprese	7,1
nell'istruzione, nella sanità e nei servizi sociali	5,1
nei trasporti e comunicazioni	4,4
nell'agricoltura	4,3
nell'attività immobiliare	0,8
nella pubblica amministrazione	0,2
nel settore energetico	0,1

Fonte: dati ISTAT 2009

11 Il traffico di clandestini e l'immigrazione regolare

Autentico dramma sociale e umano è quello degli **immigrati clandestini** che tentano di entrare nel nostro Paese affidandosi a trafficanti senza scrupoli. Questi, dietro lauti compensi, li trasportano dalle coste nordafricane in Italia su imbarcazioni di fortuna, spesso vere e proprie *carrette del mare* o addirittura gommoni.

La traversata non è priva di rischi, come purtroppo le frequenti tragedie del mare hanno dimostrato in questi anni. Alle insidie del mare si aggiunge il cinismo criminale degli *scafisti*, i quali, dinanzi al pericolo, non esitano ad "alleggerire" le loro imbarcazioni, gettando in mare i disgraziati che sono a bordo. Troppi *viaggi della speranza* si sono tramutati in tragedie e migliaia, specialmente di **Africani** ed **Arabi**, sono morti in mare.

Tuttavia i lavoratori stranieri, per la maggior parte, entrano in Italia regolarmente, procurandosi un *permesso di soggiorno*, e lavorano sulla base di un contratto di lavoro, dando così un contributo notevole, e ormai indispensabile, allo sviluppo economico del nostro Paese.

Purtroppo, una parte dell'opinione pubblica continua a vedere nell'immigrato il "diverso" di cui diffidare e talvolta anche avere paura. Sulle considerazioni legate al contributo indiscutibile che gli immigrati danno alla nostra economia, occupando posti di lavoro in gran parte rifiutati dagli Italiani, ma alcuni anche di grande professionalità e responsabilità, sembrano prevalere le preoccupazioni legate alla sicurezza, anche se, in realtà, coloro che tra gli immigrati violano le leggi sono una percentuale trascurabilissima, minore della stessa percentuale di Italiani che delinquono. Tuttavia non ci permettiamo di dire che gli Italiani sono *tutti* delinquenti poiché *alcuni* delinquono: perché lo stesso ragionamento non dovrebbe valere per gli immigrati?

12 Il razzismo, una malattia antica quanto dura da debellare

Si dice che gli episodi d'intolleranza di cui sono vittime gli immigrati nel nostro Paese e certi pregiudizi nei loro confronti siano le conseguenze del *razzismo* di una parte dei nostri connazionali.

Vediamo allora che cos'è il **razzismo**. Questo termine rimanda a teorie e comportamenti basati sulla convinzione che la cultura e la storia degli uomini dipendano dalla *razza*, cioè da alcune caratteristiche fisico-biologiche, e che esista una *razza umana superiore*.

Ma il **concetto di superiorità di una *razza* su un'altra non ha alcun fondamento scientifico**: da un punto di vista strettamente biologico, non esistono categorie di individui superiori o inferiori. Sono la bugia ideologica ed il pregiudizio a generare tale convinzione. Pensiamo alla tragedia dell'***antisemitismo*** nella Germania nazista: la politica di persecuzione prima e di sterminio poi degli Ebrei, voluta da Hitler, era giustificata con la "teoria della superiorità della *razza ariana*" (cioè germanica). In effetti, era una giustificazione ideologica all'esigenza di trovare dei "colpevoli", dei nemici interni, su cui scaricare la responsabilità degli insuccessi politici e militari della Germania uscita sconfitta dal primo conflitto mondiale. Ma gli Ebrei tedeschi non erano certo una "razza": osservavano, chi più chi meno, chi per niente, i precetti della loro religione, ma senza che si potessero distinguere fisicamente e nemmeno etnicamente dagli altri Tedeschi.

Le scoperte della moderna ricerca genetica hanno confermato quanto già si sosteneva più in generale sul piano antropologico e culturale: **non ci sono razze umane**. Se proprio vogliamo distinguere i gruppi umani, anche tenendo conto di caratteristiche morfologiche (come il colore della pelle o la forma degli occhi) dovute a influenze climatiche e ambientali, è molto più appropriato usare l'espressione *gruppi etnici*, facendo così riferimento anche e soprattutto alle caratterizzazioni culturali, religiose, linguistiche, che sono ben più importanti.

Il *razzismo* è quindi un artificio ideologico fondato su un'esigenza di natura irrazionale, in pratica su un *pregiudizio*. Infatti è sulla base di un pregiudizio che tanti hanno paura degli immigrati, o anche dei *rom*, vedendo in *tutti* gli immigrati o in *tutti* i *rom* un pericolo per la sicurezza perché *alcuni* di loro delinquono.

La **paura** e la **diffidenza** fanno pertanto scattare dei meccanismi di difesa che vedono nell'*altro*, nel *diverso*, colui che ci toglie il posto di lavoro, che attenta alla nostra sicurezza, che mette in pericolo la nostra integrità culturale (poiché tanti immigrati sono di religione diversa, ad esempio in gran parte musulmani, hanno tradizioni diverse dalle nostre e così "insidierebbero" la nostra identità di nazione occidentale e cristiana). Dunque il pregiudizio fa diventare generale una valutazione fin troppo particolare, estendendola da *alcuni* a *tutti*, proprio perché non nasce da una riflessione attenta e spassionata, ma da una **reazione emotiva**.

Riflettiamo, ad esempio, sulla questione che i lavoratori stranieri "toglierebbero" il lavoro agli italiani. Come farebbero tante donne italiane, che sono insegnanti, impiegate, operaie, a continuare a lavorare se dovessero accudire giorno e notte i genitori anziani diventati non più autosufficienti? Dovrebbero lasciare l'impiego se non ci fossero le

" *Cercavate braccia, sono arrivate persone.* "

Così era scritto su molti dei cartelli che gli emigranti italiani in Svizzera negli anni Sessanta e Settanta mostravano durante le manifestazioni di protesta contro il razzismo nei loro confronti. Vale anche per gli immigrati nel nostro Paese?

cosiddette *badanti*, in gran parte straniere, che si prendono cura degli anziani. Quindi molte lavoratrici italiane possono lavorare proprio perché ci sono badanti, *colf* e *baby-sitter* straniere che le sollevano da tante incombenze domestiche. In realtà, molti lavoratori stranieri svolgono i lavori che la maggior parte degli italiani non vuole più fare, consentendo così alla nostra società di non incepparsi.

Il razzismo è una brutta malattia della ragione e fa vedere la realtà in modo distorto. Per combattere questa malattia bisogna promuovere **l'incontro, il confronto e lo scambio fra gli uomini**, nonché la solidarietà fra culture ed etnie diverse, come fonti di arricchimento culturale per ogni persona e per tutti i popoli della Terra. È giusto salvare le specificità storiche, culturali e religiose che sono proprie di ogni gruppo etnico, ma queste non devono assolutamente generare teorie, pregiudizi, comportamenti discriminatori nei confronti di nessuno.

13 Antisemitismo, apartheid, "pulizie etniche": razzismi di ieri e di oggi

Fra le tante manifestazioni del razzismo, quest'antica malattia dell'uomo, bisogna ricordare soprattutto l'**antisemitismo**, ossia l'ostilità per gli Ebrei, benché siano definiti *semiti* anche gli Arabi. Un'ostilità che si diffuse in alcune regioni dell'Europa cristiana in occasione delle Crociate e si manifestò poi in forme particolarmente violente nella Spagna di Filippo II, nella Polonia e nella Russia dei *pogrom* (stragi di massa degli Ebrei), infine nella Germania nazista.

Il **regime hitleriano** si macchiò di uno dei più terribili crimini che la storia ricordi: l'**annientamento**, in Germania e in tutti gli altri Paesi europei occupati dalle armate naziste, **di ben sei milioni di Ebrei**, in gran parte uccisi in quei luoghi programmati per lo sterminio di massa che erano i *lager* di **Auschwitz**, Treblinka, Mauthausen, Bergen-Belsen, Dachau, ecc., nomi diventati tristemente famosi e che dovranno restare scolpiti nella memoria storica affinché certe tragedie non si ripetano mai più.

Ma il Novecento annovera anche altri razzismi. Ricordiamo la **discriminazione** che in alcuni Stati del Sud degli USA vigeva nei confronti dei **neri**, privati di molti diritti civili e sociali. Si dovette attendere il **movimento non violento**, promosso da **Martin Luther King**, affinché, sul finire degli anni Sessanta, le pesanti discriminazioni nei loro confronti fossero abolite definitivamente in tutti gli Stati Uniti d'America e fosse loro restituita la dignità umana. Ricordiamo pure il regime di segregazione, noto con il termine ***apartheid***, imposto, fino agli anni Novanta, dalla minoranza bianca alla popolazione nera del Sudafrica prima che questa si liberasse con le lotte ispirate da **Nelson Mandela**.

Infine, le tante **pulizie etniche**, una brutta e fredda espressione, non derivata dal lessico igienico-sanitario, che contempla un reperto-

PER NON DIMENTICARE
Le leggi razziali del 1938 nell'Italia fascista

Il 17 novembre 1938 il regime fascista promulgò una legge che proibiva, nel nostro Paese, i matrimoni fra Ebrei ed "ariani" ed impediva ai primi d'impiegarsi nella pubblica amministrazione, limitandone pure il diritto alla proprietà. Quel provvedimento, in pratica, fu voluto dal fascismo italiano per compiacere il potente alleato, la Germania nazista, condividendone la discriminazione razziale ai danni dei cittadini ebrei. In effetti, già nel settembre dello stesso anno, gli Ebrei stranieri erano stati espulsi dal territorio italiano e, successivamente, gli studenti ed i docenti ebrei italiani lo furono dalle scuole e dalle università. Infine, il 1° luglio 1939, l'art. 1 del nuovo Codice civile rendeva legittimi il razzismo e la persecuzione.

Quelle leggi razziali sono una macchia nella storia del nostro Paese e ci ricordano che il razzismo è una brutta malattia della ragione, un morbo che può oscurare quest'ultima ed essere recidivo. Proprio per questo, anche se allora la maggioranza del popolo italiano non accettò quell'imposizione, considerandola estranea alla propria mentalità ed alle proprie tradizioni, il triste evento delle leggi razziali non deve essere cancellato dalla memoria storica del nostro Paese: dagli anziani che ne furono testimoni ai giovani che lo apprendono dai libri.

Quel brutto evento rappresenta un monito, rivolto a quanti, ancora oggi, manifestano atteggiamenti discriminatori nei confronti di immigrati, rom e minoranze etnico-religiose, affinché **le tragedie del passato non si ripetano mai più**.

rio di atrocità, cinicamente commesse nelle tante guerre di questi ultimi anni, come massacri e deportazioni, allo scopo di espellere da una regione ("ripulendola") le minoranze che si avevano in odio. Metodi aberranti, che riportano alla mente quelli usati nel passato dai regimi fascisti per assoggettare o eliminare le minoranze ed hanno causato centinaia di migliaia di vittime nei Paesi dell'ex Jugoslavia, tra i Curdi nel nord dell'Iraq, nel Sudan, nel Ruanda, nel Burundi, nel Congo.

Focus

La società multietnica

Le società europee si stanno sempre più trasformando, sotto la spinta dei flussi migratori, in **crogioli multietnici**. Le culture, le religioni e i valori dei migranti si mescolano con quelli propri delle genti autoctone. Per questo, si sente dire comunemente che stiamo andando verso una società sempre più multietnica.

Nel caso dell'Italia ciò è un bene, anche per motivi di rilevanza economica. Innanzi tutto perché, come già detto, molte attività economiche del nostro Paese si fermerebbero se non ci fossero gli immigrati che svolgono buona parte di quei lavori più umili che gli Italiani ormai rifiutano. Ma ci sono anche tanti immigrati, ed in numero crescente, che dedicano il loro ingegno e le loro energie ad attività dirigenziali o comunque intellettualmente impegnative e di alta professionalità. In secondo luogo, perché, in un Paese come il nostro, dove la popolazione ha un tasso di natalità tra i più bassi del mondo ed evidenzia conseguentemente una tendenza all'invecchiamento, soltanto l'arrivo di giovani immigrati può impedire un declino demografico altrimenti irreversibile.

Ma non è giusto limitarsi a considerare gli immigrati soltanto una **ri-**

sorsa economica. Essi offrono anche una grande opportunità di **arricchimento culturale**. Infatti l'apporto di intelligenze nuove, provenienti da culture diverse e lontane, è quanto mai prezioso a stimolare un progresso complessivo della società.

La società **multietnica** si basa sul fecondo **incontro e scambio** di culture, religioni, linguaggi e costumi di etnie e popoli diversi. Purtroppo talvolta, come abbiamo visto, la diffidenza prende il posto della curiosità e dell'interesse per il nuovo.

Eppure risulta così difficile capire che la società si arricchisce e progredisce dall'incontro di culture diverse? È più facile che progredisca la società che resta chiusa in se stessa o quella che si apre all'esterno, che accoglie gli "altri"? Ovvio rispondere indicando la seconda ipotesi. Del resto, il modello storico di società multietnica per eccellenza, quello degli **Stati Uniti d'America**, che è il risultato di ondate migratorie che, provenienti da tutti i continenti, si sono succedute nel tempo, sta lì a dimostrare quale potente stimolo al progresso costituisca la convivenza di tanti e diversi gruppi etnici.

Lo sviluppo e la diffusione dei mezzi prodotti dalle nuove tecnologie (il computer, Internet, la televisione satellitare) hanno sicuramente contribuito ad accorciare idealmente le distanze geografiche e culturali tra i continenti, favorendo, ancor più dei mass media tradizionali (stampa, radio, televisione), la conoscenza e la comunicazione fra le genti della Terra.

L'incontro tra i popoli deve conseguentemente realizzarsi nella **reciproca accoglienza e solidarietà**, nella **pacifica convivenza** all'interno di un medesimo Paese. I pregiudizi, l'ostilità, la diffidenza, con cui talvolta vengono accolti ed ospitati i migranti, il persistente divario economico tra i Paesi industrializzati e quelli in via di sviluppo, i frequenti conflitti che scoppiano fra le etnie rivali all'interno di uno stesso Stato: sono questi i segnali che indicano che c'è ancora molto da fare per costruire una società multietnica e pluriculturale all'insegna della pace, della solidarietà e di una **più equa distribuzione di tutte le risorse**.

Le parole per capire

Bidonville: distesa di baracche alla periferia di una grande città, che può assumere diversi nomi a seconda dei Paesi. Ad esempio, in Brasile è detta "favela", in Argentina "villa miseria".

Immigrati: sono così detti i **migranti** quando arrivano in un Paese alla ricerca di un lavoro e di migliori condizioni di vita, lasciando il proprio (rispetto al quale sono detti **emigrati**). Sono chiamati **extracomunitari** se il loro Paese d'origine non appartiene all'Unione Europea. Sono degli immigrati **clandestini** quando entrano in un Paese diverso dal loro senza un regolare permesso, quindi in violazione della legge.

Lavoro nero: è quello svolto in violazione delle leggi che prevedono il rispetto dei contratti di lavoro e delle norme sulla sicurezza dei lavoratori, il pagamento delle imposte e dei contributi sociali (sono così chiamati i contributi da versare al fondo pensioni gestito dall'Inps, al Servizio sanitario nazionale e al fondo per l'assicurazione contro gli infortuni). In questo modo i datori di lavoro evadono imposte e contributi, arrecando un danno a tutta la collettività, e i lavoratori non vedono tutelati i loro diritti, ad esempio in materia di retribuzione, orario di lavoro, ferie. Una forma particolarmente odiosa di *lavoro in nero* è il **lavoro minorile**.

Multinazionali: aziende di grandi dimensioni, con sedi ed attività produttive in più Paesi, ma con il centro direzionale in un Paese occidentale.

Occidente: comprende l'area economicamente più sviluppata del Pianeta: Europa occidentale e Nord America. Il termine è usato come sinonimo di Paesi ricchi e industrializzati (tra questi c'è anche il Giappone).

Paesi in via di sviluppo: sono in genere così definiti quelli del Sud del mondo, in condizioni d'insufficiente sviluppo economico, ma i cui governi cercano di avviare programmi che siano in grado di farli uscire dal sottosviluppo

Società multietnica: è così definita la società formata da più gruppi etnici, conseguentemente all'arrivo di flussi d'immigrati.

Sud del mondo: vi abita la parte più povera dell'umanità e comprende genericamente i Paesi dell'Asia, dell'Africa e dell'America Latina (un tempo si usava l'espressione **Terzo Mondo**, oggi un po' in disuso).

PROPOSTE DI LAVORO

Per la comprensione

1. *Rispondi alle seguenti domande:*

- Che cosa s'intende con l'espressione *Sud del mondo*? ....
....
- Qual è la differenza tra colonialismo e neocolonialismo? ....
....
....
- Che cos'è la monocoltura? ....
....
- Perché la *spirale del debito* strozza i programmi di sviluppo dei Paesi poveri? ....
....
- Dove l'Aids ha provocato effetti particolarmente devastanti? ....
....
- Quale polemica è scoppiata recentemente sulla distribuzione dei farmaci contro l'Aids? ....
....
-Da dove provengono, per la maggior parte, gli immigrati nel nostro Paese?
....
- Da che trae origine il razzismo? Si fonda su basi scientifiche? ....
....
- Che cos'è la società multietnica? ....
....
- Perché la "società multietnica" favorisce l'arricchimento culturale e il progresso civile? ....
....

2. *Scrivi una breve definizione per ciascuna delle seguenti forme di razzismo:*

antisemitismo: ....
apartheid: ....
intolleranza per gli immigrati: ....
"pulizia etnica": ....

Per la riflessione e la produzione scritta

1. *La fame nel mondo: descrivi gli aspetti gravi ed allarmanti di uno dei più preoccupanti problemi del nostro tempo.*
2. *Si abbattono in Europa le frontiere, politiche ed ideologiche, ma nuovi steccati sembrano innalzarsi nel mondo: sono quelli tra prosperità e miseria, tra società industriali e società agricole, tra Paesi ricchi del Nord e Paesi poveri del Sud del Pianeta.*
3. *I massicci flussi migratori, dai Paesi poveri del mondo a quelli ricchi, dimostrano che le sorti del Nord del mondo sono intrecciate a quelle del Sud. Non dovrebbero esserci, pertanto, barriere: queste sono visibili solo nell'egoismo.*
4. *Non è sufficiente dare cibo a chi ha fame: bisogna aiutarlo a procurarselo da sé. Estendi questo principio ai rapporti tra Paesi ricchi e Paesi poveri del mondo ed esponi le tue considerazioni in merito.*
5. *La condizione degli emigranti italiani del passato e quella degli immigrati attuali nel nostro Paese: analogie e diversità.*
6. *L'utilità degli immigrati allo sviluppo dell'economia dei Paesi industrializzati.*
7. *Come e perché le guerre che devastano tanti Paesi del Sud del mondo influiscono sui flussi migratori verso i Paesi industrializzati?*
8. *Gli immigrati sono persone, non strumenti di produzione. Esponi le tue considerazioni in merito, non mancando di rilevare come questa ovvia affermazione sia spesso contraddetta nei fatti da alcuni comportamenti discutibili.*
9. *Non si può negare la solidarietà a chi chiede aiuto: gli ammalati di Aids, in Italia e nei Paesi poveri, hanno bisogno di noi.*

1 L'emergenza ambiente

La progressiva alterazione degli equilibri della natura ha reso decisiva, negli ultimi anni, la **questione ambientale**. "Ora salvate il mondo": questo lo slogan della Conferenza sul clima di Copenaghen, in Danimarca, del 2009. Un appello rivolto non solo ai governi che reggono le sorti della Terra ed agli scienziati che operano nel settore, ma anche a tutti noi, in quanto ognuno, nel suo piccolo, può contribuire a salvaguardare le risorse indispensabili alla vita sul nostro Pianeta.

Il crescente inquinamento è una delle conseguenze più dannose dello **sviluppo industriale** e del **progresso tecnologico** così come si sono avuti finora. Industrie e tecnologie, se da un lato hanno migliorato la qualità della vita, permettendo all'uomo di lavorare con minore fatica, dall'altro hanno finito per piegare la natura alla logica del profitto, nell'illusione che se ne potessero sfruttare illimitatamente le risorse.

I risultati di quest'attività umana incontrollata sono sotto gli occhi di tutti: l'inquinamento sempre più devastante, l'***effetto serra***, la ***deforestazione***, i mutamenti climatici dovuti al **surriscaldamento della superficie terrestre**.

Dove andremo a finire di questo passo? Il nostro Pianeta tra qualche decennio potrebbe non essere più in grado di garantire abbastanza acqua, cibo ed energia ad una popolazione che nell'autunno 2011 ha raggiunto i **sette miliardi** di individui ed è in costante crescita.

2 L'inquinamento: un'aggressione alla natura

La Terra sta diventando sempre più invivibile a causa delle diverse forme di inquinamento che devastano l'ambiente.

L'**inquinamento atmosferico** è senza dubbio il più dannoso, prodotto specialmente dai processi di combustione che avvengono quotidianamente soprattutto nelle grandi città: pensiamo al fumo che fuoriesce dalle ciminiere delle fabbriche, ai gas di scarico prodotti dai motori degli autoveicoli o sprigionati dalle centrali termoelettriche e dagli impianti di riscaldamento di case ed uffici. Tanti fattori, spesso combinati, che immettono crescenti quantità di gas inquinanti, in particolare anidride carbonica, nell'atmosfera.

L'**inquinamento del suolo e del sottosuolo** è provocato dai **fertilizzanti** e dai **pesticidi** usati in agricoltura, che penetrano nel terreno; dai **rifiuti urbani** accumulati in quantità crescenti nelle grandi discariche; dai **residui di lavorazione di alcune industrie**, che contengono varie sostanze tossiche.

L'**inquinamento dell'acqua** è causato dagli stessi **fertilizzanti**, **erbicidi** e **pesticidi** usati in agricoltura, i quali, penetrando nel sottosuolo, raggiungono prima le *falde acquifere*, che sono le nostre preziose riserve di acqua potabile, quindi fiumi e laghi. Ma sono dannosi anche gli **scarichi delle fognature urbane**, quando non ci sono efficienti sistemi di depurazione, ed i **residui delle lavorazioni industriali e delle estrazioni minerarie** sversati in mare o nei corsi d'acqua.

3 L'effetto serra

Per comprendere che cos'è l'**effetto serra** è utile pensare a quanto avviene nelle serre usate in agricoltura, all'interno delle quali è trattenuta una buona parte del **calore solare**, grazie agli involucri di plastica, allo scopo di favorire un migliore sviluppo delle piante. Bene, la stessa cosa avviene, ovviamente in proporzioni più grandi, sulla Terra: l'atmosfera che avvolge il nostro Pianeta fa sì che una parte del calore irradiato dal sole venga trattenuta sulla superficie terrestre.

Aumento di anidride carbonica nel mondo (in parti per milione)

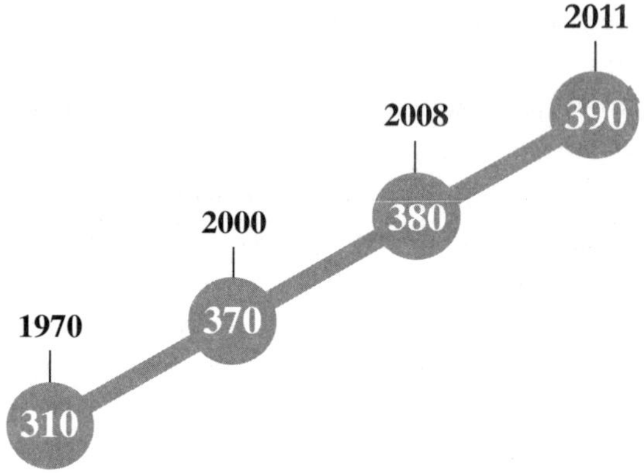

Forse non tutti sanno che non esisterebbe vita sulla Terra senza tale *effetto serra*, in quanto questo consente di mantenere, sulla superficie del nostro Pianeta, una temperatura congeniale alle specie viventi. A determinare l'*effetto serra* sono dei gas presenti naturalmente in modica quantità nell'atmosfera, prodotti dagli esseri viventi e dalle combustioni naturali: l'anidride solforosa, gli ossidi di azoto, il metano e principalmente l'**anidride carbonica** (CO_2), chiamati perciò *gas serra*.

Ma gli uomini, con le loro attività industriali, hanno accentuato l'*effetto serra* immettendo nell'atmosfera crescenti quantità di anidride carbonica: basti pensare che la quota di CO_2 nell'atmosfera era mediamente, prima della rivoluzione industriale, di circa 280 parti per milione; nel 1970 aveva raggiunto le 310 parti per milione; nel 2000 era arrivata a 370 parti per milione, nel 2008 a 380 parti per milione ed oggi ha superato le 400 parti per milione. A questo punto l'*effetto serra* ha smesso di essere benefico, diventando una minaccia per la vita sulla Terra.

L'*effetto serra* così alterato è diventato infatti uno dei maggiori responsabili dell'aumento della temperatura media sulla superficie terrestre:

> *"Trattiamo bene la Terra su cui viviamo: essa non è un'eredità lasciataci dai nostri padri, ma un prestito dei nostri figli e di chi verrà dopo di noi."*

Da un antico proverbio dei Masai, popolazione africana degli altopiani del Kenya e della Tanzania.

36

37

RAZZISMI DI IERI E DI OGGI. Il pregiudizio oggi può ispirare ostilità nei confronti dei lavoratori immigrati: manifestazioni contro il razzismo in città italiane (36 e 37). Come ieri ispirava l'odio antisemita: Ebrei rastrellati nel ghetto di Varsavia, in Polonia, durante la seconda guerra mondiale (38).

38

39

Antisemitismo ieri e oggi in Italia: una rivista razzista pubblicata al tempo delle "leggi razziali" introdotte dal regime fascista nel 1938 (40); giovani *skinheads* che inneggiano al nazismo e alla violenza contro gli Ebrei (39).

40

41

42

IL DRAMMA DEI MIGRANTI. La traversata del Canale di Sicilia può trasformarsi in tragedia: un barcone stracolmo di migranti in evidente difficoltà nel mare agitato (41). A Lampedusa, dei pescatori gettano fiori nel tratto di mare dove il 3 ottobre 2013 è affondato un barcone carico di migranti, 366 le vittime (42).

43

Migranti che lasciano il Messico per gli Stati Uniti viaggiando clandestinamente, con evidente rischio per la loro incolumità, anche sui tetti dei vagoni dei treni (43); migranti appena arrivati a Lampedusa ed ammassati lungo la costa (44).

44

45

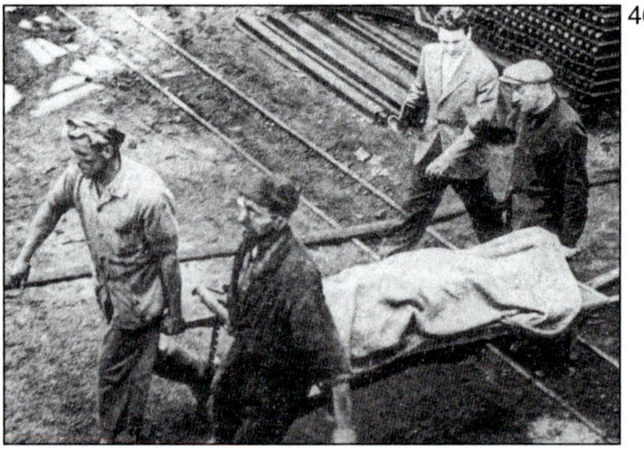

46

PER NON DIMENTICARE: un tempo si partiva anche dall'Italia alla ricerca di un lavoro e di un futuro migliore, incontrando non di rado diffidenza ed ostilità ispirate da pregiudizi razzistici e talvolta anche la morte. Emigranti italiani all'arrivo alla stazione ferroviaria di Hannover, in Germania (45); squadre di soccorso portano via una salma dalla miniera di carbone di Marcinelle, in Belgio, dove nell'agosto 1956 morirono, per uno scoppio, ben 138 minatori italiani (46).

47

48

CONTRO IL RAZZISMO. Martin Luther King, *leader* della lotta degli afroamericani, assassinato nel 1968 (47); Nelson Mandela, *leader* della lotta dei neri del Sudafrica: sulla sua felpa il numero della cella in cui trascorse molti anni di carcere per il suo impegno contro l'*apartheid* (48).

49

50

UNA SOCIETÀ MULTIETNICA per eccellenza: quella degli Stati Uniti d'America, dove innumerevoli etnie convivono, come si può notare dal pubblico di giovani (49) che assiste ad un comizio di Barak Obama, il primo presidente nero eletto negli Stati Uniti (50).

51

"La marcia non è ancora finita", ha detto lo stesso Barak Obama ripercorrendo, 50 anni dopo e con alcuni dei protagonisti di allora, la storica marcia per i diritti civili organizzata nel 1965 da Martin Luther King a Selma, in Alabama, che fu attaccata dalla polizia sul ponte "Edmund Pettus".

53

L'intervento del Presidente dell'ONU Ban Ki-moon alla Conferenza di Lima, in Perù, del dicembre 2014 sui cambiamenti climatici.

54

Una conseguenza dei cambiamenti climatici: lo scioglimento di alcuni ghiacciai dell'Artide.

55

Traffico di autoveicoli in una grande arteria di Pechino, capitale della Cina: sono ben visibili gli effetti del pesante inquinamento dell'aria.

56

57

ANIMALI A RISCHIO DI ESTINZIONE: in difficoltà, per gli effetti dei mutamenti climatici sugli oceani, sono l'orso bianco, che vede ridursi i ghiacci polari (il suo *habitat* naturale), e la tartaruga marina.

58

59

60

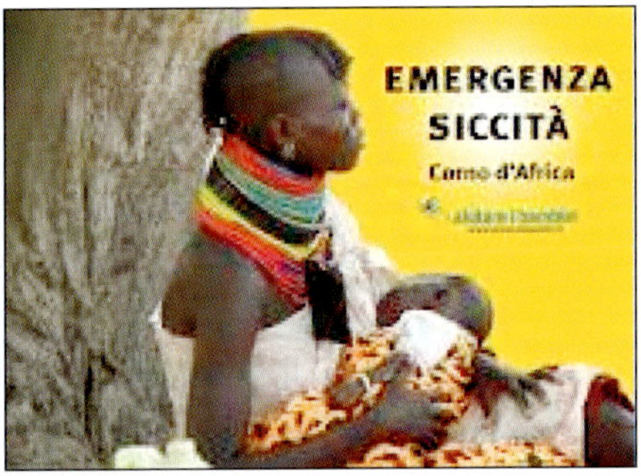

CONSEGUENZE DEI MUTAMENTI CLIMATICI: l'aumento delle temperature medie sul Pianeta provoca la siccità, che accelera la *desertificazione* (59); getta in una condizione di drammatica emergenza molti Paesi, come quelli del Corno d'Africa (60); costringe comunque chi vive nei luoghi aridi a faticosi rifornimenti d'acqua (58). Perfino animali forti come i leoni (ecco alcuni esemplari ripresi in una riserva del Kenya) sembrano in difficoltà per la siccità (61).

61

IL DRAMMA DELL'ACQUA NEI PAESI POVERI. Sudan: gente che si accalca intorno ad un pozzo per rifornirsi d'acqua. Chi vive nei luoghi dove l'acqua scarseggia è spesso costretto a percorrere distanze di molti chilometri trasportando pesanti recipienti pieni d'acqua.

62

63

L'ACQUA È UN DIRITTO DI TUTTI: iniziativa in una città italiana a difesa della gestione pubblica delle risorse idriche (64); padre Alex Zanotelli da sempre in prima fila nella battaglia per l'acqua pubblica (63).

64

65

66

67

IL DISSESTO IDROGEOLOGICO IN ITALIA. Un eloquente manifesto della Pubblicità Progresso contro i rischi da dissesto idrogeologico (66). Purtroppo nel nostro Paese sembra che dall'alluvione del 1951 nel Polesine (65) alle alluvioni di oggi sia cambiato ben poco: gli effetti di una recente alluvione nel Veneto, con lo stadio di Vicenza e i quartieri circostanti allagati (67) e le conseguenze della devastante alluvione di Genova dell'ottobre 2014 (68).

68

69

70

IL DISSESTO IDROGEOLOGICO IN ITALIA. Conseguenze dell'intervento sui corsi d'acqua: la piena di un fiume, più devastante a causa della cementificazione degli argini (69); l'esondazione di un torrente (70).

71

72

GLI ANGELI DEL FANGO: ragazzi che a Genova hanno dato una mano a spalare il fango dopo l'alluvione del 4 novembre 2011, come già fecero i giovani accorsi a Firenze dopo l'alluvione del 4 novembre 1966 da ogni luogo d'Italia, che aiutarono a recuperare preziosi libri antichi ed opere d'arte (71).

73

CALAMITÀ NATURALI IN ITALIA. Il centro storico dell'Aquila devastato dal terremoto del 6 aprile 2009.

Chi immette anidride carbonica (CO_2) nell'atmosfera (in milioni di tonnellate nel 2010)

Cina	8.287	Germania	745
Stati Uniti	5.435	Iran	572
India	2.009	Corea del Sud	568
Russia	1.741	Canada	499
Giappone	1.171	Gran Bretagna	494
		(Italia)	406

Gli Stati Uniti e la Cina, le due più grandi Potenze industriali, emettono complessivamente oltre il 40% dell'anidride carbonica globale. Ma, mentre la Cina ha quasi un miliardo 400 milioni di abitanti, gli Stati Uniti ne hanno soltanto 324 milioni. Inoltre gli Stati Uniti inquinano quasi tre volte più dell'India la quale, però, con un miliardo e duecentocinquanta milioni di abitanti, ha una popolazione quasi quattro volte quella statunitense.

quasi **un grado centigrado in più** nell'ultimo secolo, hanno calcolato gli scienziati, ma molto di più al Polo Artico, come si leggerà più avanti.

Quali Paesi sono maggiormente responsabili delle emissioni di *gas serra*? Innanzi tutto quelli più industrializzati, in particolare gli Stati Uniti e la Cina, ma anche alcuni Paesi del Sud del mondo che hanno adottato il medesimo modello industriale di sviluppo, basato sul consumo indiscriminato di **combustibili fossili**. Infatti l'anidride carbonica in eccesso presente oggi nell'atmosfera (cioè quelle 120 parti per milione in più della quota naturale) proviene, insieme agli altri *gas serra*, soprattutto dall'uso, come fonti di energia, di ***petrolio***, ***carbone*** e ***gas naturale*** nelle innumerevoli combustioni che alimentano le moderne società industriali: dai processi di lavorazione nelle fabbriche ai motori a scoppio e diesel che muovono gli autoveicoli, dalle centrali termoelettriche agli impianti di riscaldamento di case ed uffici.

Ma una quota non trascurabile di CO_2 e degli altri *gas serra* viene prodotta da pratiche discutibili e senz'altro dannose agli equilibri ambientali e climatici, come l'agricoltura "taglia e brucia" e la distruzione mediante incendio delle foreste tropicali.

4 La Terra ha la febbre? I mutamenti climatici

Sì, è come se il nostro Pianeta avesse la febbre, ed i cambiamenti climatici ne sono i sintomi più preoccupanti.

Infatti gli ultimi anni sono stati tra i più caldi della storia e non bisogna essere degli scienziati climatologi per comprendere che l'equilibrio climatico sta saltando: anche nel nostro Paese ci stupiamo di notare come d'inverno i giorni di freddo intenso siano sempre di meno, anzi, si registrano talvolta delle temperature quasi primaverili, con una costante diminuzione delle piogge; invece, d'estate, il caldo afoso diventa opprimente, soprattutto nelle grandi città, e l'aria che si respira è inquinata dai gas di scarico emessi da autoveicoli ed industrie.

Se la temperatura media del Pianeta dovesse salire ancora nel corso dei prossimi decenni, le conseguenze, come accennato sopra, sarebbero tali da compromettere la sopravvivenza di molte specie viventi. Si produrrebbero degli **sconvolgimenti climatici**: mutazione dei cicli stagionali, con inverni molto rigidi ed estati torride; *tropicalizzazione* del clima nel bacino del Mediterraneo; aumento della **desertificazione**, un fenomeno che attualmente interessa l'Asia, l'Africa e l'Australia, coperte per una parte crescente della loro superficie da steppe e deserti; maggiore frequenza di uragani, alluvioni, maremoti e *tsunami* (le onde oceaniche anomale).

Ma il cambiamento del clima ha già provocato un grave danno: la **progressiva riduzione dei ghiacciai**.

5 Lo scioglimento dei ghiacciai

Le immense riserve di ghiaccio dei Poli costituiscono un insostituibile *termoregolatore* del clima dell'intero Pianeta: mitigano, raffreddando atmosfera ed acque, le temperature troppo alte, proprio come fa un condizionatore d'estate. Tuttavia è stato calcolato che al **Polo Nord** (l'Artide) l'incremento medio della temperatura dal 1900 ad oggi è stato di ben tre gradi centigradi e la superficie media complessiva dei **ghiacciai artici** è diminuita, negli ultimi venti anni, da 7,7 milioni di km^2 a 5,8 milioni di km^2. Una diminuzione dei ghiacciai, sia pure meno consistente, viene rilevata da alcuni anni anche al **Polo Sud** (l'Antartide).

Analoga sorte per i **ghiacciai montani**, che si stanno ritirando in tutto il mondo: ad esempio, in Asia, l'imponente catena montuosa dell'Himalaya perde alcuni metri in altezza ogni anno. A rischio sono pure i ghiacciai delle nostre **Alpi**, che si stanno lentamente riducendo.

Lo scioglimento dei ghiacciai è pericoloso, perché può provocare un **innalzamento globale del livello dei mari**, interessando anche le coste italiane, soprattutto quelle dell'Adriatico e della Toscana, già soggette all'abbassamento dei suoli (come Venezia), e una più generale alterazione del rapporto tra mari e terre, per l'aumento del livello medio delle acque degli oceani e l'**erosione progressiva delle coste**. Inoltre, la conseguente diminuzione della quantità di

Curiosità

Se si sciolgono i ghiacci polari, l'orso bianco dove andrà?

Lo scioglimento dei ghiacciai polari sta mettendo in pericolo alcuni mammiferi che vivono nell'Artico, come ad esempio l'orso bianco. Questo grande mammifero, che può raggiungere i tre metri di altezza e un peso tra i 450 e i 600 chilogrammi, caccia le sue prede spostandosi da un'isola di ghiaccio all'altra, ma la riduzione del *pack* (la distesa dei frammenti di ghiaccio che galleggiano nell'acqua) lo costringe a percorrere a nuoto decine e decine di chilometri, mettendo a dura prova la sua resistenza.

Il WWF, una delle più importanti organizzazioni ambientaliste, ha richiamato l'attenzione sul dramma degli **orsi naufraghi al Polo Nord**: lo scioglimento di un *iceberg* aveva costretto alcuni esemplari ad annaspare tra le onde dell'Artico, con il rischio di morire o per annegamento o per fame, poi provvidenzialmente soccorsi da alcune navi. È vero che gli orsi bianchi sono dei formidabili nuotatori, ma è difficile che possano percorrere più di cento chilometri: ebbene, per salvarsi, in quell'occasione avrebbero dovuto farne più di seicento!

sale nei mari, unita ad una temperatura più calda delle loro acque, può rovinare il delicato equilibrio della flora e della fauna marine, mettendo anche **a rischio le specie animali** che vivono ad alte latitudini, come l'orso bianco e la foca, che di questo passo sarebbero condannate all'estinzione.

6 Anche il mare ha la febbre

Il mare, come si sa, è un grande **termoregolatore naturale**: si riscalda e si raffredda più lentamente della terra, quindi svolge l'importante funzione di cedere calore alla terra nelle stagioni fredde e di raffreddarla nelle stagioni calde.

Ma gli oceani sono **equilibratori climatici** anche perché, come se fossero delle enormi spugne, assorbono una quantità no-

Curiosità

Si è aperto il passaggio a Nord-Ovest!

Trovare il mitico passaggio a Nord-Ovest, una rotta che dall'oceano Atlantico conduce all'oceano Pacifico attraverso l'arcipelago artico del Canada: per secoli, navigatori ed esploratori ci avevano tentato, senza mai riuscirci. Gli Inglesi chiamarono così questa rotta che sarebbe stata di grande utilità commerciale, in quanto avrebbe collegato via mare l'Europa e l'Asia, riducendo sensibilmente il tragitto delle navi tra i due continenti.

La ricerca del passaggio iniziò nel Cinquecento, ma soltanto nel 1906 l'esploratore norvegese Roald Amundsen riuscì a trovarlo, servendosi di un peschereccio trasformato in rompighiaccio, impiegandoci alcuni anni. Ma l'utilità del passaggio fu nulla perché la barriera dei ghiacci impediva un'agevole navigazione.

Ebbene, dall'estate del 2007, i ghiacci polari a nord del Canada si sono ridotti tanto da aprire il mitico passaggio via mare!

Un sogno inseguito a lungo si è così finalmente realizzato, ma c'è poco da rallegrarsene, perché questo fatto è rivelatore che lo scioglimento dei ghiacci polari procede ad una velocità inaspettata e tale da indurre perfino a cambiare le carte geografiche.

tevole di anidride carbonica, contribuendo a **ridurre l'effetto dei *gas serra***.

Ebbene, queste fondamentali funzioni rischiano di essere alterate dall'aumento della temperatura delle acque dei mari e degli oceani. Così, mentre gli uomini con le loro attività industriali immettono sempre più *gas serra* nell'atmosfera, gli oceani sono in grado di assorbirne sempre di meno.

Infatti gli scienziati hanno calcolato che, mentre in passato gli oceani erano in grado di assorbire circa il 42% dell'anidride carbonica presente nell'atmosfera, oggi questa capacità si è ridotta al 37%.

Questo accade per l'aumento della temperatura delle acque marine; per il minore tasso di salinità a causa dello scioglimento dei ghiacciai polari; per l'alterazione dell'equilibrio di flora e fauna marine, con molte specie che sono a rischio d'estinzione, tra cui un gran numero di coralli, di molluschi, di crostacei, di microrganismi planctonici, a cui si deve in buona parte la capacità delle acque marine di assorbire carbonio. Ma rischiano di estinguersi anche i grandi abitanti del mare, le **balene**, proprio per effetto della riduzione del *plancton*, che è il loro alimento.

7 Nell'ozono atmosferico si è aperto un "buco"?

Negli anni Ottanta del secolo scorso alcuni scienziati notarono che sull'Antartide, e in misura minore anche sull'Artide, lo **strato di ozono** si andava assottigliando progressivamente: una scoperta per nulla confortante, considerando che l'**ozono**, un gas la cui molecola è formata da tre atomi di ossigeno (la sua formula chimica è O_3), protegge, come uno schermo, il nostro Pianeta dai raggi ultravioletti che provengono dal Sole e sono dannosi a tutte le forme di vita ed all'uomo in particolare.

A causare il fenomeno sono le immissioni nell'atmosfera di alcuni particolari gas, i **clorofluorocarburi**, presenti negli scarichi dei reattori degli aerei, ma largamente utilizzati anche dall'industria in prodotti di largo consumo, come frigoriferi, condizionatori d'aria e perfino *bombolette spray*.

Al di là dell'impropria espressione, perché non si può certo praticare un "buco" in un gas, bisogna rilevare che, pur essendo il fenomeno regredito per effetto della messa al bando dei *clorofluorocarburi*, l'azione di questi gas si mantiene costante per molti decenni.

8 Le Conferenze internazionali sull'ambiente e sul clima e il "Protocollo di Kyoto"

La questione ambientale fu posta per la prima volta all'attenzione della politica internazionale durante la **Conferenza sulla Terra**, svoltasi a **Rio de Janeiro**, in Brasile, nella primavera del 1992. In quell'occasione, i 103 capi di Stato e di governo presenti firmarono alcuni importanti documenti, come la *Dichiarazione generale* sulla protezione dell'ambiente e sul diritto dei popoli ad uno **sviluppo sostenibile** (vedi pag. 111); la *Dichiarazione sulle foreste*, allo scopo di proteggerle; la *Convenzione sulla biodiversità*, al fine di salvaguardare la pluralità di specie vegetali ed animali esistenti sulla Terra.

Da allora si sono succedute periodiche Conferenze internazionali sulle questioni ambientali e climatiche, tra le quali particolarmente importante fu quella che si tenne a **Kyoto**, in Giappone, nel dicembre del 1997, con la presenza dei rappresentanti di ben 189 Stati. Alla fine di quella storica Conferenza fu sottoscritto un **Protocollo** con il quale i Paesi ricchi ed industrializzati, che, non dimentichiamolo, sono i maggiori responsabili delle emissioni di *gas serra*, s'impegnavano a ridurre queste ultime entro il 2012 nella misura complessiva del 5,2% rispetto ai livelli del 1990, mentre i Paesi in via di sviluppo, esentati dall'obbligo di tagliare le emissioni nocive, s'impegnavano tuttavia a non aumentarle.

In particolare, il *Protocollo* chiedeva un ben diverso sviluppo energetico, mediante l'introduzione di tecnologie innovative; il passaggio dalle fonti energetiche fossili, non rinnovabili, a quelle rinnovabili (vedi pag. 134); la protezione e l'estensione delle aree boschive e forestali, che assorbono anidride carbonica ed immettono ossigeno nell'atmosfera; la riduzione del metano e degli altri gas utilizzati nelle attività industriali e commerciali; la pratica di un'agricoltura che ricorresse meno a sostanze chimiche.

Ma il *Protocollo di Kyoto* è stato a lungo disatteso. Alcuni Paesi, tra i quali gli Stati Uniti, si rifiutarono inizialmente di ratificarlo per non danneggiare gli interessi delle proprie industrie.

Così, nel frattempo, il consumo di combustibili fossili è aumentato, le emissioni di anidride carbonica anche, l'*effetto serra* si è accentuato ed il surriscaldamento della superficie del Pianeta è continuato, con effetti perversi sul clima.

Ne dovettero prendere atto le successive Conferenze internazionali sul clima che evidenziarono come la situazione stesse diventando sempre più allarmante. Ricordiamo le più importanti: in quella che nel novembre 2001 si tenne a **Marrakesh**, in Marocco, fu introdotto il principio dello **scambio virtuoso**, per cui alcuni Stati avrebbero potuto sostituire una quota della riduzione di anidride carbonica con una massiccia **riforestazione**. In pratica, una minore riduzione delle emissioni nocive in cambio di più foreste.

Nella **Conferenza di Copenaghen**, in Danimarca, del dicembre 2009 si auspicò una **"terza rivoluzione industriale"**, imperniata sull'utilizzo di fonti energetiche pulite e rinnovabili, sul rifiuto del nucleare, sul trasferimento delle tecnologie più moderne anche ai Paesi in via di sviluppo, tuttavia aiutandoli a non rifare gli stessi errori dei Paesi di più antica industrializzazione.

Ma nelle successive Conferenze annuali sul clima si prendeva atto che quanto stabilito dal *Protocollo di Kyoto* non era stato realizzato a causa dell'irresponsabilità dei governi di alcuni grandi Paesi, soprattutto di Stati Uniti e Cina, riluttanti ad assumere impegni che avrebbero potuto condizionare lo sviluppo industriale delle loro nazioni.

Soltanto nella **Conferenza sul clima** tenutasi a **Lima**, in Perù, nel 2014, i rappresentanti di tutti i governi partecipanti, anche di Stati Uniti e Cina, si sono finalmente impegnati a tagliare concretamente la produzione di **gas serra**, varando un programma dettagliato e vincolante di riduzione delle emissioni per il 2020. Si è capito, insomma, che è necessario un maggiore impegno di tutti per **vincere la sfida globale dei mutamenti climatici**.

9 La distruzione delle foreste

Una vera e propria aggressione alla natura è rappresentata dalla distruzione di boschi e foreste per favorire l'agricoltura, l'industria e gli insediamenti abitativi. La prima ha bisogno di sempre maggiori superfici coltivabili, la seconda di legno e di carta, gli insediamenti abitativi di spazi sempre più ampi. Come vengono soddisfatte tali esigenze? Riducendo le aree verdi del Pianeta ed abbattendo gli alberi.

Le foreste sono i **"polmoni" naturali del nostro Pianeta**, perché immettono ossigeno nell'atmosfera ed assorbono anidride carbonica, un ricambio fondamentale per la vita. Ma svolgono altre preziose funzioni: **assicurano acqua potabile** partecipando, con l'emissione di **vapore acqueo**, al ciclo naturale dell'acqua; **regolano il clima**, abbassando, sempre con l'emissione di vapore acqueo, la temperatura dell'atmosfera; **riducono l'erosione del suolo**, mantenendo compat-

Curiosità

Dove vivono i leoni e gli altri grandi felini?

Soprattutto negli zoo, nei parchi naturali e nelle riserve protette. Perché sono sempre di meno i **leoni**, le **tigri** e i **leopardi** che abitano **foreste** e **savane**. Infatti, non solo i bracconieri danno loro la caccia per ricavare pelli e sostanze usate da popolazioni locali per la cura di alcune malattie, ma soprattutto le alterazioni degli equilibri naturali, la deforestazione, l'avanzata del cemento riducono il loro habitat.

Importanti riviste come *Science* e *Nature Geographic* hanno lanciato l'allarme: i grandi felini predatori sono popolazioni delicate, che risentono molto dell'azione dell'uomo. Quest'ultimo, anche quando non li minaccia direttamente, disturba l'ambiente in cui vivono, perché **i grandi felini hanno bisogno di vasti spazi** in cui cacciare le loro prede e di angoli tranquilli per corteggiarsi e riprodursi, ma tutto questo diventa sempre più difficile. Così la forza di questi magnifici felini, i re delle foreste e delle savane, non serve a salvarli dal declino, tanto che a tutt'oggi si contano in Africa quarantamila leoni in libertà, circa il 30% in meno rispetto a quindici anni fa, ed un centinaio di migliaia di leopardi, mentre in Asia sono appena tre-quattromila le tigri in libertà, più del 40% in meno rispetto a quindici anni fa e più che mai a **rischio di estinzione.**

Curiosità

Che cos'è l'inquinamento acustico

Tra le varie forme di inquinamento c'è anche quello acustico, causato dall'**eccessiva quantità di suoni e rumori** di elevata intensità: il traffico degli autoveicoli, che interessa in particolare le grandi città, il rombo dei loro motori, i clacson, i dispositivi di allarme (e questo vale anche per le case); i macchinari in funzione nelle fabbriche; le trivelle e gli altri attrezzi usati nei cantieri stradali; il passaggio di treni ed aerei.

È stato dimostrato che nelle metropoli, soprattutto nelle ore di punta, l'eccessivo rumore da traffico automobilistico danneggia l'udito, ma compromette anche l'equilibrio nervoso.

Bisogna, pertanto, evitare di produrre rumori inutili, più che mai nelle ore notturne e di riposo: ad esempio, non facendo schiamazzi, mantenendo basso il volume di televisori e apparecchi per la riproduzione della musica, non facendo rombare il "motorino": comportamenti che rientrano nella **buona educazione**.

to il terreno con le loro radici; conservano la **biodiversità** (vedi pag. 110) essendo l'*habitat* di innumerevoli specie di animali e piante.

Ma l'uomo, incurante di tutto ciò, continua a distruggere le foreste per ricavare aree coltivabili e per l'allevamento del bestiame, per procurarsi le più disparate qualità di legname, per farci passare autostrade e linee ferroviarie, per lasciare spazio a nuove città.

Gli incendi delle foreste, soprattutto nelle aree tropicali, distruggono un prezioso "patrimonio" appartenente a tutta l'umanità; provocano la *desertificazione*, cioè la progressiva estensione dei deserti; immettono sempre più anidride carbonica nell'atmosfera, aggravando l'*effetto serra*.

È il caso di segnalare due notizie: una positiva, l'altra negativa. La notizia positiva viene dal **Brasile**: dopo decenni di irresponsabile deforestazione dell'**Amazzonia**, il governo locale ha cominciato a proteggere le immense foreste pluviali, le più grandi del Pianeta. La notizia negativa viene invece dal **Congo**: la foresta pluviale che si estende nel bacino dell'omonimo fiume, il più grande dell'Africa equatoriale, è sempre più saccheggiata per ricavarne legname.

10 Terremoti, alluvioni ed altre calamità naturali: è possibile prevenirli?

Le **calamità naturali** sono fenomeni, prevalentemente di origine climatica o geologica, che possono arrecare danni agli uomini e al territorio: trombe d'aria, alluvioni, frane, smottamenti del suolo, terremoti, eruzioni vulcaniche.

Sono diventati più frequenti sia gli uragani che si abbattono sui Paesi tropicali, sia le **alluvioni** che si verificano un po' in tutte le aree del Pianeta, non escluso il nostro stesso Paese. Perché? Per l'aumento della temperatura, in particolare dei mari, che provoca più massicci e rapidi fenomeni di **evaporazione dell'acqua**, con conseguente formazione di strati più consistenti di nubi che, condensandosi rapidamente, danno luogo a precipitazioni più violente ed aumentano il livello dell'acqua dei fiumi causando straripamenti.

In particolare, in America centrale, nelle regioni che si affacciano sul Golfo del Messico e nei Caraibi, gli uragani, consueti in quelle aree in estate, sono diventati più frequenti e devastanti, come l'uragano *Katrina* (è consuetudine assegnare un nome ad ogni uragano) che si abbatté sulle coste meridionali degli Stati Uniti il 29 agosto del 2005: la città di New Orleans fu sommersa dall'acqua ed i suoi quartieri più poveri, abitati dalla popolazione nera, furono letteralmente cancellati.

I climatologi parlano di una progressiva ***tropicalizzazione del clima***, un fenomeno che riguarda pure l'area del Mediterraneo ed è caratterizzato dal formarsi di trombe d'aria e sistemi nuvolosi particolarmente densi e veloci nel muoversi. Infatti anche **in Italia** i fenomeni temporaleschi violenti e rapidi stanno diventando abituali, perfino in estate.

Per quanto riguarda le calamità naturali di origine geologica, il terribile **terremoto** che colpì il **Giappone** nel marzo del 2011, seguito da un devastante *tsunami* (onda anomala che si abbatte sulle coste) e da un gravissimo incidente alla centrale nucleare di Fukushima (vedi pag. 137), ci ricorda che una calamità naturale può avere sempre delle imprevedibili conseguenze, anche in un Paese all'avanguardia nell'uso delle più moderne tecnologie come quello nipponico. Questo vale ovviamente anche per l'**Italia**, che nella gran parte del suo territorio, specialmente lungo gli Appennini, è a forte rischio sismico, come dimostra la frequenza dei terremoti negli ultimi decenni, uno dei quali colpì nell'aprile del 2009 l'**Abruzzo**, uccidendo oltre trecento persone e devastando il bellissimo centro storico dell'**Aquila**.

L'"arma" più efficace a disposizione dell'uomo contro i terremoti ed i fenomeni climatici è la **prevenzione** delle loro conseguenze dannose, non tanto degli eventi in sé, che non si possono prevedere nonostante il costante monitoraggio del territorio con sofisticati strumenti di rilevazione. Gli edifici vanno, pertanto, periodicamente controllati, soprattutto quelli già lesionati, e messi in sicurezza, mentre i nuovi devono essere costruiti secondo rigorose norme antisismiche e badando alla qualità dei materiali. Ma soprattutto va impedito ogni abuso del territorio.

Curiosità

C'è anche un inquinamento luminoso?

Sì, certamente. Con tale espressione s'intende l'**irradiazione di luce artificiale** rivolta all'esterno, verso l'alto, al di fuori degli spazi che è necessario illuminare, che altera la luce naturale notturna, quella lunare. Pensiamo ai lampioni stradali, agli impianti d'illuminazione dei locali pubblici, alle insegne pubblicitarie ed alle vetrine dei negozi e dei grandi complessi commerciali, ai riflettori degli stadi, ai palazzi ed ai campanili che restano illuminati di notte.

I danni maggiori derivanti dall'inquinamento luminoso sono la difficoltà di orientamento degli animali (uccelli migratori, falene notturne) e l'alterazione dei loro ritmi biologici. Per quanto riguarda l'uomo, la diffusa luce artificiale, alterando la visibilità notturna, riduce a lungo andare la percezione visiva nell'oscurità.

Inoltre l'affollamento di luci artificiali che di notte c'è nelle nostre città impedisce la nitida visione del cielo stellato. Infatti, se alziamo di notte lo sguardo al cielo, anche se non ci è vicina qualche fonte diretta di luce artificiale, riusciamo con difficoltà, proprio per la presenza diffusa di luce, a distinguere qualche stella e certamente stentiamo ad individuare le principali costellazioni. Il che riusciva, invece, molto facilmente agli uomini dei secoli scorsi.

11 I danni provocati al territorio dall'abusivismo edilizio

Quanti danni ha provocato, nel nostro Paese, l'**abusivismo edilizio**, con la *cementificazione* scriteriata di troppe aree: edifici costruiti sui pendii di colline e montagne, sulle coste, a ridosso dei fiumi! Di contro, lo spopolamento di vaste regioni interne, specialmente lungo gli Appennini, ha fatto venir meno la tutela e la sorveglianza del territorio ad opera di contadini, pastori e boscaioli. Conseguentemente non trascorre autunno o inverno che qualche alluvione non provochi frane, smottamenti del suolo, straripamenti di fiumi e laghi, con danni e vittime, talvolta anche negli stessi luoghi a distanza di pochi anni. È successo a Genova nell'autunno del 2011 e nell'autunno del 2014: torrenti esondati; un'onda di acqua e fango su strade, abitazioni e negozi; vittime e danni.

Il territorio deve essere gestito in modo accorto e razionale, rispettandone la vocazione naturale: **non si può costruire dappertutto**!

L'uso di ogni porzione del territorio deve essere disciplinato da un **piano regolatore** dettagliato che fornisca indicazioni precise e inderogabili sulla **destinazione delle aree**: se da lasciare eventualmente all'agricoltura, al pascolo o al bosco; se da riservare a insediamenti e, in tal caso, ad uso abitativo, industriale o commerciale; se, ancora, da assoggettare a particolari vincoli per tutelare la bellezza del paesaggio o eventuali siti d'importanza artistica, storica o archeologica.

Focus

Lo smaltimento dei rifiuti e la raccolta differenziata

La quantità crescente di rifiuti è la conseguenza dello sviluppo della società industriale e dei consumi di massa. **Si producono e si consumano sempre più merci**, con gli oggetti "vecchi" che vengono rimpiazzati subito da oggetti "nuovi" in un processo senza fine. Quanti prodotti "usa e getta" reclamizzati dalla pubblicità! Un'opera costante di distruzione di quanto viene prodotto, per sostituirlo con sempre nuove merci, ma con **consumo di energia e di materiali.** Inoltre più merci significano anche più imballaggi: di carta, di plastica, di vetro, ecc., che poi diventano montagne di rifiuti da smaltire.

Se l'**eccessivo consumismo** ha aumentato a dismisura la **produzione di rifiuti**, lo sviluppo dell'urbanizzazione ha ridotto le zone disabitate in cui poter trattare o depositare quei rifiuti. La conseguenza? La società moderna si trova costretta a smaltire una crescente quantità di rifiuti in spazi sempre più limitati.

La soluzione del problema, sempre più drammatico, dei rifiuti che si producono in quantità crescente è rappresentata dalla loro **raccolta differenziata** e dal conseguente **riciclaggio** di ciò che è riutilizzabile. Infatti si può recuperare una quantità incredibile di materiali che finiscono tra i rifiuti, ma bisogna opportunamente separarli, così da riutilizzare la carta, il vetro, la plastica, lo stagno delle lattine delle bibite e tutti gli altri metalli, mentre dalla parte umida, quella organica (come gli avanzi di cibo), opportunamente trattata, si ricava il **compost**, un fertilizzante naturale ottimo per l'agricoltura. Infine la separazione dei rifiuti consente anche lo smaltimento della parte non riutilizzabile, davvero minima, in modi non dannosi all'ambiente, mediante l'incenerimento in appositi termovalorizzatori.

Per questo sistema razionale ed efficace di trattamento dei rifiuti è necessario, però, che le strade dei centri abitati siano dotate di contenitori differenziati e che i cittadini partecipino all'iniziativa.

La raccolta differenziata è diventata davvero indispensabile se non si vogliono vedere le strade delle nostre città sommerse dai rifiuti. Ma anche per non correre il rischio di disperdere nell'ambiente le sostanze nocive presenti in un'infinità di oggetti di uso comune: pensiamo a quanti telefonini, computers ed altri apparecchi elettronici si dismettono, a quanti farmaci scaduti si accantonano, a quante batterie scariche si sostituiscono. Non c'è alternativa: tutti questi oggetti devono essere smaltiti in modo differenziato.

Inoltre è necessario che cambi il nostro comportamento quotidiano, perché la saggia abitudine di differenziare i rifiuti che produciamo deve accompagnarsi ad atteggiamenti più virtuosi, che evitino un consumismo eccessivo e sprecone.

Dobbiamo sapere che le risorse che la natura mette a nostra disposizione non sono illimitate, per cui alla cultura del consumismo, che genera comportamenti poco rispettosi degli equilibri della natura, deve subentrare una **cultura orientata al rifiuto dello spreco**.

Focus

Che cos'è la biodiversità

È la meravigliosa **varietà di forme di vita** sulla Terra, cioè la complessa differenziazione delle specie e degli individui all'interno di esse.

La biodiversità è il segreto della vita, inestimabile ricchezza del nostro Pianeta, poiché consente una più ampia selezione degli individui e garantisce la sopravvivenza delle stesse specie, permettendo ad ognuna di reagire meglio alle condizioni ambientali. Poniamo, ad esempio, che una pianta venga attaccata da un parassita: ebbene, è proprio la molteplicità di tipologie di individui presenti in quella specie vegetale a garantirne la sopravvivenza e l'evoluzione, poiché rende possibile l'emergere di soggetti più resistenti, capaci di fronteggiare aggressioni provenienti dall'esterno. Si compie, pertanto, un processo di **selezione naturale** che vede soccombere gli organismi viventi più deboli e progredire quelli più forti, pur non pregiudicando l'equilibrio delle diverse specie.

Il concetto di biodiversità è oggi a rischio: l'inquinamento ambientale, la deforestazione e la desertificazione, che distruggono gli *habitat* naturali, condannano all'estinzione le specie animali e vegetali che in quegli *habitat* vivono e si riproducono.

Pensiamo, ad esempio, al complesso **ecosistema** costituito dal sottobosco presente in ogni foresta pluviale dei Paesi tropicali: è la riserva naturale di un'incredibile quantità di specie viventi non presenti in altri ecosistemi, un vero e proprio scrigno della biodiversità. Ma quando quelle foreste vengono distrutte per ricavarne legname magari anche pregiato o terreni per l'agricoltura, si distrugge per sempre quel patrimonio, ben più prezioso, di vita.

Negli ultimi tre decenni, **la biodiversità è diminuita di oltre un quarto**: è l'allarme lanciato dal Rapporto annuale del WWF (World Wild Found), la più grande organizzazione mondiale a difesa della natura.

Le parole per capire

Abusivismo edilizio: tendenza ad abusare sistematicamente di un territorio, non rispettando regole e vincoli, così da costruirvi in gran numero edifici per abitazioni ed uffici e realizzare ingenti profitti dalla loro vendita.

Biodiversità: è così definita la varietà delle forme di vita sulla Terra, messa in pericolo dall'inquinamento, che distrugge non poche specie viventi, e da alcune biotecnologie.

Cambiamenti climatici: alterazione dei tradizionali regimi climatici in alcune regioni: ad esempio, la tendenza alla tropicalizzazione del clima nell'area mediterranea. Sono dovuti soprattutto all'aumento medio della temperatura sulla superficie terrestre (un grado centigrado in più negli ultimi cento anni) per l'accentuarsi dell'effetto serra.

Deforestazione: distruzione sistematica di boschi e foreste, di solito per mezzo del fuoco, per lasciare spazio alle attività umane: agricole, industriali o commerciali che siano.

Dissesto idrogeologico: radicale modifica dell'assetto naturale di un territorio, provocata da un intervento dell'uomo non rispettoso degli equilibri idrogeologici, ad esempio con disboscamenti, eccessiva cementificazione, alterazione di un corso d'acqua, ecc. Le conseguenze possono essere frane, smottamenti, straripamenti di fiumi o di laghi.

Ecosistema: l'insieme degli organismi viventi di un'area, considerati nelle loro interazioni reciproche e in quelle con l'ambiente fisico-chimico in cui vivono. Ad esempio, possono essere considerati degli ecosistemi una montagna, un sottobosco, lo spazio di mare racchiuso in un golfo.

Gas serra: sono così definiti i gas che sono responsabili dell'aggravamento dell'**effetto serra**, cioè del surriscaldamento della superficie terrestre e delle fasce basse dell'atmosfera. Essi sono innanzi tutto l'anidride carbonica, quindi l'anidride solforosa, gli ossidi di azoto, il metano.

Impatto ambientale: l'influenza delle attività umane sull'ambiente, le quali possono essere ad alto o a basso impatto, a seconda della profondità delle modifiche ambientali provocate.

Sviluppo sostenibile: sviluppo economico che rispetta gli equilibri ambientali, nel quale industrie e tecnologie non sono dannose alla natura.

Per la comprensione

1. *Rispondi alle seguenti domande:*

- Quali preoccupanti mutamenti si stanno verificando nel clima? ....

....

- Che s'intende per effetto serra? ....

....

- Quali sono i principali gas serra? ....

....

- Che cos'è il "Protocollo di Kyoto"? ....

....

- Quali preoccupanti modifiche stanno subendo i ghiacciai perenni? ....

....

- Quali sono le conseguenze dell'abuso di fertilizzanti e pesticidi nell'agricoltura? ....

....

- Quale importante funzione svolge lo strato di ozono che riveste l'atmosfera? ....

....

- Che cosa sono le foreste pluviali? Qual è la loro importanza per gli equilibri naturali sull'intero Pianeta? ....

....

....

- Quali danni provoca al territorio l'abusivismo edilizio? ....

....

- Che cos'è la raccolta differenziata dei rifiuti? ....

....

2. *Indica, per ogni tipo d'inquinamento, i principali agenti inquinanti e le conseguenze sull'ambiente.*

INQUINAMENTO	AGENTI INQUINANTI	CONSEGUENZE
del suolo	....	....
	....	....
delle acque	....	....
	....	....
dell'atmosfera	....	....
	....	....
acustico	....	....
	....	....

Per la riflessione e la produzione scritta

1. *Le cause e gli effetti del cambiamento climatico.*
2. *Spiega perché la questione ambientale si è imposta solo dopo la rivoluzione industriale.*
3. *Le varie forme d'inquinamento ambientale.*
4. *Le condizioni perché si realizzi un autentico sviluppo sostenibile.*
5. *Le risorse spese nella difesa degli equilibri ambientali costituiscono il più redditizio investimento per l'uomo del XXI secolo.*
6. *Il dissesto idrogeologico: che cos'è, come si manifesta, che cosa provoca.*
7. *La biodiversità, ricchezza della natura.*
8. *Conduci una ricerca sulle aree boschive del nostre Paese: individua le regioni che ne sono più ricche, quelle che meglio tutelano questo prezioso patrimonio naturale e descrivi le insidie che attualmente lo minacciano.*
9. *Individua le caratteristiche del paesaggio naturale e di quello umanizzato. Possono coesistere o li ritieni incompatibili?*

1 L'acqua, risorsa fondamentale per la vita

Il secolo in cui viviamo, secondo alcuni autorevoli scienziati ed opinionisti, è quello dell'**emergenza acqua**, il problema decisivo per la vita sul nostro Pianeta nei decenni a venire. Ad imporre il problema è una contraddizione: la richiesta di acqua (per gli usi domestici, per l'agricoltura e per l'industria), è in crescita, a causa dell'aumento della popolazione mondiale, ma la sua disponibilità sul Pianeta è costante.

L'acqua è la più grande risorsa, indispensabile all'economia, al benessere, alla vita stessa sulla Terra la quale, vista dallo spazio, appare come il **pianeta azzurro** proprio in quanto è ricoperta d'acqua per il 70% della sua superficie. L'acqua allo stato liquido (oceani, mari, laghi, fiumi) è l'elemento più raro e prezioso dell'universo: è il "segreto" della vita che c'è sul nostro Pianeta, ed anche il motivo della sua unicità e della sua bellezza. Ma attualmente oltre **un miliardo di persone nel mondo non ha acqua potabile** ed ogni anno dieci milioni di individui muoiono per mancanza d'acqua o per avvelenamento idrico, cioè per aver bevuto acqua inquinata.

La **quantità complessiva di acqua** sul Pianeta, come detto, **è costante** (sempre 1.400 milioni di chilometri cubi di acqua), garantita dal *ciclo dell'acqua* in virtù del quale il prezioso elemento evapora dalla superficie del Globo, si condensa nell'atmosfera e ricade sulla Terra come pioggia, neve, grandine. Il problema sta nel fatto che soltanto lo **0,6%** di questa quantità costituisce l'effettiva acqua potabile disponibile, perché ben il 97,5% è acqua salata (oceani e mari) e l'1,9%, pur essendo acqua dolce, è indisponibile perché "immobilizzata" nei

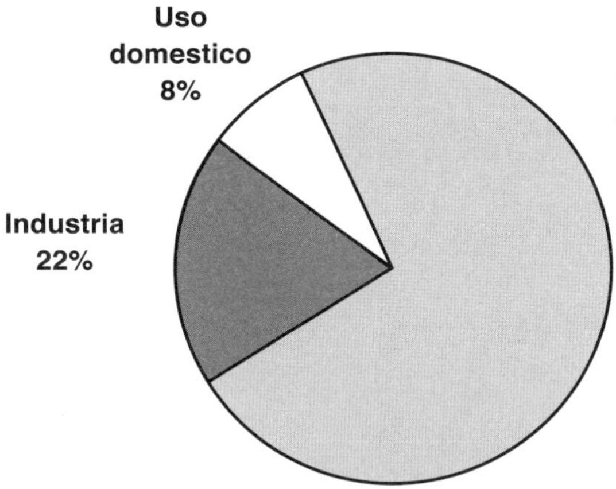

Consumi dell'acqua

Il grafico evidenzia come il maggior consumo dell'acqua sia per uso agricolo

ghiacciai polari e in quelli montani.

Un'esigua percentuale è dunque a disposizione degli oltre sette miliardi di abitanti del Pianeta, per giunta sottoposta agli effetti dell'alterazione degli equilibri ambientali causata dalle attività umane. Pensiamo all'uso di concimi, erbicidi ed antiparassitari in agricoltura, che inquinano il suolo e, di conseguenza, le falde acquifere del sottosuolo; agli scarichi delle lavorazioni industriali ed ai rifiuti urbani, che avvelenano le acque di fiumi e laghi; alla progressiva *deforestazione* di sempre più vaste regioni nel mondo.

Il risultato di tutto questo? **C'è sempre meno acqua potabile e pulita a disposizione**, soprattutto nei Paesi poveri del Sud del mondo. Infatti, in un mondo afflitto da troppe disuguaglianze e nel quale pochi vivono nell'opulenza e nello spreco e molti altri nella miseria e nel degrado, l'**acqua**, fonte di vita, la risorsa più preziosa che dovrebbe essere condivisa per la sopravvivenza di tutti, **costituisce un altro grande elemento di discriminazione**.

Ci sono Paesi in cui l'acqua si spreca ed altri in cui scarseggia. Si pensi, ad esempio, che a disposizione di un cittadino degli Stati Uniti, includendo anche quanto viene consumato dall'industria e dall'agricoltura, ci sono in media più di 400 litri di acqua al giorno; per ogni Europeo più di 140 litri; ma un abitante di un Paese povero dell'Africa subsahariana dispone mediamente di meno di 10 litri di acqua al giorno. L'ONU ha indicato in almeno 40 litri la disponibilità minima di acqua a cui si dovrebbe aver diritto.

Quantità media, in litri, di acqua utilizzata per ogni chilogrammo di prodotto agricolo

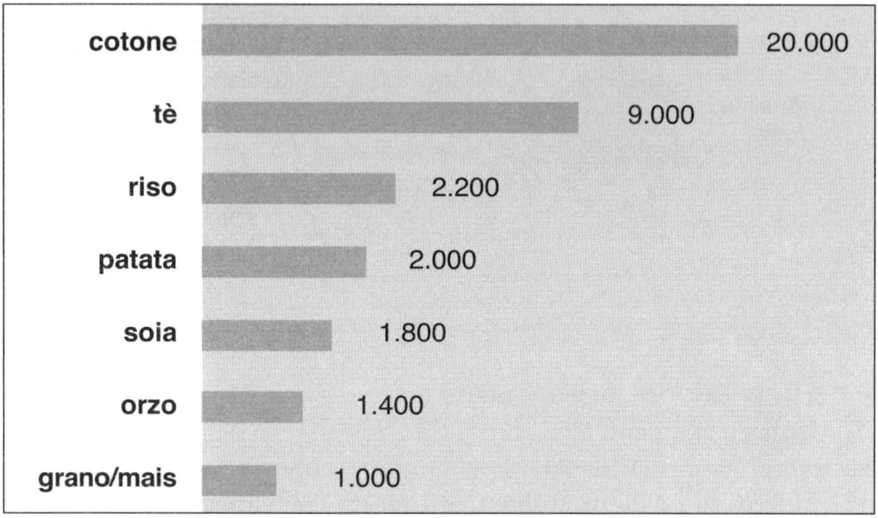

2 L'inquinamento di fiumi e mari

L'**inquinamento delle acque** è causato da vari fattori: il già ricordato impiego di concimi, pesticidi, erbicidi ed altre sostanze chimiche in agricoltura; le scorie industriali; gli scarichi delle fognature urbane; i residui altamente tossici, derivanti dall'estrazione dei minerali, che spesso vengono scaricati dalle miniere direttamente nei fiumi e nei laghi.

Nelle **acque dei fiumi**, inoltre, le industrie più disparate (chimiche, siderurgiche, conciarie, tessili) sovente scaricano sostanze tossiche che, penetrando nel terreno, raggiungono le *falde acquifere* inquinando pericolosamente l'acqua potabile.

Nei **mari**, poi, si scarica di tutto: i rifiuti organici e quelli industriali, ma soprattutto il petrolio, riversato in acqua dalle **petroliere** in occasione di incidenti o anche perché queste, noncuranti delle norme, lavano le loro stive in alto mare.

Purtroppo negli ultimi anni si sono registrati numerosi incidenti a petroliere e ad impianti petroliferi, come quello occorso nel 2010 ad

Curiosità

La marea nera nel Golfo del Messico

Sulla **piattaforma petrolifera** della più grande compagnia del mondo di perforazioni *offshore* (cioè per estrarre petrolio lontano dalle coste), poggiata su fondali profondi quattrocento metri al largo della **Louisiana** (Stati Uniti), nel Golfo del Messico, un'improvvisa esplosione provocò un violentissimo incendio, uccidendo undici operai. Era il 20 aprile del 2010: due giorni dopo la piattaforma si rovesciò, affondando e depositandosi sui fondali. Dal pozzo cominciò a fuoriuscire una notevole quantità di petrolio che, nei giorni successivi, dal fondo del mare raggiunse la superficie.

Una sempre più estesa *marea nera* per molto tempo distrusse ogni forma di vita in una vastissima area marina. Ci vollero dei mesi per riparare la falla in quell'impianto di perforazione, riuscendovi soltanto alla fine di settembre, ma i danni arrecati alla flora e alla fauna marine in un ampio tratto del Golfo del Messico, da quello che è considerato **il più grave disastro ambientale da inquinamento da petrolio**, sono stati irreparabili.

una grande piattaforma *offshore* per l'estrazione del petrolio al largo della Louisiana, negli Stati Uniti. In casi del genere vengono disperse in mare enormi quantità di greggio, che formano in superficie delle chiazze nere, lunghe anche molti chilometri, che distruggono in quel tratto di mare ogni forma di vita.

3 Siccità e desertificazione

L'azione combinata dell'**effetto serra**, con il conseguente surriscaldamento della superficie terrestre, della **deforestazione** e di un'agricoltura sbagliata, basata sulla **monocoltura** (cioè sulla coltivazione di un'unica pianta), è all'origine dei processi d'inaridimento del suolo e di desertificazione, visibili in non poche aree del Pianeta.

Curiosità

Che cosa sono le piogge acide?

Le piogge acide sono quelle ad alto contenuto di acidi, specialmente *acido solforico* e *acido nitrico*, che l'acqua piovana raccoglie negli strati bassi dell'atmosfera dove vengono immessi dai gas di scarico prodotti dalle combustioni industriali e dai motori degli autoveicoli. Queste piogge sono particolarmente **dannose alle foreste** e, in genere, alla vegetazione.

La **siccità** flagella, in particolare, tanti Paesi dell'Africa, come ad esempio quelli del **Sahel** e del cosiddetto **Corno d'Africa**. I Paesi del Sahel (Mali, Burkina Faso, Niger, Ciad, Mauritania), oggi poverissimi, un tempo avevano su gran parte del loro territorio una rigogliosa vegetazione, favorita da piogge regolari e periodiche, e potevano contare su una ben avviata economia agropastorale.

Attualmente, invece, la vegetazione è sempre più rada, annientata dalla sabbia del deserto che avanza, e le popolazioni locali vivono costantemente nell'incubo delle fame e delle malattie.

Da alcuni anni la siccità colpisce in modo drammatico i Paesi del cosiddetto **Corno d'Africa (Somalia, Eritrea, Etiopia)**, condannandoli ad una povertà davvero drammatica. Ormai in quei Paesi si registra solo qualche giorno di pioggia all'anno e diventa, pertanto, impossibile praticare qualsiasi forma di agricoltura e di pastorizia. In pratica, la sopravvivenza per quelle sfortunate popolazioni è resa possibile soltanto dagli aiuti umanitari internazionali.

La **desertificazione** è in costante aumento, favorita dall'*effetto serra* e dalle conseguenti mutazioni climatiche, e riguarda un po' tutti i continenti: l'Africa, l'Australia, l'Asia centrale, molte regioni del Medio Oriente, dell'America del Nord e di quella del Sud. Solo l'Europa, per il momento, non presenta zone coperte da steppe e deserti.

Particolarmente dannose sono state la *monocoltura*, che ha limitato la vegetazione spontanea e ridotto la fertilità del suolo, e la **distruzione delle foreste**, soprattutto di quelle *pluviali*, preziosissime riserve di acqua. Così, a poco a poco, in vaste regioni la vegetazione spontanea è diventata sempre più rada, fino a scomparire del tutto, ed anche le piogge si sono diradate, non più alimentate dal vapore acqueo emesso da foreste che non ci sono più. Ma anche la poca acqua delle scarse piogge, non più trattenuta a terra dalla vegetazione, penetra nel suolo e trascina nei fiumi lo strato superiore di terreno fertile: così la terra diventa sempre più friabile e sterile.

4 Molte falde acquifere sono a rischio

Tra le cause dell'inaridimento del suolo e della desertificazione c'è anche il progressivo **abbassamento delle falde acquifere**. In alcune aree del mondo, soprattutto nei Paesi poveri, sono stati scavati moltissimi pozzi per prelevare dal sottosuolo una quantità d'acqua che, però, è di gran lunga superiore alla possibilità di ricarica naturale delle falde. Ne è conseguito un **rapido esaurimento delle falde più superficiali**, che costringe adesso a cercare l'acqua negli strati più profondi. È ciò che, ad esempio, è accaduto nello Yemen, Paese all'estremo sud della Penisola arabica, dove il costante abbassamento delle falde e la paura, più che mai fondata, di restare senz'acqua in pochi anni, hanno spinto le trivellazioni per i pozzi a livelli di profondità ai quali di solito si cerca il petrolio.

Un abbassamento delle falde acquifere si è registrato anche in molte regioni dell'Africa settentrionale, dell'Asia centrale, del Medio Oriente, dell'Iran, del Messico.

Ma le falde acquifere sono a rischio **anche in Italia**, perché non di rado sono aggredite dai vari fattori inquinanti di cui si è detto prima.

5 L'intervento dell'uomo su fiumi e laghi

Un ulteriore esempio di intervento umano finalizzato al profitto, ma dannoso agli equilibri ambientali, è l'arbitraria modifica del corso naturale dei fiumi mediante **dighe**, per alimentare le *centrali idroelettri-*

che, oppure della loro portata mediante opere di **canalizzazione**, per fornire acqua all'agricoltura o più semplicemente per contenerli in uno spazio più stretto.

Troppi sbarramenti possono provocare straripamenti ed inondazioni dei corsi d'acqua, come più volte è accaduto negli ultimi anni per il Danubio, il grande fiume che attraversa l'Europa centrale e quella balcanica, ma anche autentiche catastrofi. In particolare, l'impatto ambientale di una diga può essere davvero disastroso, come dimostrò nel 1963 la **tragedia del Vajont**, un piccolo fiume, affluente del Piave, in provincia di Belluno, sul quale era stata costruita una diga: nell'invaso improvvisamente franò un pezzo della montagna sovrastante, provocando un'enorme onda che scavalcò la diga e si abbatté nel sottostante paese di Longarone e in altri centri abitati, distruggendoli e causando

Curiosità

Si può bere l'acqua del mare?

Sì, a patto che venga **desalinizzata**, cioè privata dei sali che vi sono sciolti. Infatti esistono degli **impianti** cosiddetti **dissalatori** che producono acqua dolce, potabile, dall'acqua di mare: ve ne sono già in discreto numero nelle aree più desertiche del Medio Oriente, cioè dove c'è più bisogno di acqua.

Ma come si fa a dissalare l'acqua del mare? Esistono molte tecniche, tra cui quella di far bollire l'acqua ad alta pressione per abbassare il punto di ebollizione fino a 45 gradi centigradi: i sali restano sul fondo e poi si condensa il vapore in acqua dolce. Un procedimento più moderno avviene per osmosi, facendo passare l'acqua attraverso una membrana che trattiene sali ed impurità.

La dissalazione, tuttavia, è molto costosa, non solo in termini di impianti da costruire, ma anche d'**impatto ambientale**, perché richiede un notevole consumo di elettricità per far funzionare gli impianti (in media dai due ai cinque chilowattora per produrre un metro cubo d'acqua), con conseguente immissione nell'atmosfera della quantità di anidride carbonica che è stata prodotta per generare l'elettricità richiesta.

Inoltre, si corre il rischio d'alterare l'equilibrio dei mari davanti alle coste, perché l'acqua del mare pompata negli impianti di dissalazione poi fuoriesce con una quantità di sale maggiore. Senza contare che, oltre ad essa, vengono aspirati anche gli organismi marini!

Curiosità

Lo spreco dell'acqua attraverso lo spreco del cibo

È stato pubblicato il ***Libro Blu contro lo spreco dell'acqua***, che ci induce a fare alcune interessanti riflessioni: ad esempio, quando buttiamo via il cibo, in realtà buttiamo anche l'acqua, che non è poca, servita ad allevare gli animali o a coltivare le piante, da cui sono ricavati gli alimenti che finiscono sulle nostre tavole. Pensiamo anche al fatto che, nella frutta non raccolta e lasciata marcire nei campi, ci sono milioni di metri cubi di acqua sprecati.

Insomma, si può sprecare acqua anche attraverso lo spreco del cibo. Un oltraggio alla miseria, se pensiamo che un abitante di un Paese povero dell'Africa ha in media a disposizione meno di dieci litri di acqua al giorno, contro i 231 di un italiano e i 400 di un americano!

la morte di oltre duemila persone.

Anche l'eccessivo prelievo d'acqua dai fiumi o dai laghi per irrigare i campi coltivati può essere dannoso, alla stessa agricoltura e soprattutto all'ecosistema del corso d'acqua interessato.

È uno scempio che si ripete in ogni Continente. Nel Kazakistan, in Asia, il grande lago d'Aral si è ridotto di oltre i due terzi negli ultimi decenni a causa di un dissennato prelievo d'acqua finalizzato all'irrigazione delle locali piantagioni di cotone. In America settentrionale, analoga sorte per il fiume Colorado, che si assottiglia notevolmente prima di raggiungere il mare, mentre il Rio Grande, il fiume che segna il confine tra Stati Uniti e Messico, si è quasi prosciugato.

Nel nostro Paese, il **Po** e il **lago di Garda** da alcuni anni in estate vedono calare il livello dell'acqua per effetto di un'agricoltura che, nella Pianura Padana, consuma una quantità eccessiva di acqua: basti pensare che occorrono in media circa mille litri d'acqua per produrre un chilogrammo di mais, o di grano e addirittura 2.200 per produrne uno di riso.

6 Lo scempio del territorio e il dissesto idrogeologico

Il territorio del nostro Paese è stato in gran parte devastato da una *cementificazione* selvaggia. Si è costruito dappertutto: sui ripidi pendii di colline e montagne come sugli argini dei fiumi. Addirittura alcuni fiumi sono stati, come si dice, "intombati", cioè coperti e costretti a scorrere nel sottosuolo, pur di costruirci sopra strade ed edifici.

Ecco allora che ogni autunno puntualmente si ripetono le alluvioni, le frane, gli smottamenti. Colpa soltanto della natura? Delle piogge eccezionalmente intense? È vero che i cambiamenti climatici, pur diradandole, hanno reso più intense e violente le piogge nel bacino del Mediterraneo, tuttavia è il **dissesto idrogeologico di gran parte del territorio italiano** la vera causa di tante tragedie che ogni anno purtroppo si ripetono nel nostro Paese.

Si ricorda, in particolare, il dramma del **Polesine**, nel Veneto meridionale: nel novembre del 1951 dieci giorni consecutivi di piogge forti e intense su tutto il bacino del Po provocarono una piena straordinaria e l'esondazione dello stesso Po e dell'Adige, con il conseguente allagamento di una gran parte della provincia di Rovigo, causando oltre cento morti, centosessantamila sfollati, cinquantadue ponti crollati, centotredicimila ettari di terreni coltivati distrutti e migliaia di capi di bestiame uccisi e portati via dalle acque.

Ma la lezione di quell'evento disastroso servì a poco, perché tante altre tragedie si verificarono successivamente. Ricordiamo i due disastri

Come dovrebbe scorrere un fiume

Come si nota nella figura, in caso di piena, le acque in eccesso riempirebbero le golene, opportunamente rinforzate da alberi, senza alcun danno.

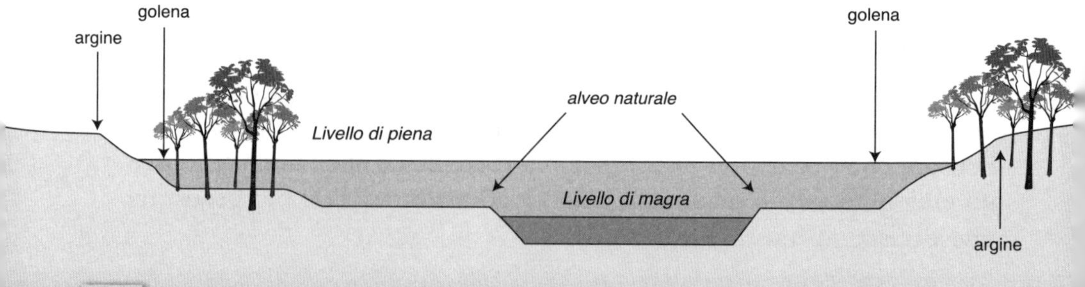

del **4 novembre**: del **1966** a **Firenze**, quando le acque dell'Arno esondarono, allagando il centro storico della bella città d'arte ed arrecando danni gravissimi al suo prezioso patrimonio artistico e bibliografico; del **2011**, quando una *bomba d'acqua* si abbatté su **Genova**, causando l'esondazione di alcuni torrenti che, come il Bisagno, per una parte del loro corso in città sono tombinati. Alcuni quartieri furono alluvionati, con numerose vittime e consistenti danni.

Molto spesso le tragedie da dissesto idrogeologico si ripetono nello stesso luogo a distanza di anni, proprio perché il territorio è stato gravemente alterato dalle attività umane. È capitato a Genova, colpita da una nuova alluvione il 10 ottobre 1914; è successo a Milano dove, sempre nel 1914, più volte sono esondati i fiumi Seveso e Lambro, allagando strade e negozi di alcuni quartieri periferici e di alcuni Comuni confinanti con il capoluogo lombardo.

È evidente che nel territorio i più vulnerabili sono i corsi d'acqua, perché la *cementificazione* selvaggia li costringe in spazi sempre più angusti, non di rado ad essere perfino tombinati quando scorrono nelle città. Gli argini stessi vengono cementificati, così le acque, costrette in spazi sempre più ridotti, acquistano velocità in caso di piena e facilmente possono esondare e travolgere quello che incontrano.

Invece un fiume dovrebbe essere rispettato dall'uomo. Ogni corso d'acqua dovrebbe conservare il proprio **alveo naturale**, ma dovrebbero anche essere ripristinate le cosiddette *golene*, che la saggezza dei contadini aveva previsto soprattutto per i fiumi della Pianura Padana e che oggi, per la fame di cemento, sono state quasi tutte soppresse. Che cos'è una *golena*? È un terreno compreso entro gli argini del fiume che può essere invaso dalle acque nei periodi di piena e di solito viene rimboschito in modo che, grazie alla vegetazione, le acque possano essere meglio assorbite dal terreno.

Un'altra aggressione ai fiumi è rappresentata dalle discariche a cielo aperto in cui vengono trasformati quando vi si getta di tutto. Ovviamente questo provoca dei danni perché, in caso di piena, i materiali che vi sono stati buttati (perfino carcasse di elettrodomestici), se trascinati via dai fiumi in piena possono diventare ostacoli per il deflusso delle acque.

Solo una gestione più razionale e lungimirante del territorio potrà scongiurare in futuro altre catastrofi.

Curiosità

Gli "angeli del fango"

Chi sono? I tanti **giovani volontari** che, dopo una devastante alluvione, accorrono a dare una mano per rimuovere il fango da edifici e strade e per aiutare le vittime. È il caso proprio di dire che, anche nelle tragedie, si coglie una speranza. Soltanto due esempi di operante solidarietà in altrettante calamità naturali abbattutesi sul nostro Paese: nei giorni successivi al **4 novembre del 1966**, a **Firenze** accorsero giovani da tutto il mondo che aiutarono a salvare tante opere d'arte e innumerevoli libri che erano stati coperti dal fango; dopo il **4 novembre del 2011** così come dopo il **10 ottobre del 2014**, a **Genova**, altri giovani accorsi da ogni parte d'Italia contribuirono a liberare scantinati, negozi, strade dai cumuli di fango lasciati dall'alluvione.

7 Non c'è progresso senza disponibilità d'acqua

L'acqua è un bene essenziale e, in quanto tale, dovrebbe essere **disponibile per tutti**. Invece oggi, come si è detto, circa un miliardo di persone nel mondo soffre la sete.

La diseguale distribuzione di acqua è un ulteriore effetto del divario tra Paesi ricchi industrializzati e Paesi poveri del Sud del mondo: gli abitanti dei primi ne hanno a disposizione molta di più di quanta ne abbiano coloro che vivono nei Paesi poveri e tecnologicamente arretrati.

La disponibilità di acqua potabile è condizione indispensabile per **liberarsi dalla povertà e dalla fame** e per **sconfiggere le malattie**, come la malaria e soprattutto l'*Aids* che fa strage in tanti Paesi dell'Africa subsahariana. Infatti la *mancanza d'acqua* comporta la *mancanza di cibo*, dato che nel mondo gli usi maggiori di acqua sono legati all'agricoltura: avere più acqua significa avere più grano e più riso. Ma avere l'acqua significa anche vivere in migliori condizioni igieniche e sanitarie: infatti non ha senso curare malattie infettive, come la malaria e l'*Aids*, se non si può bere acqua pulita e sicura e se non si può disporre di un'efficiente rete fognaria.

Questo fa capire anche come il semplice approvvigionamento idrico non basti a garantire ad una qualsiasi comunità condizioni di vita accettabili. L'assenza, ad esempio, di una rete fognaria sicura comprometterebbe da subito un'eventuale potabilità dell'acqua, dato che non potrebbero essere impedite infiltrazioni di materiali organici. Pertanto, in ogni area del mondo, la disponibilità di acqua è davvero utile se è accompagnata dalla realizzazione di adeguati servizi igienici per lo smaltimento dei rifiuti.

Focus

L'acqua è di tutti, non può essere una merce

Alcune **aziende multinazionali** che forniscono **servizi idrici**, rendendosi conto della crescente importanza dell'acqua, si offrono di gestire, ovviamente per ricavarne ingenti guadagni, la distribuzione dell'acqua potabile sia nelle città dei Paesi ricchi sia nelle megalopoli e nelle campagne di quelli poveri. Dove questa **gestione privata** si è già affermata

“L'acqua è un diritto fondamentale per tutti gli uomini: senza acqua non c'è futuro, non c'è nemmeno democrazia.”

Queste parole furono pronunciate da **Nelson Mandela** (1918-2013) alla Conferenza internazionale di Johannesburg, in Sudafrica, settembre 2002. Mandela, uno dei personaggi più prestigiosi della lotta per i diritti umani e contro il razzismo, fu il *leader* della lotta dei neri all'*apartheid*, il regime di segregazione razziale che era in vigore nel suo Paese, e per questo condannato a molti anni di carcere. Dopo che il regime segregazionista fu abolito nei primi anni Novanta, venne eletto nel 1994 presidente del suo Paese. Fu insignito del Premio Nobel per la pace nel 1993.

ha comportato, come accade generalmente per tanti servizi pubblici che vengono *privatizzati*, un aumento del costo dell'acqua, con un ulteriore danno per le fasce di popolazione più povere.

Purtroppo la **privatizzazione dell'acqua** è un grande affare, perciò le grandi aziende che operano nella distribuzione dell'acqua vorrebbero sottrarre la gestione di acquedotti e reti idriche ai Comuni ed agli altri enti pubblici. Queste grandi aziende, in virtù di un'economia sempre più globalizzata, sono in pratica presenti in tutti i Paesi del mondo, con la deprecabile pretesa di far pagare cara l'acqua potabile non solo ai cittadini dei Paesi ricchi dell'Occidente, ma anche ai milioni di abitanti delle periferie povere delle megalopoli del Sud del mondo. Il che è peggio per tutti, perché questi ultimi, continuando a non avere accesso all'acqua potabile in quanto non possono permettersi di pagarne la *bolletta* a caro prezzo, cercano ancora acqua da bere in stagni, pozzi e fiumi inquinati: il risultato è il rischio che aumenti la diffusione delle epidemie.

L'acqua non può costituire un affare per pochi, non può diventare una merce, perché l'acqua è come l'aria, un **bene comune**, ugualmente vitale ed in natura ugualmente disponibile per tutti. Pertanto, l'acqua non può e non deve trasformarsi da risorsa fondamentale per la vita in un elemento di discriminazione, che si aggiungerebbe ai tanti fattori di discriminazione sociale già esistenti.

Un tentativo di **privatizzazione dell'acqua** si è avuto anche in **Italia**, dove a più riprese sono state proposte delle leggi che consentivano ai Comuni di appaltarne la distribuzione ad aziende private. Tuttavia il tentativo è stato contrastato da un ampio movimento popolare, di cui uno dei maggiori esponenti è stato padre Alex Zanotelli, un missionario comboniano, che ha alzato spesso la voce, in pubblici dibattiti, nelle piazze, in televisione, contro questa sciagurata eventualità. Nel giugno del 2011 al **referendum**, indetto nel nostro Paese per abrogare alcune norme di legge che prevedevano la possibilità della privatizzazione dell'acqua, la larghissima maggioranza dei votanti si è espressa per il "sì" alla loro abrogazione, quindi in favore di una **gestione pubblica dell'acqua**.

L'acqua appartiene all'umanità, non certo a qualcuno in particolare: né alle multinazionali, né ai singoli, proprietari magari di qualche sorgente. Deve invece essere garantito il diritto all'**acqua libera e gratuita** proprio perché, attraverso la disponibilità dell'acqua, si difende il **diritto alla vita**.

Le parole per capire

Bomba d'acqua: iperbole entrata recentemente nell'uso della lingua parlata per indicare precipitazioni piovose particolarmente forti e concentrate in un tempo relativamente breve. Le abbondanti acque piovane non riescono a defluire normalmente e causano gravi danni. È un fenomeno metereologico diventato più frequente anche per la cosiddetta **tropicalizzazione del clima**.

Desertificazione: progressivo inaridimento di un'ampia area, prima fertile e ricca di vegetazione, provocato dal deterioramento naturale del terreno, ad esempio a causa di mutamenti climatici o, più spesso, dell'eccessivo sfruttamento a scopo agricolo.

Falde acquifere: acque che imbevono alcuni strati del sottosuolo particolarmente permeabili. Costituiscono delle preziose riserve di acqua potabile, che affiorano al suolo sia spontaneamente, attraverso le sorgenti, sia mediante l'estrazione attraverso i pozzi. Molte di esse sono a rischio a causa dell'inquinamento del suolo.

Foresta pluviale: è quella equatoriale, estesa e caratterizzata da un clima costantemente caldo ed umido che favorisce una flora rigogliosa ed una fauna molto varia. È un autentico *scrigno della biodiversità*.

Privatizzazione dell'acqua: trasferimento ad aziende private della gestione della distribuzione dell'acqua, che in passato era di solito lasciata alle amministrazioni pubbliche locali. In Italia un *referendum popolare*, tenutosi nel giugno 2011, ha abrogato le leggi che disciplinavano tale privatizzazione, ribadendo il principio che **l'acqua è un bene comune**.

PROPOSTE DI LAVORO

Per la comprensione

1. *Rispondi alle seguenti domande:*

- Perché si ha sempre meno acqua potabile a disposizione? ....

....

....

- Quali sono i termini dell'emergenza acqua? ....

....

- Come avviene l'inquinamento delle acque di fiumi e laghi? E delle falde acquifere? ....

....

....

- Come avviene l'inquinamento dei mari? ....

....

- In quali aree del mondo si consuma in proporzione più acqua? ....

....

- Perché anche la disponibilità di acqua può costituire un elemento di discriminazione tra Paesi ricchi e Paesi poveri? ....

....

- Che cos'è la desertificazione? ....

....

- Che è accaduto ai Paesi del Sahel? Ed a quelli del Corno d'Africa? ....

....

....

- Quale importante referendum popolare riguardante l'acqua si è tenuto recentemente nel nostro Paese e quale ne è stato l'esito? ....

....

2. *Indica, per ogni domanda, la risposta giusta:*

- Quali sono le più grandi riserve di acqua dolce?
  - ☐ Le falde acquifere.
  - ☐ I ghiacciai perenni.
  - ☐ I fiumi e i laghi.

- Che si è notato, per il Po ed il lago di Garda, rispettivamente il più grande fiume ed il più grande lago del nostro Paese?
  - ☐ Un irregolare aumento del livello delle sue acque.
  - ☐ Un notevole abbassamento del livello delle sue acque.
  - ☐ Una moria di pesci.

- Dove si ha il maggiore consumo di acqua?
  - ☐ Nell'agricoltura.
  - ☐ Nell'industria.
  - ☐ Nelle case private.

Per la riflessione e la produzione scritta

1. *L'emergenza acqua come questione fondamentale per l'umanità del XXI secolo.*
2. *Spiega perché l'acqua diventa una risorsa decisiva per lo sviluppo dei Paesi poveri dell'Asia, dell'Africa e dell'America Latina.*
3. *È sufficiente, in alcuni Paesi del Sud del mondo, il solo approvvigionamento idrico a risolvere il problema dell'emergenza acqua.*
4. *Quali danni provoca l'intervento dell'uomo sul naturale corso dei fiumi?*
5. *Esegui una ricerca e indica quali altri fiumi e laghi, oltre a quelli citati nel testo, si sono notevolmente ridotti o sono addirittura a rischio di estinzione.*
6. *Le possibili conseguenze sociali della privatizzazione dell'acqua.*

1 L'economia mondiale è fondata sul petrolio

La questione energetica si è imposta a partire dalla **rivoluzione industriale**, nel XVIII secolo, in Inghilterra, quando si cominciò ad usare, come fonte di energia nelle nascenti industrie, un combustibile fossile, il carbone, per alimentare la *macchina a vapore*. Prima di allora, l'umanità non aveva avuto problemi a servirsi delle **fonti naturali rinnovabili di energia**: quella *idrica* (l'acqua di fiumi e canali), quella *eolica* (i venti utilizzati dai mulini come pure dalle navi a vela), la legna da ardere.

Per millenni, lo sfruttamento di queste fonti d'energia ampiamente disponibili in natura non aveva mai alterato gli equilibri esistenti: superfluo parlare del vento, che è inesauribile; ma, ad esempio, per quanto riguarda lo sfruttamento dell'energia idrica, per azionare la ruota a pale di un mulino non si è mai prosciugato un fiume, così come il consumo di legna da ardere non causava disboscamenti irreparabili.

Anche l'ampio uso, nei lavori agricoli e nei trasporti per terra, dell'**energia animale**, con l'impiego di cavalli, buoi, cammelli, renne, asini e muli, era avvenuto senza alcun rischio di compromissione dell'equilibrio delle specie animali: anzi, l'utilizzo di questi animali domestici in agricoltura e nei trasporti ne aveva favorito l'allevamento e quindi la protezione.

Con il **carbone** come fonte di energia nelle prime industrie, cominciò l'era delle **fonti di energia non rinnovabili** e generatrici di scorie, con conseguente compromissione degli equilibri ambientali.

Dopo il carbone, fu la volta del **petrolio**, che s'impose, sostituendo in gran parte il primo, in seguito alla diffusione dell'automobile e dell'aeroplano, che impiegavano motori alimentati a benzina o a gasolio, un altro derivato dal petrolio. Nel Novecento anche lo sviluppo dell'**industria petrolchimica**, capace di ricavare dalla lavorazione del greggio tantissimi nuovi prodotti (ad esempio, le fibre artificiali, la plastica, la gomma sintetica, il bitume, gli oli lubrificanti), e la produzione di energia elettrica in *centrali termoelettriche* che utilizzavano combustibili derivati dal petrolio, fecero sì che l'economia mondiale diventasse dipendente dall'***oro nero***.

2 Per il petrolio si fanno le guerre

Durante il secolo scorso molte guerre furono combattute tra Stati che si contendevano il possesso di **regioni ricche di pozzi petroliferi**, mentre le Potenze coloniali imponevano il loro dominio su alcuni Paesi dell'Africa e dell'Asia per controllarne le risorse petrolifere.

Dopo la seconda guerra mondiale, ad alimentare il *neocolonialismo* (vedi pag. 67) contribuì anche la *febbre dell'oro nero*. Inoltre gli opposti interessi delle Compagnie petrolifere occidentali, e di riflesso dei grandi Paesi industrializzati consumatori di petrolio, da una parte, e dei Paesi produttori ed esportatori, dall'altra, causarono forti tensioni internazionali. Ad esempio, nell'ottobre del 1973 i Paesi arabi produttori di petrolio reagirono all'appoggio degli Stati Uniti e degli altri Paesi occidentali ad Israele nella *guerra del Kippur* (vedi pag. 29) aumentando di molto il prezzo del petrolio estratto dai loro pozzi e riducendo anche le forniture.

Si provocò uno ***shock petrolifero*** che si protrasse negli anni Settanta, ma quella crisi ebbe il merito di portare all'attenzione dell'opinione pubblica mondiale e dei governi di tutti i Paesi la questione dell'energia. L'umanità divenne improvvisamente cosciente che le risorse energetiche non sono inesauribili e che l'epoca della loro disponibilità illimitata ed a buon mercato era finita per sempre.

Per il petrolio si sono combattute guerre più recenti in alcuni Paesi tra i principali produttori di petrolio, come quella tra l'Iraq e l'Iran nel 1980-88, l'invasione del Kuwait da parte dell'Iraq nel 1990 e la successiva guerra del Golfo Persico del 1991, la guerra in Iraq del 2003, quella in Libia del 2011, scoppiate anche per il controllo dei pozzi petroliferi di tali Paesi.

Come sono aumentati i consumi mondiali di energia dal 1900 al 2000 (in migliaia di miliardi di tonnellate equivalenti petrolio)

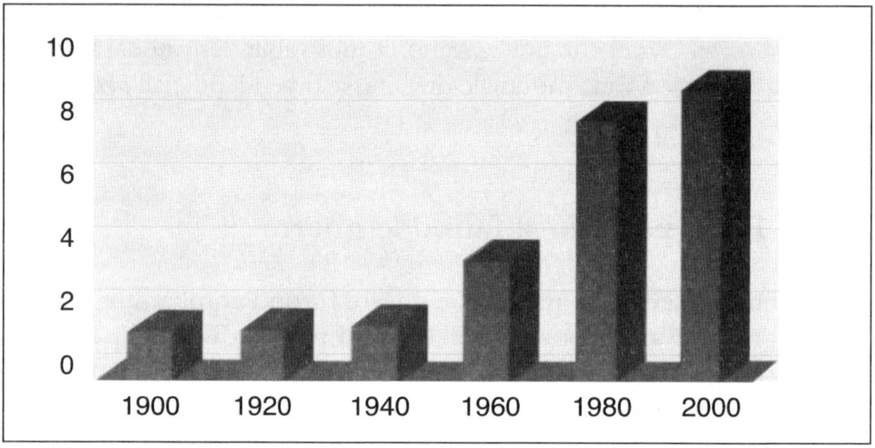

Fonte: British Petroleum

3 Il mondo ha fame di energia

Oggi il mondo ha **fame di energia**, non solo perché i Paesi ricchi ed industrializzati ne consumano tanta, ma anche perché i grandi Paesi emergenti, come la Cina, l'India, il Brasile, e perfino i Paesi poveri del Sud del Pianeta, che si stanno affacciando allo sviluppo, ne richiedono in quantità crescente per alimentare le loro industrie. Tuttavia i combustibili fossili (petrolio, carbone, gas naturale), oltre a non essere inesauribili, perché sono risorse naturali che prima o poi finiscono, hanno anche un impatto devastante sull'ambiente, in quanto la loro combustione immette nell'atmosfera anidride carbonica ed altri *gas serra*.

Così, negli ultimi anni, si è avvertita l'esigenza di sostituire le **fonti di energia non rinnovabili** (il petrolio, il carbone, il gas naturale) con **fonti di energia pulite e rinnovabili**, mediante lo sfruttamento dell'acqua, del sole e del vento, come del resto avveniva già prima della rivoluzione industriale, ovviamente con tecnologie moderne e senza alterare gli equilibri della natura.Tuttavia nel frattempo, per ricavare gas e petrolio anche dalle viscere della Terra, è stata messa in atto una tecnica estrattiva quanto mai pericolosa per gli equilibri del suolo e del sottosuolo: la **frantumazione delle rocce profonde**.

4 Lo *shale gas* e lo *shale oil*: idrocarburi dalle viscere della Terra

Shale gas e ***shale oil*** sono rispettivamente il gas ed il petrolio estratti da rocce profonde, anche oltre i 4000 metri nel sottosuolo, mediante la tecnica del ***fracking*** o **frantumazione**.

Ecco in che cosa consiste: si compie prima una trivellazione verticale, dall'alto in basso, come si fa di solito nei tradizionali pozzi petroliferi ma a profondità maggiori, quindi, e questa è la novità, si operano delle trivellazioni orizzontali a largo raggio nello **scisto**, una roccia formata da strati più permeabili e bituminosi che può trovarsi nelle viscere della Terra. Attraverso queste trivellazioni si pompa ad altissima pressione una miscela di acqua, sabbia e particolari sostanze chimiche che frantuma lo scisto "liberando" il gas o il petrolio di cui è impregnato. Infine gli idrocarburi, attraverso le trivelle, vengono portati in superficie.

I rischi connessi a questa nuova tecnica estrattiva, che è anche costosa, sono molti e ancora non del tutto chiari. Innanzi tutto si compie un'autentica **distruzione ambientale**: la miscela pompata con forza nel sottosuolo per rompere le rocce profonde contiene varie sostanze chimiche che, affiorando poi in superficie, inquinano il suolo rendendolo del tutto improduttivo per l'agricoltura. Ovviamente inquinano anche il sottosuolo, cosicché possono essere contaminate, in modo irreparabile e in ampio raggio, le falde acquifere. Inoltre l'estrazione degli idrocarburi che impregnano le rocce bituminose profonde avviene con grande emissione di anidride carbonica nell'atmosfera, aggravando l'effetto serra. Infine, ma questo non è il rischio meno grave, la tecnica del *fracking* può alterare l'equilibrio geologico del sottosuolo e provocare perfino dei lievi terremoti.

Scienziati ed ambientalisti hanno da tempo dato l'allarme ed i governi di alcuni Stati non hanno autorizzato l'installazione di impianti per estrarre idrocarburi con la tecnica del *fracking*. Ma in alcuni Paesi, come ad esempio gli Stati Uniti, è cominciata una corsa al petrolio ed al gas ricavati con questa tecnica pericolosa per gli equilibri del suolo e del sottosuolo: in particolare nello stato del North Dakota sono già in funzione alcune centinaia di impianti per le trivellazioni con la tecnica del *fracking*.

Così gli Stati Uniti negli ultimi anni hanno notevolmente aumentato la propria produzione di petrolio e di gas e contano di raggiungere quanto prima l'autosufficienza energetica e di non aver più bisogno d'importare petrolio. Ma sembra una follia se si pensa al costo di quale irreparabile devastazione ambientale tutto ciò avviene!

5 Energie pulite e rinnovabili per uno sviluppo sostenibile

Quali sono le energie alternative a quelle tradizionali? Innanzi tutto l'**eolica** e la **solare**: nel primo caso, si tratta di sfruttare il movimento, causato dal vento, di grandi pale collocate su tralicci alti anche cento metri (un po' come accadeva un tempo per i mulini), per produrre energia elettrica; nel secondo caso, si converte in energia elettrica il calore dei raggi del sole, immagazzinato da *pannelli fotovoltaici* o dalle cosiddette *centrali a concentrazione.*

Altre fonti rinnovabili e pulite possono essere l'**idroelettrica**, la quale sfrutta la forza meccanica di una massa d'acqua (ad esempio di una cascata o di un fiume) che, scendendo, fa girare una turbina e genera corrente elettrica, e la **geotermica**, che ricava l'energia dai flussi di vapore che, provenendo dagli strati interni della Terra, emergono in superficie nelle zone vulcaniche.

Si può ricavare energia anche dalle cosiddette **"biomasse"**, cioè dai materiali organici di origine vegetale o animale, oppure sfruttando il **diverso tasso di salinità dei mari** e perfino dai **rifiuti urbani**, opportunamente differenziati ed inceneriti nei *termovalorizzatori*.

Infine, tra le fonti di energia rinnovabili c'è l'**idrogeno**, il gas più diffuso in natura, assolutamente "pulito" e praticamente inesauribile, di cui negli ultimi anni si stanno studiando le potenzialità.

Ma investire risorse nella ricerca di fonti di energia rinnovabile non basta. Bisogna puntare anche al **risparmio energetico**: ad esempio, incentivando la produzione di veicoli a basso consumo di combustibile. Tuttavia, anche in questo caso, dobbiamo tutti noi, nel comportamento quotidiano, evitare qualunque spreco: non solo quello di acqua e di elettricità (televisori e *computers* tenuti in *stand by* o telefonini cellulari dimenticati in carica per ore), ma anche lo spreco del cibo che resta invenduto negli scaffali dei supermercati o che si butta nella spazzatura perché non consumato. Infatti tutto quello che si produce lo si è ottenuto consumando materiali ed energia: non è giusto che poi lo si sprechi.

Solo attraverso le fonti di energia rinnovabili ed il risparmio energetico si può favorire uno **sviluppo sostenibile**, espressione comparsa per la prima volta nel Rapporto ONU del 1987, in relazione alla possibilità di soddisfare le esigenze dell'umanità senza alterare gli equilibri della natura, garanzia di sopravvivenza sul Pianeta. Un concetto, quello dello *sviluppo sostenibile*, ormai diffusamente utilizzato da opinionisti, uomini politici ed ambientalisti, che rimanda alla necessità di **conciliare l'economia con l'ecologia**, usando meno materiali e consumando meno energia.

6 Nucleare? No, grazie

Tra le fonti di energia alternative al petrolio, al carbone e al gas naturale, c'è anche l'**energia nucleare**, che viene prodotta con la *fissione nucleare* degli atomi di uranio all'interno dei *reattori atomici* nelle cosiddette ***centrali termonucleari***.

In Italia è in corso da tempo un dibattito che coinvolge scienziati, fisici, esperti del settore ed opinione pubblica, sull'eventualità o meno di utilizzare il nucleare come energia alternativa, anche perché nel lontano **1987 l'esito di un referendum popolare** aveva fermato nel nostro Paese il ricorso all'energia atomica.

I **fautori del nucleare** sostengono che questo tipo di energia ha contenuti costi di produzione, può contare su una buona disponibilità in natura della materia prima, che è l'uranio, e soprattutto non immette nell'ambiente alcuna sostanza inquinante, come ad esempio l'anidride carbonica e gli altri *gas serra*. Inoltre con il nucleare si riduce la dipendenza dal petrolio, il che rappresenterebbe un vantaggio economico per i Paesi, come l'Italia, costretti ad importare grandi quantità di greggio.

I **contrari al nucleare**, che nel nostro Paese sono la maggioranza, secondo quanto emerso da un nuovo **referendum popolare**, tenutosi nel **giugno 2011**, che ha nuovamente respinto la possibilità di avviare in Italia centrali termonucleari, sostengono le seguenti argomentazioni: se è vero che i costi di produzione sono più bassi, tuttavia la progettazione e la messa in funzione di una centrale termonucleare richiedono molti anni (in media cinque-sette) ed altissimi costi di realizzazione; se è vero che non c'è emissione di *gas serra* e quindi non c'è inquinamento ambientale, si corre il rischio, ben più grave e preoccupante, di una **contaminazione radioattiva** in conseguenza di incidenti, sempre possibili anche in centrali ad altissima tecnologia, come l'esperienza purtroppo ha dimostrato; infine c'è il problema, quanto mai inquietante e che nessuno ha finora risolto, dello **stoccaggio delle scorie radioattiv**e che restano pericolose per millenni.

Insomma, **il nucleare non è una fonte di energia sicura**: ricorrendo ad esso, si rischia sempre **un disastro che non avrebbe confini nel tempo e nello spazio**, che renderebbe del tutto invivibile un ampio territorio circostante il luogo della catastrofe nucleare, con gravissimi danni che potrebbero protrarsi per decenni e i cui effetti, come le *fughe di nubi radioattive* e le *piogge radioattive*, potrebbero spostarsi per migliaia di chilometri.

Del resto, come la parte più accorta dell'opinione pubblica invita a riflettere, l'energia ricavata dal nucleare costituisce appena il 4% della quantità complessiva di energia prodotta nel mondo, quindi una quota che può essere benissimo sostituita investendo risorse in energie pulite, sicure e rinnovabili.

7 Da Chernobyl a Fukushima: gli incidenti nucleari

Non sono stati finora pochi gli incidenti occorsi a centrali termonucleari, alcuni dei quali davvero catastrofici.

Ricordiamo i più gravi. Nel 1979 un guasto alla centrale nucleare di **Three Mile Island, negli Stati Uniti**, provocò alcune vittime e la dispersione nell'aria di sostanze radioattive, ma allora quell'incidente fu sottovalutato.

Ben più grave fu l'incidente che accadde nel 1986 nella centrale di **Chernobyl, in Ucraina** (allora appartenente all'Unione Sovietica): per lo scoppio di uno dei quattro reattori nucleari della centrale, morirono subito un centinaio di tecnici ed operai e fuoriuscirono nubi di materiale radioattivo che ricaddero su vaste aree circostanti, provocando in seguito innumerevoli vittime e costringendo centinaia di migliaia di persone ad allontanarsi dal territorio contaminato.

Più recentemente, nel **marzo del 2011**, un gravissimo incidente è avvenuto nella centrale termonucleare di **Fukushima, in Giappone**. In quella circostanza, a causa degli effetti congiunti di un forte terremoto e del successivo *tsunami* abbattutosi sulle coste, si ebbero

Fonti dalle quali è ricavata l'energia nel mondo (dati in percentuale per il 2012)

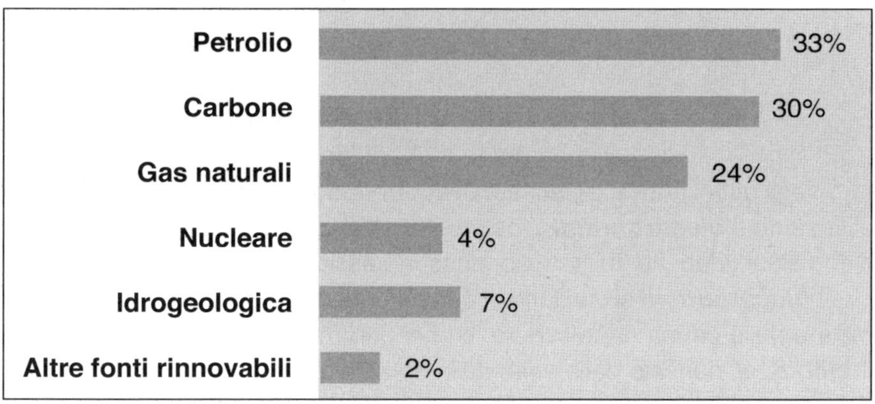

Fonte: Unione Europea Petrolifera, Data Book 2014

dei guasti agli impianti, per cui si fermò il sistema di refrigerazione dei reattori nucleari e la temperatura all'interno degli stessi raggiunse livelli altissimi. Ne conseguirono esplosioni e pericolosissime fughe di radioattività nel territorio circostante, che fu evacuato, mentre alto fu il numero delle vittime e l'ammontare dei danni.

Attualmente nel mare di Fukushima l'acqua, il fango, i detriti e vari materiali tossici (sostanze chimiche, carburanti, componenti elettronici, vernici, ecc) costituiscono un magma, contaminato dalle radiazioni nucleari, difficile da smaltire e che resterà pericoloso chissà per quanti anni.

Se, come si è detto, l'incidente di Three Mile Island fu sottovalutato, il disastro di Chernobyl fu invece imputato alla crisi dell'Unione Sovietica, che evidentemente non poteva non determinare conseguenze anche sugli impianti nucleari lasciati senza la dovuta manutenzione. Ma l'incidente di Fukushima, avvenuto in Giappone, un Paese tra i più sviluppati economicamente ed all'avanguardia proprio nell'uso delle tecnologie nucleari, ha dimostrato la non affidabilità del nucleare per quanto riguarda la sicurezza.

Focus

L'ultima follia: i biocarburanti

Negli ultimi anni si è pensato di ricorrere come fonte di energia anche ai cosiddetti ***biocarburanti***, cioè prodotti di origine vegetale che, mescolati con alcuni derivati del petrolio, possono essere usati come combustibili.

I ***biocarburanti*** si dividono in due categorie: il ***bioetanolo***, ricavato dal mais e dalla canna da zucchero, che si può mescolare con la benzina, e il ***biodiesel***, derivato dalla soia, dalla colza e dal girasole, che si può mescolare con il gasolio. Sono usati da tempo in Brasile e negli Stati Uniti per i motori delle automobili.

Ma, se è vero che la combustione di biocarburanti immette nell'atmosfera meno anidride carbonica dei carburanti fossili, bisogna rilevare che, per produrne quantità industrialmente rilevanti, diventa necessario sfruttare estese piantagioni di mais, soia, colza, ecc., con conseguente largo uso di pesticidi e fertilizzanti che inquinano il suolo, e consumare una notevole quantità d'acqua per la loro irrigazione: non meno di tremila litri per produrre un litro di biocombustibile. Inoltre, tali coltivazioni inaridiscono rapidamente il terreno, che quindi deve essere trattato maggiormente con fertilizzanti, con il rischio di aggravare l'*effetto serra*, ed hanno bisogno di spazio, magari da sottrarre alle foreste. Ne consegue che il ricorso ai biocarburanti è conveniente solo apparentemente.

In realtà i biocarburanti determinano soprattutto una **distruzione di alimenti**, compromettendo la lotta alla fame nel mondo: le risorse cerealicole dovrebbero essere destinate all'alimentazione e non certo alla produzione di carburanti!

Questa è una follia! Ed anche uno spreco e un'offesa al bisogno, o meglio, come affermato dalla FAO, l'agenzia dell'ONU che si occupa di alimentazione e di lotta alla fame, è "un crimine contro l'umanità".

Le parole per capire

Biofuel: nome originariamente adoperato in Brasile per indicare il bioetanolo, un biocarburante che, ricavato dal mais e dalla canna da zucchero, si può mescolare con la benzina.

Energia pulita: è detta così quella ricavata mediante procedimenti non inquinanti. Ad esempio, sono pulite l'energia **eolica**, quella **solare**, quella prodotta con le **celle a idrogeno**.

Fissione nucleare: è la reazione atomica che viene provocata nei reattori presenti nelle centrali termonucleari. Consiste nella divisione di un nucleo di atomo di uranio, opportunamente bombardato, in due o più nuclei ciascuno dei quali, in una reazione a catena, si scinde a sua volta, con produzione di una notevole quantità di energia, detta perciò nucleare o **atomica**.

Fonti di energia: risorse naturali o processi industriali che consentono di ricavare energia. Si distinguono fondamentalmente in **fonti rinnovabili** e **non rinnovabili** di energia. Le prime sono quelle il cui impiego non implica riduzione della loro disponibilità in natura, come l'acqua, il vento, il sole, ecc.; le seconde sono quelle il cui impiego non solo comporta riduzione della loro disponibilità, ma anche accumulo di scorie più o meno inquinanti o addirittura radioattive nel caso dell'energia nucleare: sono il petrolio, il carbone, il gas naturale, l'uranio (che è la materia prima per l'energia nucleare).

Fracking: è la nuova tecnica di **frantumazione** delle rocce profonde per estrarre ***shale gas*** o ***shale oil***, **gas** e **petrolio da scisto**, con rischi notevoli di alterazione degli equilibri del suolo e del sottosuolo.

Greggio: è il **petrolio** così come viene estratto dai pozzi. La raffinazione in appositi impianti industriali (raffinerie) consente di ricavare la benzina, il gasolio, il kerosene, il bitume, la cera paraffinica, l'olio combustibile, vari tipi di olio lubrificante ed altri materiali.

O.P.E.C.: Organization of the Petroleum Exporting Countries (Organizzazione dei Paesi esportatori di petrolio). Riunisce attualmente dodici Paesi esportatori di petrolio: Algeria, Angola, Arabia Saudita, Ecuador, Emirati Arabi Uniti, Kuwait, Iran, Iraq, Libia, Nigeria, Qatar, Venezuela.

Oro nero: espressione figurata con cui si indica il **petrolio**, per l'importanza strategica che ha nell'economia mondiale, quale principale fonte di energia, e per il suo prezzo spesso in rialzo.

PROPOSTE DI LAVORO

Per la comprensione

1. Rispondi alle seguenti domande:

- Quali sono state le prime fonti di energia utilizzate dall'umanità? ....
....
- Quando e dove si cominciò ad usare il carbone come combustibile? ......
....
- Che cosa influì in maniera determinante sulla sostituzione del carbone con il petrolio quale principale fonte d'energia? ....
....
- Perché il Medio Oriente è un'area d'importanza strategica per l'economia dei Paesi industrializzati? ....
....
- In che consiste la nuova tecnica del *fracking* e perché è dannosa all'ambiente? ....
....
- Che cosa sono i biocarburanti? ....
....
- Che accadde a Fukushima, in Giappone, nel marzo del 2011? ....
....
....
- Quali sono i rischi del ricorso all'energia nucleare? ....
....
....
- Qual è la differenza tra fonti rinnovabili e fonti non rinnovabili di energia?
....
....

2. *Segna con una crocetta la tipologia a cui è riconducibile ciascuna delle fonti di energia indicate.*

	Fonti di energia rinnovabili	**Fonti di energia non rinnovabili**
acqua		
biomasse		
carbone		
gas naturale		
nucleare		
petrolio		
sole		
vento		

3. *Metti in ordine di maggiore inquinamento i seguenti combustibili:*

carbone - gas naturale - legna da ardere - petrolio

1° .... 2° ....

3° .... 4° ....

Per la riflessione e la produzione scritta

1. *Perché il mondo ha sempre più* fame di energia*?*
2. *Quali comportamenti virtuosi suggeriresti ai tuoi concittadini per risparmiare energia?*
3. *Il petrolio come causa di tensioni e conflitti nel mondo.*
4. *I rischi per gli equilibri del suolo e del sottosuolo derivanti dalla diffusione della nuova tecnica della frantumazione delle rocce profonde o* fracking.
5. *Il ricorso all'energia nucleare, a tuo parere, presenta più vantaggi o rischi?*
6. *Una possibile fonte di energia alternativa al petrolio per il nostro Paese.*
7. *Quali problemi comporta il ricorso ai biocarburanti? C'è una vera convenienza nell'usarli?*

1 Che cosa sono i mass media

L'espressione *mass media* è costituita dalla parola inglese *mass*, che significa "massa", e dalla parola latina *media*, plurale di *medium*, che significa "mezzi", quindi **mezzi di comunicazione di massa**. Sono gli strumenti tecnici mediante i quali si producono e si trasmettono notizie ed informazioni ad una gran massa di persone nello stesso tempo: **giornali**, **radio**, **televisione**, **Internet**.

Le innovazioni tecnologiche, specialmente nel campo dell'elettronica, delle telecomunicazioni e dei trasporti, hanno rivoluzionato il **sistema dell'informazione**, moltiplicando gli strumenti che consentono d'inviare e ricevere notizie, nella forma scritta come pure mediante suoni ed immagini, in tempi sempre più rapidi e rendendo possibile l'informazione in "presa diretta" su qualsiasi fatto.

I *mass media* sono diventati un elemento insostituibile e decisivo della **società industriale** e dei **consumi di massa**. Essi, in pratica, sono causa ed effetto della moderna società di massa, determinandone trasformazioni profonde ed acquistando un'importanza crescente. Contribuiscono infatti a formare la cosiddetta **opinione pubblica**, cioè l'orientamento della maggioranza della popolazione sugli argomenti più importanti, influendo sulle conoscenze, sul modo di pensare, sui comportamenti delle persone.

I *mass media*, o più semplicemente ***media***, come talvolta si dice abbreviando l'espressione, non informano soltanto, ma consentono anche di avvicinare idealmente popoli diversi per etnia, cultura, lingua, religione, che magari vivono agli antipodi del Pianeta. Ad esempio, le notizie e le immagini riguardanti Paesi geograficamente lontani dal nostro, che riceviamo grazie ai programmi della radio e della televisione o tramite Internet, o che troviamo sulle pagine dei giornali, arricchiscono le nostre conoscenze, che altrimenti resterebbero limitate alle sole esperienze personali, all'osservazione diretta di quel che accade accanto a noi, al sentito dire, insomma al nostro vissuto quotidiano, un po' come avveniva nelle epoche antiche, quando le notizie si divulgavano oralmente o mediante il passaparola tra le persone.

I *media* sono insomma la nostra ***finestra sul mondo***, aperta su tutto quanto avviene d'importante nel nostro Paese ed all'estero, negli ambienti della politica come in quelli dell'economia, nei campi della scienza e della cultura come nel mondo dello sport; ma diventano anche occasione d'intrattenimento e di svago.

Oggi, restando comodamente a casa, seduti davanti alla tv o ad un computer collegato alla Rete, "si viene portati" dove sta avvenendo qualcosa d'importante: ad esempio, in un Paese dove si sta combattendo una guerra, in una zona colpita da una calamità naturale, in un'aula di tribunale dove si sta svolgendo un processo, sulla strada o nell'abitazione dove è stato commesso un delitto, in uno stadio dove si sta disputando una partita di calcio o in un teatro dove si sta eseguendo un concerto musicale.

La nostra vita sarebbe impensabile senza i *media*, ma questo non ci deve far dimenticare che la loro utenza è concentrata soprattutto nei Paesi ricchi e industrializzati, mentre nel Sud del mondo continuano a persistere sacche anche vaste di miseria e d'ignoranza e, pertanto, di oscuramento dell'informazione.

I *media* sono oggetto di studio e di analisi da parte di sociologi, psicologi, scrittori, giornalisti: tutti concordi nell'ammettere la loro insostituibilità nella società industriale e dei consumi di massa, ma con pareri spesso contrastanti. C'è chi rileva la decisiva funzione di **diffusione capillare dell'informazione** e di **divulgazione culturale** che essi svolgono, nonché di abbattimento delle frontiere, non solo geografiche ma anche culturali, e di modernizzazione della società. C'è chi, invece, osserva come l'individuo, investito dalla sovrabbondanza di notizie e messaggi, si smarrisca e si lasci condizionare, nelle opinioni e nei comportamenti, da ciò che vede in tv, legge sui giornali o acquisisce dal *web*, con il rischio che chi ha la proprietà dei *media* manipoli l'informazione stessa.

2 Il "villaggio globale"

Il poderoso sviluppo tecnologico degli ultimi decenni, specialmente nel campo delle **telecomunicazioni** e dell'**informatica**, con la possibilità di trasmettere una quantità di informazioni sempre più ampia e sempre più rapidamente, ha consentito d'integrare forme diverse di comunicazione, cosicché i *mass media* costituiscono oggi un *unico sistema complesso*; infatti è più giusto parlare di **comunicazione di massa** nel suo insieme.

Questo sistema globale ed integrato di comunicazione agisce da filtro tra noi ed il mondo, tra noi e la realtà: l'individuo è portato a considerare la realtà ed a crearsi perfino un sistema di valori attraverso la televisione e gli altri *media*, per cui la realtà sarebbe quella che si vede in tv, la verità sarebbe quella scritta nei giornali, il bene consisterebbe in ciò che è condiviso come tale dai *mass media*.

Le notizie trasmesse dal sistema dei mezzi di comunicazione di massa diventano immediatamente di dominio pubblico, proprio come avviene nella comunità di un villaggio. Da qui la celebre espressione ***villaggio globale***, coniata nella seconda metà degli anni Sessanta del secolo scorso dal sociologo canadese Marshall McLuhan per dire che i *mass media* avevano reso il mondo più piccolo, simile a un villaggio in cui "tutti sanno tutto di tutti".

Questo è un effetto indotto soprattutto dalla **televisione, la regina dei *mass media***, la quale, trasmettendo informazioni in tempo reale e in maniera complessiva, ha eliminato i limiti temporali e spaziali che sono propri, ad esempio, della stampa. Tra un evento e la notizia di esso infatti non trascorre più nemmeno il tempo necessario al "trasporto" della notizia, come avveniva attraverso i giornali che materialmente dovevano essere portati da un luogo all'altro e implicavano il tempo del loro acquisto da parte del lettore che, pertanto, veniva informato di qualcosa solo dopo averlo letto.

La televisione semplicemente "ci scarica addosso" la notizia in tempo reale, quindi l'informazione viene, per così dire, resa tutta uguale e piatta proprio dal superamento del tempo che una volta era necessario per il "trasporto materiale" delle notizie. Non a caso la rapidità dell'informazione comporta spesso che se ne trascuri l'approfondimento.

Ecco quindi gli aspetti negativi del "villaggio globale": la superficialità dell'informazione e la pigrizia mentale a cui la televisione ci abitua, facendoci diventare spettatori distratti e svagati di quello che succede nel mondo. Ci abituiamo a tutto quello che vediamo in tv: ad una tragedia familiare come ad uno spettacolo divertente, ad una competizione sportiva internazionale come ad una calamità naturale.

3 I giornali

I primi mezzi di comunicazione di massa sono stati i **giornali**. I loro precursori nell'antichità possono essere considerati gli *acta diurna*, istituiti da Giulio Cesare a Roma nel 59 a.C, consistenti in piccoli avvisi affissi nei luoghi più frequentati.

Nel Quattrocento e nel Cinquecento la funzione d'informare era svolta da lettere scritte a mano che, piegate in modo da formare due o quattro pagine, presentavano varie notizie di poche righe ciascuna: a Venezia erano dette *avvisi* o *gazzette* perché costavano una *gazzetta*, una moneta di poco valore.

L'invenzione della **stampa** fece compiere un salto di qualità alla diffusione delle notizie. Nel 1660 nacque a Lipsia, in Germania, il primo quotidiano, la *Leipziger Zeitung*, a cui fecero seguito il *Daily Courant* e *The Spectator*, in Inghilterra, e il *Journal de Paris* in Francia. Il più antico giornale in Italia fu la *Gazzetta di Venezia* il quale, nato nel 1555 e diventato quotidiano nel 1799, sopravvisse fino alla seconda guerra mondiale.

Verso la metà dell'Ottocento i giornali si avvalsero di due grandi invenzioni, il **telegrafo elettrico** e la **stampa a rotativa**, che consentirono una maggiore rapidità: il primo nella **comunicazione delle notizie** e la seconda nella **produzione stessa dei giornali** che, distribuiti più velocemente grazie al miglioramento dei trasporti, si avviarono a diventare fogli *più di informazione sui fatti accaduti che di idee*, rivolti quindi non più ad una ristretta cerchia di intellettuali, com'era stato fino ad allora, ma ad una più ampia platea che fosse almeno in grado di leggere. I giornali assunsero, pertanto, un carattere sempre più *popolare*, aprendosi all'interesse del **grande pubblico**.

I giornali oggi sono molto diversi da quelli dei secoli scorsi. Innan-

I principali quotidiani italiani (esclusi i giornali sportivi):
Medie registrate nel mese di novembre 2013

	tiratura	diffusione cartacea	diffusione digitale	totale diffusione
Corriere della Sera	472.883	368.981	95.447	464.428
la Repubblica	455.672	323.525	58.709	382.234
Il Sole 24 ORE	257.305	200.155	115.366	315.521
La Stampa	299.049	214.461	7.198	221.659
Il Messaggero	190.624	137.678	4.510	142.188
Il Resto del Carlino	161.236	122.513	1.234	123.747
il Giornale	185.530	103.658	2.115	105.773
Avvenire	142.976	103.985	1.578	105.563

Fonte: ADS (Accertamenti Diffusione Stampa), novembre 2013

La tiratura è il numero di copie stampate, la diffusione è il numero di copie vendute (nell'edizione cartacea e nell'edizione digitale). Secondo il rapporto FIEG del 2013 sulla stampa in Italia, ogni giorno si vendono poco meno di quattro milioni di copie di quotidiani, inclusi quelli sportivi.

zi tutto possono avere una diversa periodicità: **quotidiana**, **settimanale**, **quindicinale**, **mensile**.

I settimanali illustrati a grande tiratura sono detti ***rotocalchi***, per il particolare e velocissimo sistema di stampa adottato (*rotocalcografia*), oppure, con parola inglese, ***magazine***.

I quotidiani, a loro volta, a seconda degli argomenti che privilegiano, possono essere *d'informazione*, *d'informazione finanziaria*, *di partito* (oggi quasi scomparsi), *sportivi*. Si sono arricchiti di molte pagine, hanno quasi tutti adottato il colore e sono anche in versione *online*, consultabile in Internet. Esistono inoltre quotidiani a diffusione **locale** e a diffusione **nazionale**, questi ultimi dotati di redazioni nelle città più importanti, così da non far mancare in ogni caso la cronaca cittadina.

Tra i quotidiani italiani a maggior tiratura ricordiamo il *Corriere della Sera*, la *Repubblica*, *La Stampa*, *Il Messaggero*, *Il Sole 24 ore* (quotidiano d'informazione economico-finanziaria), *La Gazzetta dello Sport*. Tra i settimanali, *L'Espresso*, *Panorama*, *Famiglia cristiana*, *Oggi*.

4 La libertà di stampa e d'informazione

Un problema che si è affacciato subito, appena i giornali hanno cominciato ad affermarsi, è stato quello della libertà di stampa e d'informazione. Il potere sia economico sia politico ha sempre mostrato particolare interesse per la stampa, a causa dell'influenza sull'**opinione pubblica**, per cui ha cercato da subito di controllarla e, in certi casi, d'imbavagliarla. È evidente infatti che fa comodo, a chi detiene il potere, avere una stampa asservita, o per lo meno compiacente, che diffonda le notizie in modo gradito.

La **libertà di stampa** si è rivelata quindi un **diritto fondamentale**, avvertito come tale da tutti i sinceri democratici. Non è un caso che i poteri autoritari e dittatoriali abbiano sempre cercato di spegnere le voci di dissenso e di tenere sotto controllo la stampa: così è infatti accaduto in Italia durante la dittatura fascista, quando solo giornali e notizie gradite al regime potevano circolare. È chiaro quindi che **non c'è vera democrazia se non sono garantiti la libertà di stampa e il diritto all'informazione dei cittadini**.

Proprio per questo la nostra Costituzione riconosce, nell'articolo 21, che "tutti hanno diritto di

Curiosità

Le agenzie di stampa

Bisogna sapere che soltanto una parte delle notizie che compaiono su un quotidiano sono procurate direttamente dai giornalisti di quel quotidiano. Molte notizie infatti un giornale le riceve dalle cosiddette *agenzie di stampa*. Queste raccolgono le notizie autonomamente, per mezzo di propri corrispondenti e giornalisti sparsi per il mondo, e poi le rivendono alle redazioni dei giornali, di solito in virtù di abbonamenti pluriennali. Le più importanti del mondo sono l'**Associated Press** di New York, fondata nel 1900, e la **Reuter's** di Londra, sorta come agenzia di servizi telegrafici e diventata nel 1858 la prima grande agenzia di informazioni giornalistiche.

La più importante agenzia di stampa del nostro Paese è l'**ANSA** (acronimo di Agenzia Nazionale Stampa Associata) con sede a Roma, fondata nel 1945. I suoi soci sono circa sessanta quotidiani italiani.

manifestare liberamente il proprio pensiero con la parola, lo scritto e ogni altro mezzo di diffusione. La stampa non può essere soggetta ad autorizzazioni o censure".

È ovvio, d'altronde, che deve essere anche rispettato il diritto di ogni cittadino a non essere calunniato attraverso la stampa ed a non veder pubblicate sul suo conto notizie non vere. Infatti ogni giornale è tenuto al rispetto della verità sostanziale dei fatti. Ma perché ci sia effettivamente una **libera circolazione delle idee e delle informazioni** è indispensabile anche che operino contemporaneamente **più giornali**. Infatti un'insidia alla libertà d'informazione oggi può venire dalla tendenza a concentrare in poche mani la **proprietà dei giornali**. Questi ultimi sono delle vere e proprie aziende che, con la vendita delle copie e con la *pubblicità* che ospitano nelle loro pagine, ricavano degli introiti. Diventa quindi necessario che degli imprenditori li gestiscano economicamente, ma molto spesso accade che la proprietà di un giornale è ambita non solo perché è in grado di procurare un utile economico come una qualsiasi altra azienda, ma anche e soprattutto perché può influenzare l'opinione pubblica.

Per questa ragione le leggi vigenti impediscono la concentrazione della proprietà dei giornali in poche mani: **più giornali ci sono e appartenenti a più soggetti, più libera è l'informazione**.

5 La radio

La **radiofonia** è stata, nell'ambito dei *mass media*, seconda in ordine di successione storica, dopo la stampa. Resa possibile dalla riproduzione del suono e dalla trasmissione dei segnali nell'etere grazie alla scoperta dell'italiano **Guglielmo Marconi**, divenne un potente e decisivo strumento della comunicazione di massa nella prima metà del Novecento, non a caso utilizzata largamente, come mezzo di propaganda, dai regimi totalitari fascista e nazista nel periodo tra le due guerre mondiali.

Gli apparecchi radiofonici divennero presto dei beni di consumo di massa, acquistabili anche nei grandi magazzini, e mezzi d'informazione: le edizioni del *radiogiornale* trasmettevano notizie, certo sintetiche, ma sempre puntuali e precise. Riscossero subito un grande successo anche le radiocronache delle partite di calcio e di altri eventi sportivi. Ma, come detto, la radio diventò anche strumento di propaganda dei regimi mussoliniano in Italia ed hitleriano in Germania: le voci del "duce" e del "Führer" entravano, attraverso gli apparecchi radiofonici, nelle case di tutti, cercando il consenso popolare per quelle dittature. Durante il secondo conflitto mondiale la radio svolse un ruolo determinante nella trasmissione delle notizie dai fronti di guerra e i radiogiornali divennero dei veri e propri bollettini militari.

La radio delle origini fu anche un grande volano per la **diffusione della musica**, con la trasmissione di canzoni, opere sinfoniche, concerti e divenne presto anche un grande **veicolo pubblicitario**.

A metà degli anni Settanta, in Italia, una sentenza della Corte Costituzionale abolì il monopolio dello Stato sulle radiodiffusioni, permettendo così il moltiplicarsi delle emittenti radiofoniche private e replicando quanto già avvenuto in altri Paesi.

La rapida diffusione delle cosiddette *radio libere* rappresentò una grande manifestazione di libertà dell'informazione e di creatività: nacquero migliaia di emittenti private, moltissime con un raggio d'azione soltanto locale, qualcuna anche nazionale, che catturavano l'interesse soprattutto del pubblico giovanile. Così la radio, in parte ridimensionata dal successo della televisione, conobbe una ripresa negli anni Settanta e Ottanta. Oggi, lungi dall'essere zittita da una televisione eccessiva ed invadente, mantiene ancora una sua specificità, in quanto, limitando al solo ascolto la fruizione da parte del pubblico, evita gli eccessi in cui spesso cade la tv e consente un approfondimento più meditato di fatti e idee.

6 La televisione

La televisione, nata negli Stati Uniti alla fine degli anni Venti del secolo scorso, è il mezzo di comunicazione di massa più potente e capillare. In Italia il regolare servizio di trasmissioni televisive iniziò il 3 gennaio del 1954, gestito dalla **Rai** (Radio Audizioni Italiane, diventata poi Radiotelevisione Italiana). I primi programmi furono in bianco e nero, ma riscossero subito un grande successo nelle poche case dove era allora presente un apparecchio televisivo. Trasmissioni come *Lascia o raddoppia?*, *Il Musichiere* e *La Domenica Sportiva* (quest'ultima ancora oggi in onda) hanno fatto la storia della televisione italiana, ma anche *Carosello*, inaugurato nel 1957, che può essere considerato un antesignano della tv come vetrina pubblicitaria.

All'epoca, in Italia, esisteva un solo canale televisivo (*Rai Uno*), quindi nel 1961 entrò in funzione la seconda rete (*Rai Due*), negli anni Settanta la terza rete (*Rai Tre*) e cominciarono le trasmissioni a colori.

Nel 1976 la Corte Costituzionale abolì il monopolio dello Stato sulle trasmissioni televisive, dando via libera alle **televisioni private**. Nacque così anche nel nostro Paese la ***televisione commerciale***, con numerose emittenti private, tra le quali emerse subito la milanese *Canale 5*.

Nel nostro Paese si è poi gradualmente instaurato un ***duopolio televisivo***: da un lato la televisione pubblica, gestita dalla **Rai**, con le sue tre reti nazionali; dall'altro il più grande gestore di televisione commerciale, **Mediaset**, con altrettanti canali televisivi a diffusione nazionale (*Canale 5*, *Italia Uno* e *Retequattro*). La Rai continua a finanziarsi, oltre che con la pubblicità, con il canone d'abbonamento, obbligatorio per i telespettatori, mentre la televisione commerciale si finanzia con il solo, ma lucroso, mercato pubblicitario.

Il *duopolio Rai-Mediaset* ha innescato infinite polemiche tra politici, opinionisti ed esperti di televisione, perché limiterebbe la libertà di trasmissione delle altre reti televisive. Certo, da alcuni anni raccolgono un discreto consenso tra i telespettatori sia **La7**, un'altra emittente privata a diffusione nazionale, sia la **televisione satellitare** che, con l'emittente **Sky**, è in grado di offrire numerosi canali tematici ed eventi sportivi *in diretta* sottoscrivendo un abbonamento. Inoltre, con il passaggio al sistema *digitale*, si sono ulteriormente moltiplicati i canali televisivi ed è aumentata l'offerta a pagamento di trasmissioni e "dirette" di eventi sportivi, come ad esempio le partite di calcio.

Tuttavia i programmi preferiti, nelle case degli Italiani, sono ancora quelli mandati in onda dalle cosiddette ***televisioni generaliste*** della Rai e di Mediaset.

La televisione è un mezzo potentissimo d'informazione e di divulgazione culturale, che incentiva il consumismo e contribuisce a mescolare ed amalgamare abitudini e linguaggi.

In effetti, i pregi della televisione sono facilmente individuabili: essa può affrontare qualsiasi aspetto della realtà umana, individuale e sociale, contando sulla mescolanza di voce, immagine e suono; può aggiornare continuamente e in tempo reale su fatti ed eventi nel mondo; può informare su tutto, favorendo l'esercizio della democrazia ed offrendo ai cittadini gli strumenti per divenire più consapevoli. Ma la televisione non è solo informazione: importante è anche la sua funzione

Curiosità

Che cos'è l'Auditel

Il **sistema Auditel**, che iniziò ad operare nel 1986, consiste nel calcolare le percentuali di telespettatori che, ad ogni ora, seguono le varie trasmissioni televisive.

Si utilizza un *campione* di alcune migliaia di famiglie, di ogni ceto sociale, rigorosamente tenute segrete e distribuite su tutto il territorio nazionale. Mediante alcuni strumenti elettronici applicati ai televisori di queste famiglie, si rileva se tali apparecchi sono accesi e su quale canale televisivo essi sono sintonizzati; quindi, attraverso le linee telefoniche, i dati vengono trasmessi ad una centrale nazionale, elaborati su scala nazionale e pubblicati la mattina seguente.

Le elaborazioni dell'Auditel permettono di stabilire l'***audience***, cioè il numero medio di telespettatori di una qualsiasi trasmissione ed in qualsiasi ora, e lo ***share***, cioè il rapporto tra il numero medio di telespettatori che seguono un certo programma e il numero medio totale di telespettatori.

Questi dati vengono utilizzati per stabilire il successo o meno di una trasmissione e sono considerati di fondamentale importanza dagli inserzionisti pubblicitari, i quali ormai accettano di pagare per uno *spot* in un programma televisivo soltanto sulla base dell'*audience* accertata di quel programma.

d'intrattenimento, con programmi dedicati a tutta la famiglia ed aventi lo scopo di distrarre e divertire, nonché di fornire una "compagnia" a chi è solo, ad esempio agli anziani.

Purtroppo la televisione commerciale ha gradualmente introdotto una logica distorsiva della **qualità dei programmi trasmessi**: la necessità di attrarre inserzioni pubblicitarie, che costituiscono la sua unica fonte di finanziamento, la induce a trasmettere programmi che possano piacere ad un pubblico sempre più ampio. Così i programmi sono diventati degli strumenti per vendere pubblicità televisiva, dei contenitori di ***spot*** pubblicitari.

Sofisticati sistemi di misurazione della quantità di telespettatori, come l'**Auditel**, e opportuni sondaggi verificano il successo di ogni trasmissione: quanto più alto è il numero di telespettatori che seguono una certa trasmissione, maggiore è il prezzo degli *spot* pubblicitari venduti che ogni tanto la interrompono. Pertanto, vengono continuamente interrotti film, documentari, partite di calcio, programmi di varietà musicale, in spregio di ogni continuità artistica o scientifica: "Non si può interrompere un'emozione", aveva inutilmente protestato alcuni anni fa il grande attore e regista Roberto Benigni.

Poiché dalla pubblicità provengono gran parte degli introiti della Rai e la totalità di quelli che incassano le emittenti private, si trasmettono specialmente programmi "facili", per nulla impegnativi, che talvolta scadono nel cattivo gusto e nella volgarità, ma che possono piacere al grande pubblico, così da attrarre *sponsor* ed inserzionisti pubblicitari.

Ne è conseguito, secondo la maggior parte degli opinionisti e degli studiosi della comunicazione, uno **scadimento** della qualità **delle trasmissioni televisive**.

Oggi perfino i telegiornali, le tribune politiche ed elettorali, i pochi programmi di divulgazione culturale spesso fanno ricorso ad effetti scenici, a frequenti cambi d'inquadratura, a scene brevi e veloci, a sottofondi musicali. Del resto, in tv **tutto diventa spettacolo**, dalla cultura alla scienza, dalla politica alla cronaca "nera", e viene sottoposto alla "legge" degli *indici di ascolto*, che decretano il successo di un programma molto più della qualità dei suoi contenuti.

7 La pubblicità ed il consumismo

La pubblicità può essere considerata un *mezzo* per informare, per farsi conoscere, per persuadere, utilizzabile da un'azienda, da un individuo, da un'istituzione, da un partito politico (in questo caso si preferisce usare il termine *propaganda*), e rivolto all'insieme dei consumatori e dei cittadini. Il termine, in italiano, assume quindi il significato di "rendere noto", portare a conoscenza del pubblico ciò che fino a quel momento non lo era.

È difficile dire con certezza quando sia nata la pubblicità: nell'antichità, qualcosa di simile era rappresentato dalle insegne utilizzate dai mercanti per attirare i clienti: iscrizioni di tal genere sono state ritrovate nell'antica Babilonia e nella Pompei romana, sia a mosaico sia dipinte.

In età medievale e fino all'invenzione della stampa, la funzione di pubblicizzare merci ed eventi era svolta essenzialmente dalla comunicazione orale, in particolare da banditori, imbonitori e strilloni. Nel Seicento e nel Settecento, con la diffusione nei principali Paesi europei, compresa l'Italia, delle *Gazzette*, favorita dall'evoluzione delle tecniche di stampa e dallo sviluppo degli scambi commerciali internazionali, nacque anche la *réclame* (in francese, "richiamo"), che può essere considerata la prima vera forma moderna di pubblicità, benché ancora priva di illustrazioni e basata su un testo simile a quello degli articoli giornalistici.

Lo sviluppo poderoso della pubblicità si ebbe dopo la prima guerra mondiale, grazie al progresso tecnologico che consentì alla pubblicità di servirsi delle **insegne luminose** e della **radio**. Anche il miglioramento delle tecniche di stampa (con il già citato sistema a *rotativa*) permise di ampliare lo spazio sui giornali dedicato alla pubblicità. Ma è stata specialmente la diffusione della **televisione** a far assumere al mercato della pubblicità dimensioni prima inimmaginabili.

Oggi lo sviluppo delle nuove tecnologie informatiche e la diffusione della **televisione commerciale** e di **Internet** hanno accresciuto a dismisura le potenzialità della pubblicità, considerata da sempre l'*anima del commercio* poiché, senza di essa, diventerebbe difficile stabilire un contatto tra chi produce, chi vende e chi compra.

La pubblicità presenta degli aspetti positivi: fa conoscere al grande pubblico prodotti sempre nuovi ed in ogni settore merceologico; contribuisce a contenere il prezzo d'acquisto dei prodotti ed a migliorarne la qualità, alimentando la concorrenza tra le aziende produttrici; cambia in meglio alcuni costumi, ad esempio diffondendo nuovi comportamenti o nuove regole igieniche, com'è accaduto in passato, ad esempio per l'uso del dentifricio o dei pannolini per bambini.

Né bisogna dimenticare la cosiddetta ***pubblicità progresso***, che svolge un'importante opera di **informazione dell'opinione pubblica**, promuovendo campagne di prevenzione dell'Aids e di altre malattie, oppure di sensibilizzazione ad alcuni rilevanti problemi sociali, come ad esempio lo sfruttamento del lavoro minorile, gli incidenti sul lavoro o sulla strada, l'evasione fiscale, ecc.

Insomma la pubblicità, quando è fatta con coscienza, può essere uno strumento di progresso e di preziosa comunicazione per le persone e la società nel suo insieme.

Ma nella moderna società industriale e dei consumi di massa la pubblicità svolge soprattutto la funzione di **sollecitare all'acquisto** il grande pubblico dei consumatori. Ne consegue che molto spesso la **pubblicità orienta le scelte dei consumatori**, inducendoli, più spesso di quanto si possa immaginare, a comprare ciò che non è necessario o a preferire un prodotto a un altro simile, senza che la scelta corrisponda ad una reale convenienza di qualità e/o di prezzo.

Specialmente la pubblicità televisiva può risultare particolarmente invadente per la sua capacità di penetrare in ogni casa e la sapiente combinazione di parole, immagini, suoni, in grado di produrre una forza di suggestione e di persuasione davvero notevole.

Il messaggio pubblicitario, fondato talvolta su *slogan* di dubbio gusto e su immagini poco pertinenti, ma ambigue ed ammiccanti, può assumere un ritmo martellante e condizionare il destinatario. Il segreto del messaggio pubblicitario televisivo è infatti nel suo passare e ripassare più volte, fino a lasciare una traccia nel nostro inconscio. È per questa ragione che i pubblicitari sono definiti ***persuasori occulti*** (cioè nascosti) da un'efficace espressione coniata da Vance Packard, uno studioso americano della comunicazione televisiva e pubblicitaria. Essi conducono, servendosi di specialisti come i sociologi e gli psicologici, opportune indagini di mercato per studiare l'orientamento dei consumatori, individuandone bisogni ed esigenze, così da indirizzarli, senza che nemmeno se ne rendano conto, all'acquisto di quei beni che possano soddisfarli.

8 I "persuasori occulti"

In realtà, i *persuasori occulti* non si limitano a registrare bisogni ed esigenze dei consumatori per proporre loro dei prodotti: questa era la pubblicità di una volta. Essi oggi **condizionano il consumatore** fino a fargli *avvertire dei bisogni*, che in effetti non sono tali (*bisogni indotti*), così da spingerlo a soddisfarli nella presunzione di realizzare la sua personalità.

Ad esempio, la pubblicità di uno *scooter* fa leva sul desiderio di libertà dei ragazzi e lo alimenta, così da far pensare, a coloro che vedono lo *spot* pubblicitario, che potranno realizzare il loro desiderio di libertà possedendo lo *scooter*. Analogamente, la pubblicità di una costosa e prestigiosa automobile viene abbinata spesso all'immagine di una bella donna, proprio per solleticare, nel possibile acquirente, il desiderio di avere successo con le donne facendogli credere che ciò sarebbe più facile se possedesse una bella e scattante autovettura. Invece, nella pubblicità di detersivi, il messaggio, come ognuno può notare guardando gli *spot* televisivi, ricorre all'immagine di pratiche e svelte casalinghe e non certo di donne affascinanti.

La pubblicità spinge insomma al **consumismo**, cioè alla tendenza ad un uso intenso di beni e servizi, alcuni dei quali artificiosamente vengono fatti diventare simboli di privilegio o di eccellenza, così da farli desiderare per l'abbinamento a idee di prestigio sociale.

I *mass media*, agendo come un **sistema integrato** (cioè combinandosi tra di loro) in grado di raggiungere per vie diverse qualsiasi individuo nella società, possono diventare un efficace strumento di **controllo sociale**, di manipolazione delle coscienze e di propaganda delle idee di chi detiene il potere. Pensiamo, ad esempio, all'efficacia della propaganda ideologica e politica messa in atto dal regime nazista in Germania negli anni Trenta, sotto l'abile regia del Ministro della propaganda Goebbels che, servendosi in modo "scientifico" della radio, del cinema e della stampa, riuscì a procurare alla dittatura hitleriana un consenso di massa.

Ma se i mezzi di comunicazione di massa sono massicciamente utilizzati a fini politici dai regimi totalitari, non mancano, soprattutto la televisione, di svolgere un ruolo determinante anche nelle società democratiche, orientando l'opinione pubblica non solo su temi di rilevanza politica, ma anche nel costume, nei comportamenti privati e sociali, nei consumi.

Tutto questo trova riscontro nell'attuale **invadenza della *pubblicità*** che, attraverso i *mass media*, entra prepotentemente nelle nostre case, ci "bombarda" quotidianamente suggerendoci che cosa mangiare, che cosa indossare, quale telefono cellulare o *smartphone* usare, quale automobile guidare, con quali prodotti curare il nostro corpo, come dovrebbe essere la nostra immagine esteriore, ecc. Certo, si tratta pur sempre di "consigli", poiché ognuno è libero di acquistare ciò che vuole, ma passa oggi, passa domani, lo *spot* pubblicitario s'insinua nella mente dei consumatori fino ad indurli a comprare tutti lo stesso prodotto.

In questo modo si genera il **conformismo**, cioè la tendenza ad uniformare gusti, abitudini di consumo e mode, considerando indispensabile anche ciò che non lo è per adeguarsi a quello che "vogliono e fanno tutti".

9 La nuova frontiera dei mass media: Internet

Se l'uso del *computer* ha migliorato la nostra vita, offrendoci nuove opportunità in ogni campo, **Internet**, la *Rete delle reti* (da *net*, che in inglese vuol dire "rete"), ha davvero rivoluzionato la nostra esistenza, modificando profondamente il nostro comportamento e le nostre abitudini.

Internet sembra realmente aver trasformato il mondo in un *villaggio globale*, per riprendere la già citata espressione di McLuhan, ma in senso positivo, avvicinando gli uomini di tutto il mondo. Se, infatti, ancora troppe barriere "reali", geografiche, ma anche sociali, economiche e politiche, si ergono tra gli Stati del Pianeta; se le tradizioni, la lingua, la religione, gli usi ed i costumi di alcuni popoli rappresentano ancora un mistero per molti altri; se il pregiudizio e l'intolleranza razziale rendono talvolta difficile la convivenza di più gruppi sociali o etnici in uno stesso Paese; con Internet sembra veramente realizzarsi la mescolanza *multietnica* e *pluriculturale* avviata dai tradizionali *mass media*.

Internet nel mondo
Percentuale nel 2011 di utenti di Internet sulla popolazione locale (le stime sono di circa due miliardi di utenti di Internet nel mondo)

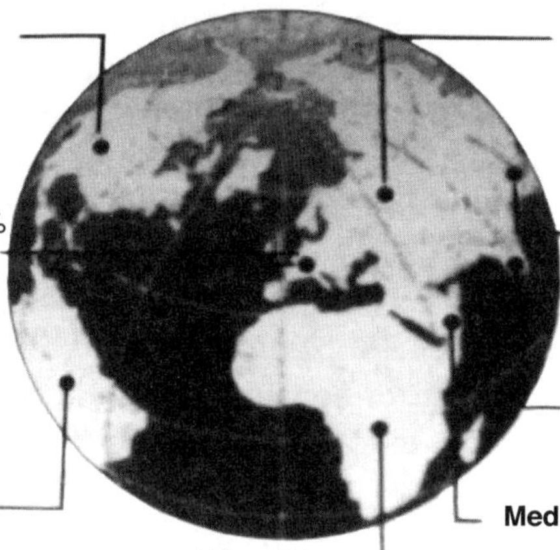

Fonte: stime per il dicembre 2011
dell'International Telecomunication Union (agenzia ONU)

Ma Internet è anche un potente mezzo di comunicazione di massa perché consente la trasmissione di informazioni dall'emittente (colui che immette nella Rete queste informazioni) al pubblico indistinto dei "naviganti" che possono riceverle sui loro *computer*. Non a caso **molti giornali oggi sono riprodotti in Internet** e, analogamente, molte informazioni radiotelevisive vengono immesse nella Rete. Così un'altra frontiera è stata abbattuta: non c'è più bisogno di andare materialmente ad acquistare un giornale in edicola oppure accendere la televisione, ma è possibile sfogliarne le pagine e leggerle, oppure vedere quel che è stato trasmesso dal telegiornale, direttamente sul monitor del nostro *computer*, *tablet* o telefono cellulare. Infatti anche il nostro telefonino può diventare uno strumento d'informazione, grazie **alla connessione di televisione, Internet e telefonia cellulare**.

10 Internet, ovvero la democrazia dell'informazione

Internet, attraverso le sue tante applicazioni, si è rivelato un formidabile strumento di democrazia, di libertà e di uguaglianza. Si può dire che, già da tempo, è un efficace mezzo di **divulgazione culturale** perché consente, a chiunque abbia accesso alla Rete, di conoscere testi ed opere d'arte, di qualsiasi genere, epoca e Paese. Sul monitor di un *computer* collegato ad Internet si può leggere qualsiasi classico della letteratura, come si può "vedere" un determinato capolavoro di Michelangelo o di Raffaello, magari anche "visitando" le stanze del museo in cui quel capolavoro è conservato ed esposto.

Internet è anche un mezzo di **divulgazione scientifica**. Un dubbio su una particolare malattia, una scoperta in qualche branca scientifica che ha suscitato scalpore, un'applicazione tecnologica che ha in-

Internet nel mondo
(percentuale che aveva accesso ad Internet sulla popolazione totale nel 2013)

dove si utilizza di più		dove si utilizza di meno	
Norvegia	94	Sierra Leone	0,3
Olanda	92,3	Timor Est	0,9
Svezia	91	Etiopia	1,1
Lussemburgo	90,9	Guinea	1,3
Danimarca	90	Burundi	1,1
Finlandia	89,4	Madagascar	1,9
Qatar	86,2	Ciad	1,9
Nuova Zelanda	86	Mali	2
Svizzera	85,2	Costa d'Avorio	2,2
Corea del Sud	83,8	Liberia	3

Fonte: Global Information Technology, Rapporto 2013

Questo è il "divario digitale": nei Paesi più ricchi e sviluppati quasi tutte le persone accedono ad Internet anche perché quasi tutti hanno un computer; nei Paesi più poveri soltanto un'esigua minoranza ha la possibilità di accedere ad Internet. In Italia l'ISTAT ha reso noto che la quota di persone con accesso ad Internet nel 2013 era del 60,7%, passata al 64% nel 2014.

novato un determinato settore, un termine del linguaggio finanziario o economico che si vorrebbe comprendere: basta fare la giusta ricerca in Rete e la spiegazione di cui si ha bisogno appare sul monitor.

Insomma, il mondo sembra proprio essere a portata delle nostre dita: un'informazione sulla situazione stradale in tempo reale? Un negozio dove poter trovare un particolare prodotto oppure comprarlo direttamente *online* e farselo consegnare a casa? Un articolo che ci interessa pubblicato su un certo quotidiano? Basta guidare il *mouse* del nostro *computer* o toccare il piccolo schermo del nostro *smartphone* ed in qualche secondo si ha la risposta.

È praticamente infinita la quantità di dati che la Rete mette a disposizione di tutti, ma un'ulteriore conquista, che ha aperto nuovi ed impensabili usi di Internet, confermando più che mai la *democrazia del web*, è quella della ***socialità***, cioè della **condivisione**: dei dati, delle informazioni, delle amicizie, di tutto, e senza che ci sia la gestione dall'alto di qualcuno.

Davvero prodigiose le applicazioni di Internet nell'era dei cosiddetti ***social network***, impensabili fino a qualche anno fa. Oggi possiamo proprio dire che la **democrazia corre sul *web***: non solo perché siamo in grado di avere con un *clic* qualsiasi informazione in qualsiasi ambito, ma anche perché, grazie ai *social network*, possiamo scambiarci e condividere tutte le informazioni che vogliamo e farle noi circolare, scavalcando gli stessi *poteri forti* dell'informazione, come giornali, agenzie di stampa ed emittenti televisive.

Quante volte le notizie sono circolate sul *web* in tempo reale, messe su un *blog* o "scambiate" su **Facebook** o su **Twitter**! Anche le manifestazioni dei giovani contro le guerre sono state spesso organizzate attraverso il passaparola sui *social network*, come pure gli scioperi e le proteste in piazza dei giovani tunisini ed egiziani contro i governi corrotti ed autoritari che opprimevano i loro Paesi, o le iniziative clamorose dei ragazzi "indignati" di vari Paesi europei contro le conseguenze della crisi economica sui giovani.

Possiamo dire davvero che Internet ha dato voce a tutti, abbattendo confini nazionali e barriere etniche, superando divisioni sociali e culturali e colmando distanze geografiche. Ha dato voce anche al dissenso nei Paesi retti da governi autoritari o apertamente dittatoriali i quali, non a caso, quella voce non sono mai riusciti a zittirla, proprio perché il *web*, simile ad un'infinita ragnatela e diversamente da giornali, radio e televisioni, è impossibile da controllare nella sua totalità.

74

75

76

IL PETROLIO è oggi la principale fonte di energia, benché la sua combustione immetta molta anidride carbonica nell'atmosfera. Impianti per l'estrazione del petrolio in Arabia Saudita (75) ed una piattaforma marina per estrarre petrolio dai fondali del Golfo del Messico (74). Barili di petrolio allineati per essere imbarcati su una petroliera: è sempre in tensione il prezzo dell'oro nero (76). Uno dei più gravi disastri ambientali: la fuoriuscita d'ingenti quantità di greggio per la rottura, nell'aprile del 2010, degli impianti di una grande piattaforma *offshore* nel Golfo del Messico (77).

77

78

Lo stoccaggio del mais in Nebraska, Stati Uniti. Fino a qualche anno fa il mais prodotto dal Nebraska veniva usato come mangime per i bovini, oggi è in gran parte trasformato in bioetanolo, un biocarburante.

79

80

ALTRE FONTI DI ENERGIA, NON INQUINANTI, sono possibili: tralicci con pale per trasformare l'energia eolica in energia elettrica (79); pannelli fotovoltaici montati sul tetto di un edificio per trasformare l'energia solare in energia elettrica (80). Un grande impianto fotovoltaico in un'area di campagna (81).

81

Anche dai rifiuti urbani, opportunamente differenziati e trattati, si può ricavare energia: il *termovalorizzatore* di Acerra, in Campania, al centro di molte polemiche per il suo funzionamento non sempre efficiente.

82

83

Anche dal nucleare si può ricavare energia? Sì, ma con gravissimi rischi. La centrale di Chernobyl, in Ucraina, sventrata dall'esplosione di un reattore nucleare nel 1986.

84

RISCHI DA USO DEL NUCLEARE. L'ultimo e più grave incidente occorso ad una centrale termonucleare: il disastro di Fukushima, in Giappone, dell'11 marzo 2011 (84). Il dramma dei sopravvissuti di Fukushima: misurazione della radioattività su un bambino rimasto esposto alla contaminazione da materiali radioattivi fuoriusciti dalla centrale (85).

85

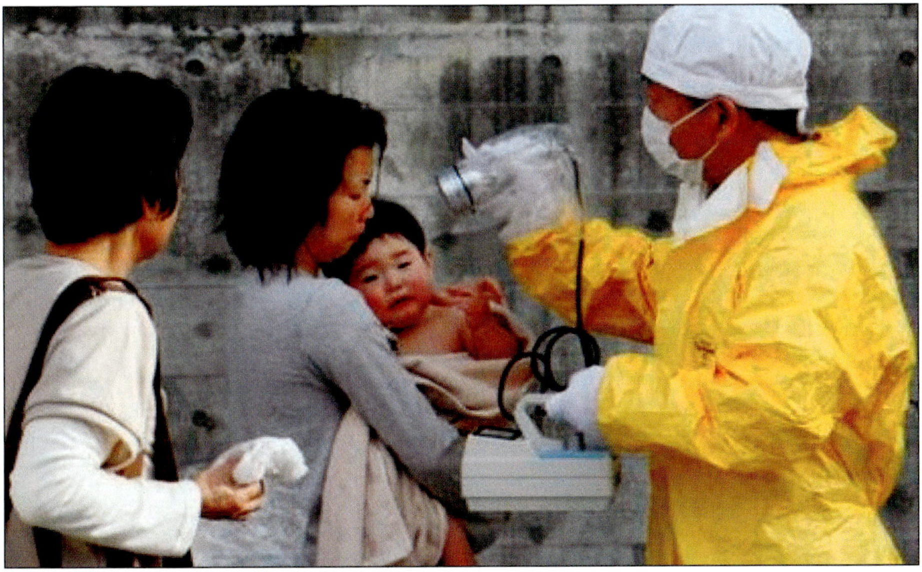

86

Manifestazione di *Greenpeace*, a Roma nel 2011, contro il ricorso all'energia nucleare: dietro lo striscione dei manifestanti, una struttura in legno e cartone riproduce un impianto nucleare con il simbolo della radioattività.

87

EDIZIONE DEL POMERIGGIO

CORRIERE D'INFORMAZIONE

CON UN SOLO PROIETTILE DI 5 CHILOGRAMMI

CARICO DI VITTORIOSI

La bomba atomica ha polverizzato tutti gli esseri viventi, a Iroscima

Oak Ridge:

Radio-Tokio comunica:

C'È A ROMA UN PORTINAIO TAUMATURGO

L'INFORMAZIONE GIORNALISTICA. La notizia terribile della bomba atomica sulla città giapponese di Hiroshima nel 1945 (87); la notizia della storica approvazione, da parte dell'Assemblea Generale dell'ONU il 28 dicembre 2007, della proposta italiana di moratoria internazionale della pena di morte, riportata in prima pagina da uno dei più diffusi quotidiani del nostro Paese: una vittoria che fa onore all'Italia nella difesa dei diritti umani (89).

89

WIND 4 PROFESSIONAL

la Repubblica

Fondatore Eugenio Scalfari

Direttore Ezio Mauro

La moratoria approvata con il voto di 104 paesi. D'Alema: il traguardo è l'abolizione

Onu, uno storico no contro la pena di morte

Intervista al con

"Finita l'e cambierò

CARLO BONINI

Dopo l'amore nel testo Sicurezza arriva il decreto bis

STOP THE EXECUTION

LA VITTORIA ITALIANA

ANTONIO CASSESE

NEL NOME DI PAULA

VITTORIO ZUCCONI

WASHINGTON

Una trasmissione televisiva di successo degli ultimi anni, accusata di essere culturalmente insignificante da chi vorrebbe una televisione di qualità.

88

La televisione è anche informazione: una nota giornalista durante una trasmissione "in diretta", alcuni anni fa, dall'Iraq in guerra.

90

91

Tecnologie di oggi: con la televisione digitale si potrebbero vedere contemporaneamente migliaia di canali!

92

LA MUSICA, linguaggio universale dei giovani. Un "concerto" improvvisato da alcuni giovani in una strada del Centro Direzionale di Napoli.

93

I GIOVANI PER LA PACE. Giovani ad Assisi partecipano ad una "marcia per la pace" sventolando le bandiere con i colori dell'arcobaleno.

94

95

MALALA YOUSAFZAI, premio Nobel per la pace 2014, durante il suo storico intervento dalla tribuna dell'ONU il 12 luglio 2013 a sostegno del diritto di tutti i ragazzi e di tutte le ragazze all'istruzione.

96

97

LE PROTESTE DEI GIOVANI INDIGNATI: una manifestazione di *indignados* in Spagna, dove è nato il movimento contro il precariato, per il diritto allo studio e ad un lavoro dignitoso (96). Clamorose manifestazioni di giovani in Italia: una lezione universitaria in piazza (97); uno striscione appeso alla Torre di Pisa (98); giovani che hanno occupato una scalinata in una piazza per incontrare i passanti e far conoscere i motivi della loro lotta (99).

98

99

100

UN'INSIDIA PER I GIOVANI: LA DROGA. Alcuni manifesti della Pubblicità Progresso contro la droga (100 e 101).

101

102

"Insieme possiamo aiutarci": un manifesto contro il bullismo.

103

"Non c'è futuro per i giovani senza la scuola": un altro manifesto della Pubblicità Progresso.

104

L'impegno dei giovani per la difesa della scuola e dell'università pubblica, fattori di progresso sociale e culturale della società italiana.

105

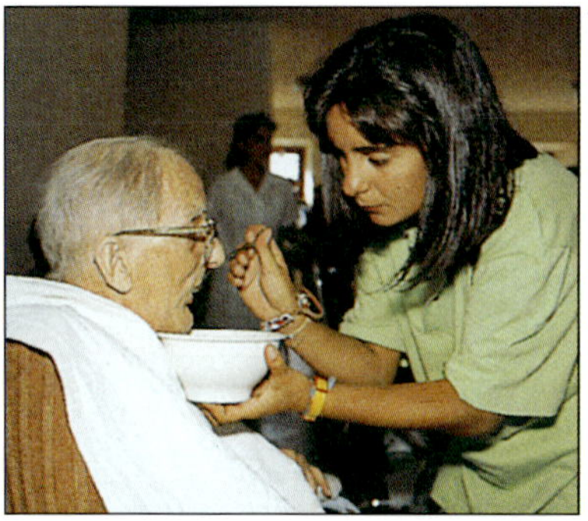

106

107

L'IMPEGNO DEI GIOVANI PER UN MONDO MIGLIORE: una ragazza presta la sua opera di volontariato in un centro di assistenza agli anziani (105); alcuni giovani lavorano come volontari al recupero del vecchio arsenale di Torino da adibire a centro di iniziative sociali (107).

108

L'IMPEGNO DEI GIOVANI CONTRO LE MAFIE: manifestazioni studentesche in Calabria (106 e 108) ed a Bologna (109).

109

Focus

I programmi culto della televisione

Ogni epoca della televisione ha avuto i suoi *programmi-culto*, cioè di straordinario successo al punto da assurgere a modelli, ad esempi.

Nel 1955, agli albori della televisione italiana, uno dei primi programmi di successo trasmessi dalla Rai, in bianco e nero e sull'unico canale allora esistente, fu *Lascia o raddoppia*?, un quiz a premi condotto da Mike Bongiorno, che divenne un vero e proprio fenomeno di costume, facendo svuotare il giovedì sera, all'ora d'inizio della trasmissione, strade e sale cinematografiche: tutti si affrettavano a ritornare a casa, propria o di qualche parente o amico che aveva il televisore, oppure affollavano i bar dotati di tv. Seguirono negli anni altre trasmissioni di successo, come *Il Musichiere* e *Studio Uno*, spettacoli di varietà musicale del sabato sera.

Oggi il grande pubblico televisivo sembra attratto dalle ***fiction*** (in inglese, "invenzione", sceneggiati televisivi a puntate o ad episodi) e dalle ***soap opere*** (*opere saponetta*, perché negli Stati Uniti furono le aziende produttrici di detersivi a sponsorizzarle per prime), alcune delle quali si snodano in centinaia o addirittura migliaia di puntate, nonché da trasmissioni come *Il grande fratello* e *L'isola dei famosi*, che consistono nell'osservare i comportamenti "spontanei" di persone inserite in una determinata situazione. Le telecamere riprendono ogni momento di questi personaggi che hanno accettato di vivere, per un certo tempo, chiusi tutti insieme in un grande appartamento, nel primo caso, o lasciati come naufraghi su un'isola tropicale, nel secondo. Vengono chiamati ***reality show*** questi programmi televisivi, ma sono davvero realistici? Niente affatto, perché nella realtà non capita a nessuno di dover condividere con altri un soggiorno di alcuni mesi in una casa o su un'isola sperduta; inoltre, sapere di essere osservati da telecamere induce a "recitare", anche per fare colpo sui telespettatori e sugli organizzatori del programma.

Si tratta di programmi che, provocando un effetto a catena di imitazioni, hanno abbassato il livello delle trasmissioni in genere e alla fine non lasciano nel telespettatore alcuna traccia. Qualcuno le ha definite "trasmissioni sul nulla" che, come nel caso del *Grande fratello*, hanno anche prodotto dei personaggi dall'effimera popolarità, incapaci di rivelare una qualche bravura, in quanto non in grado di cantare, danzare, recitare o intrattenere il pubblico: personaggi che consumano la loro breve stagione di celebrità in apparizioni da ospiti in altre trasmissioni televisive.

Le parole per capire

Duopolio televisivo: espressione per indicare il ruolo predominante nelle trasmissioni televisive che in Italia esercitano due soli gestori: la RAI, titolare del servizio pubblico, e Mediaset, il più importante gestore di televisione commerciale.

Internet: da International Network, rete di comunicazione internazionale costituita dall'interconnessione dei computer su scala planetaria.

Online: espressione inglese che significa "in linea". Indica la possibilità di avere un'informazione o un servizio via Internet.

Opinione pubblica: orientamento della maggioranza della popolazione sugli argomenti più importanti.

Social network: o rete sociale, è una comunità virtuale, resa possibile dallo sviluppo di Internet, nella quale scambiare idee e condividere passioni ed amicizie. I più importanti sono **Facebook** e **Twitter**.

Spot: breve comunicato pubblicitario televisivo o radiofonico.

TV generalista: rete televisiva non specializzata in un genere particolare di programmi, ma che, trasmettendo programmi sia informativi sia d'intrattenimento, si rivolge ad un pubblico indifferenziato. Sono tali, ad esempio, le reti televisive della RAI, di Mediaset e La7.

PROPOSTE DI LAVORO

Per la comprensione

1. *Rispondi alle seguenti domande:*

- Perché i *mass media* esercitano un'influenza decisiva nella moderna società industriale e di massa? ....

....

- Quali sono i principali mezzi di comunicazione di massa? Rispondi inserendoli nel giusto ordine di successione storica. ....

....

- Che cos'è l'opinione pubblica e qual è la sua importanza? ....

....

- Che cos'è il *villaggio globale* creato dai moderni *mass media* e chi per primo ha usato quest'espressione? ....

....

- Quali sono i principali effetti positivi prodotti dalla grande informazione di massa? ....
- Quali sono invece i principali effetti negativi? ....

....

- Qual è il "duopolio" televisivo che, a detta di molti opinionisti, si è instaurato in Italia e quali sono le sue conseguenze negative? ....

....

- Che cos'è la *pubblicità progresso*? ....

....

- Chi sono i *persuasori occulti* e chi propose questa espressione? ....

....

- Quali sono i grandi vantaggi di Internet nell'informazione? ....

....

2. *Esegui una ricerca sui quotidiani italiani e completa lo schema sottostante indicando le sedi dei giornali riportati e la loro tipologia.*

Quotidiani	Sede	Tipologia
Corriere della Sera	*Milano*	....
Il Messaggero	....	*giornale d'informazione*
Corriere dello Sport	....	*giornale sportivo*
Milano Finanza	....	*giornale economico-finanziario*
La Nazione	....	....
Il Mattino	....	....
L'Ora	....	....
La gazzetta dello sport	....	....

Per la riflessione e la produzione scritta

1. *Il villaggio globale: come i mass media ed Internet avvicinano gli uomini ed i popoli.*
2. *Nella tua scuola si pubblica un giornalino? Se sì, qual è la sua denominazione o testata? Qual è la sua periodicità e da chi è formata la redazione?*
3. *Immagina di scrivere, per il giornalino scolastico, un articolo per richiamare l'attenzione su un problema della tua scuola.*
4. *Quali sono i tuoi programmi televisivi preferiti? Esponi le tue considerazioni su un programma d'intrattenimento e su un programma di divulgazione culturale, entrambi a tua scelta. Conduci un confronto tra le due trasmissioni televisive, cogliendovi eventuali pregi e difetti.*
5. *Descrivi alcuni spot di pubblicità progresso che abbiano colpito la tua attenzione e spiega qual è la loro finalità.*
6. *Perché, secondo te, le grandi reti televisive italiane difficilmente trasmettono programmi culturalmente impegnativi nelle ore di maggiore ascolto?*
7. *Internet, a tuo avviso, rende davvero più libero l'uomo del ventunesimo secolo o, più semplicemente, rende la sua vita solo più confortevole, proprio come hanno fatto, nel recente passato, tanti elettrodomestici?*

1 I giovani sono il futuro della società

Viviamo in una società in cui i cambiamenti sono sempre più veloci e la qualità della vita migliora sensibilmente grazie al progresso scientifico e tecnologico.

I protagonisti del cambiamento sono soprattutto i giovani, perché è nella loro stessa natura guardare in avanti, al futuro, e dare alla società l'apporto decisivo al mutamento, in direzione di un **mondo migliore**, nel quale ci siano la pace, la giustizia sociale, la libertà, la tutela dei diritti umani, il rispetto per la natura.

I giovani sono per natura generosi: quanto entusiasmo, quanta passione mettono in ciò che fanno! **Il futuro appartiene a loro**. Eppure la società in cui viviamo sembra far poco per offrire loro un futuro sereno e pieno di soddisfazioni. Le scuole e le università che frequentano talvolta sono in difficoltà, poi la ricerca di un lavoro sicuro e soddisfacente può durare anche molti anni, passando talvolta attraverso troppi lavori precari e saltuari. E le cose sembrano purtroppo peggiorare di anno in anno. Si parla di una **crisi economica** che sta durando da troppo tempo e che ha reso più difficili le condizioni di vita e di lavoro di tutti, e non solo in Italia.

Oggi, forse per la prima volta, i giovani guardano con perplessità e preoccupazione al loro avvenire, temendo che la loro condizione possa essere peggiore di quella dei loro padri. Questo è grave, perché significa che sta venendo meno l'aspettativa di un miglioramento, di un progresso sociale, civile, economico e culturale.

A scoraggiare i giovani è soprattutto la **difficoltà di trovare un lavoro** gratificante e sicuro dopo gli studi. Del resto, da recenti statistiche si evince che il nostro Paese fa registrare un tasso di disoccupazione tra i più alti d'Europa, ben al di sopra del 40% per i giovani di età compresa fra i diciotto ed i ventinove anni, mentre la media dell'Unione Europea oscilla intorno al 20%. Un altro dato inquietante per il nostro Paese è che **un giovane italiano su quattro oggi non studia né lavora**, mentre altri lavorano in condizioni di precarietà, cioè senza la certezza di un lavoro sicuro e duraturo e con una retribuzione dignitosa.

Il ***precariato*** non permette ai giovani di guardare con fiducia e serenità al futuro, di porre le basi per la costruzione di un nucleo famigliare: è una condizione che offende la loro dignità e li espone ad un intollerabile sfruttamento, ad esempio a lavorare "a nero", cioè senza un contratto di lavoro, oppure saltuariemente e per un periodo troppo breve, a volte anche soltanto per qualche settimana.

La sfiducia dei giovani nasce, inoltre, dalla constatazione che talvolta la scuola e l'università non forniscono loro conoscenze e competenze adeguate per inserirsi nella società e nel mercato del lavoro. Infatti tanti giovani che studiano e conseguono un diploma o una laurea incontrano poi difficoltà a trovare e mantenere un lavoro e raramente vengono retribuiti in modo soddisfacente. Infine, a suscitare la loro indignazione, ci sono pure la costante aggressione alla natura, i conflitti che ancora si combattono in alcune aree del mondo, il divario che non accenna a diminuire tra ricchezza e povertà.

Tuttavia, proprio dalla consapevolezza di questi problemi, nasce **l'impegno generoso dei giovani per una società più giusta**, senza guerre, criminalità, inquinamento ambientale, ed in cui le diversità tra gli uomini siano considerate una fonte di arricchimento culturale anziché un motivo di emarginazione e di discriminazione.

Un impegno che si concretizza in attività di **volontariato** per aiutare chi ha più bisogno, ma anche nella partecipazione alle **manifestazioni di protesta**, sempre più numerose in tempo di crisi economica.

> *Every generation gets a chance to change the world.*

"Ad ogni generazione è data la possibilità di cambiare il mondo", da una **canzone degli U2**, una delle più famose *band* di musica *rock*.

La disoccupazione giovanile
in alcuni Paesi dell'Unione Europea nel 2014
(giovani tra i 18 e i 29 anni che non lavorano)

Grecia	57%	Francia	25%
Spagna	53%	Gran Bretagna	12%
Croazia	49%	Austria	9%
Italia	**43%**	Germania	8%

Fonte: statistiche dell'Unione Europea, 2014

Giovani in Italia tra i 15 e i 29 anni che non studiano e non lavorano

2008	2 milioni	pari al 21%
2011	2,2 milioni	pari al 23%
2012	2,25 milioni	pari al 23,9%
2013	2,43 minioni	pari al 26%

La prima tabella evidenzia come la crisi economica colpisca in modo particolare i giovani; la seconda rivela come il numero dei giovani "inattivi" nel nostro Paese sia costantemente aumentato negli ultimi anni, per la difficoltà di trovare lavoro e per l'aumento del costo degli studi universitari.

Fonte: dati annuali ISTAT

2 L'amicizia, un valore fondamentale per i giovani

Per l'antico filosofo greco Epicuro l'amicizia era "il più bello dei piaceri spirituali, perché consiste nel godere del tempo che si sta con gli altri in modo disinteressato". I giovani sembrano cogliere il significato autentico di questo messaggio, in quanto per loro l'**amicizia** è un *modo di essere naturale*, una manifestazione del bisogno di stare insieme.

L'amicizia è qualcosa che non viene scalfito dalle epoche che passano, dalle mode e dalle idee che cambiano, basata sul reciproco affetto, sulla fiducia, sulla sincerità: non soltanto è una ricchezza per l'individuo, perché riempie la sua vita, ma rappresenta anche un **valore sociale**, contro l'isolamento e l'indifferenza che nascono dall'individualismo, dall'egoismo, dalla ricerca del guadagno a tutti i costi.

Si dice che l'amico vero si vede nel momento del bisogno, ma certamente non ci si può limitare ad un "dare per ottenere". Non è un amico, infatti, colui che vuole sfruttare il prossimo, che cerca d'ingraziarsi una persona per poi servirsene a proprio vantaggio: quanti ragazzi fingono di diventare amici di un compagno di scuola solo per farsi passare i compiti in classe o per essere aiutati nei compiti a casa! E quante persone simulano di essere amici di un dirigente di azienda o di un superiore gerarchico allo scopo di fare carriera nel lavoro! Sono amici, questi, o piuttosto persone che calcolano abilmente il proprio tornaconto?

Oggi l'amicizia tra i giovani è aiutata non poco dai cosiddetti ***social network***, soprattutto **Facebook**, che **Internet** mette a disposizione di chi è già amico da tempo o di recente, ma anche di chi è in cerca di nuove amicizie. Tuttavia queste nuove *relazioni virtuali* non devono sostituirsi a quelle **reali**, in cui ci si può guardare negli occhi, da vicino e non attraverso una piccola telecamera posta sul *monitor* del computer, ci si può stringere la mano e ci si può scambiare un segno di affetto.

3 Valori morali, emozioni, sentimenti

Per inserirsi nella società non solo occorrono conoscenze e competenze, indispensabili per intraprendere una professione, ma è pure necessario avere coscienza di diritti e doveri per essere dei buoni cittadini, nonché ispirarsi a **valori morali** quali l'onestà, l'operosità, la solidarietà, senza i quali la convivenza civile è praticamente impossibile.

In particolare, i valori danno un senso all'umano esistere ed esortano ogni individuo a seguire un personale modello di comportamento, che è il risultato dell'educazione ricevuta, della formazione culturale, delle esperienze vissute, della maniera di considerare il mondo e gli altri.

Ogni persona ha infatti bisogno di ideali a cui ispirarsi e che la aiutino a porsi degli obiettivi da conseguire, sulla strada di un perfezionamento che si deve realizzare nel **lavoro**, come pure nello **studio**. Non dimentichiamo che entrambi hanno finalità sociali, in quanto con l'acquisizione di nuove conoscenze e con l'inserimento nel mondo del lavoro ogni giovane contribuisce al progresso della società.

Ma la vita non è fatta soltanto di razionalità: anche le **emozioni** e i **sentimenti** sono importanti, perché costituiscono il "sale" dell'esistenza umana.

All'origine di un'emozione non c'è mai nulla di consapevole, preordinato, premeditato: tutto avviene spontaneamente, naturalmente, proprio perché le emozioni scaturiscono dai sentimenti. Se si nutrono dei sentimenti, allora si possono provare delle emozioni. Tuttavia nessuno è capace di prevedere o programmare quando e se emozionarsi, anche se ognuno dovrebbe imparare a controllare la propria emotività. Ci si può emozionare per tante cose: incontrando una persona cara che non si vede da tempo, davanti ad uno spettacolo della natura o contemplando un'opera d'arte, ascoltando una musica particolare o in presenza di un personaggio famoso, perfino per un *goal* della propria squadra del cuore.

Non esistono, però, soltanto **emozioni "piacevoli"**, in quanto appartengono alla medesima sfera non razionale della condizione umana anche il timore, la paura, la collera, cioè delle **emozioni "negative"** che si possono esprimere mediante l'aggressività, l'odio, l'invidia, l'egoismo, che ovviamente bisogna imparare a controllare ed eventualmente a rimuovere.

Un'esistenza priva di valori, ideali, emozioni e sentimenti risulterebbe inevitabilmente arida e farebbe precipitare l'individuo nell'indifferenza, facendolo sentire un essere inutile, per sé e per gli altri.

4 La musica, il linguaggio universale dei giovani

Sappiamo tutti quanto oggi la **musica sia importante per i giovani** di ogni Paese, uniti idealmente dal linguaggio di quest'arte che davvero non ha confini. La prova è offerta dal successo che riscuotono alcuni brani musicali in tutto il mondo, nonché i concerti in pubblico di alcuni cantanti o gruppi musicali che sono apprezzati in Italia come in Inghilterra, in Giappone come negli Stati Uniti.

Curiosità

I concerti rock

I concerti rock sono un'occasione per ascoltare musica, ma anche per ritrovarsi in tanti, condividendo emozioni e sentimenti, oltre che valori ed ideali. Così fu per chi negli anni Sessanta del secolo scorso univa la musica alla contestazione, alla ribellione contro i mali ed i pregiudizi della società del tempo: un movimento soprattutto giovanile che trovò una delle sue più grandi espressioni nel concerto, diventato storico, di **Woodstock**, negli Stati Uniti, del 1969.

Oggi alcuni concerti offrono anche l'opportunità di lanciare un messaggio di pace o di aiuto ai Paesi poveri, o anche di speranza nella lotta ad alcune malattie come l'Aids. Ricordiamo, ad esempio, gli otto grandi concerti **Live Earth**, con la partecipazione di numerose *rock star* di fama mondiale, tenutisi contemporaneamente il 7 luglio 2007 in altrettante città di cinque continenti (New York, Sydney, Tokyo, Shanghai, Johannesburg, Rio de Janeiro, Londra, Amburgo), per invocare una svolta radicale nella difesa dell'ambiente e salvare la Terra.

Il linguaggio della musica è universale e consente a tanti giovani di sentirsi liberi, di vincere la solitudine e il disagio condividendo emozioni e passioni. Basta infatti assistere ad un concerto di **musica rock** per rimanere colpiti dall'attiva partecipazione di migliaia di giovani che, in piedi e ammassati l'uno vicino all'altro, cantano, saltano, battono le mani, agitano le braccia: in pratica uno spettacolo nello spettacolo, ma anche un miscuglio di emozioni e di sensazioni da cui si sprigiona un grande desiderio di libertà e di stare tutti insieme, sullo sfondo di una musica a volte melodica a volte ritmica e perfino ossessiva.

In quante occasioni i concerti hanno consentito a migliaia di giovani di **unire musica ed impegno per un mondo migliore**! Si pensi ai concerti per l'Africa, contro la fame nel mondo, per l'ambiente, o anche a quelli che concludono manifestazioni per la pace, per una scuola migliore o in occasione della festa del lavoro del 1° maggio.

Ma attenzione a non lasciarsi condizionare dall'*industria dello spettacolo* che, grazie anche alle televisioni e agli altri *mass media*, tende a sfruttare commercialmente ogni passione dei giovani trasformandola in moda: perfino la rabbia e la trasgressione cantate da alcune *band* e *rockstar*. Pur apprezzando i successi del momento, bisogna sempre sentirsi liberi di seguire le proprie passioni musicali.

5 I giovani ed il tempo libero

Il **tempo libero** è quella parte della giornata in cui la persona, libera da impegni di lavoro, può dedicarsi a se stessa ed alla propria famiglia, agli amici, al passatempo preferito, al riposo, allo svago. In genere, nella società industriale e dei consumi di massa, il tempo libero è sempre più compresso ed a tutti sembra di non averne abbastanza. Invece, nei limiti del possibile, ognuno dovrebbe cercare di riservare più tempo per sé, poiché chi ha tempo e modo di dedicarsi a se stesso, "si ricarica" fisicamente e psicologicamente ed affronta con rinnovata energia gli impegni quotidiani, anche di studio e/o di lavoro.

Ma come trascorrono i giovani, i ragazzi, il tempo libero? Purtroppo non di rado lo sprecano guardando qualche banale programma televisivo d'intrattenimento o standosene per ore davanti alla *playstation* o davanti al *monitor* del computer o dello *smartphone*, magari *andando su Facebook*, come si dice, ma senza tanta convinzione, così, giusto per lasciar trascorrere, in un modo o nell'altro, qualche ora. Ed invece sarebbe il caso d'impiegare il tempo libero in una maniera un po' più intelligente, magari approfondendo la propria cultura attraverso la lettura, il cinema, il teatro; facendo dello sport; coltivando qualche interessante *hobby*; incontrando gli amici e magari facendo con loro anche delle gite.

Il tempo libero deve essere, sì, piacevole, ma soprattutto deve produrre una gratificazione personale consentendo di ritrovarsi in situazioni libere e spensierate, fatte però di frequentazioni interessanti e della fruizione di spettacoli non banali.

Il modo migliore di trascorrere il nostro tempo libero è, pertanto, quello di ritemprarci veramente, dedicandoci a ciò che più ci sta a cuore, ma in piena autonomia, **senza lasciarci sedurre dal consumismo**, poiché, anche nel nostro tempo libero, rischiamo di non accorgerci di quanto possiamo essere condizionati dalla pubblicità, dalla televisione, dalle mode.

Insomma, il tempo libero non deve essere un **“tempo perso”**, gettato via, senza alcun miglioramento di sé: quello al quale si riferiva il grande poeta rinascimentale Ludovico Ariosto che, nell’*Orlando Furioso*, nel noto episodio del viaggio di Astolfo sulla Luna, indicava, tra le tante “cose perdute” sulla Terra che si trovavano sulla Luna, anche “l’ozio lungo degli uomini ignoranti”.

6 Il dono di sé agli altri: il volontariato

Le statistiche dicono che nel nostro Paese il “popolo” del volontariato sta crescendo progressivamente: **milioni di persone**, di ogni età e ceto sociale, svolgono opera di volontariato, presso un’associazione o per conto proprio.

Ma che cos’è il **volontariato**? È fare dono di sé, di parte del proprio tempo libero, a chi ha bisogno: poveri, migranti in difficoltà, portatori di handicap, anziani soli, ragazzi di strada, tossicodipendenti. Sono persone che, pur nella sfortuna e nel disagio della loro condizione, non

Curiosità

Le organizzazioni di volontariato

Tra i numerosi enti che operano nel campo del volontariato, offrendo sostegno a quanti vengono emarginati dalla società, ricordiamo la **Charitas**, la più importante delle organizzazioni religiose, la **Comunità di Sant’Egidio**, la **Croce Rossa**, ed alcune associazioni laiche specializzate in interventi medici a favore delle popolazioni povere del Sud del mondo, tra cui **Emergency** e **Medici senza frontiere**. Degne di essere menzionate sono anche **Green Peace**, che si occupa della salvaguardia dell’ambiente, ed **Amnesty International**, che si batte per la tutela dei diritti umani e contro la pena di morte (vedi pag. 20).

saranno mai sole finché ci saranno coloro che, **senza percepire un guadagno**, sono pronti a confortarle, a sostenerle, ad accudirle.

A prestare quest'opera di volontariato ci sono **tanti giovani** i quali, dopo aver assolto agli impegni di studio e/o di lavoro, preferiscono sottrarre un po' di tempo a se stessi, ai loro svaghi, per donarlo ai bisognosi o per rendersi utili in qualche modo alla comunità in cui vivono, ad esempio dando una mano nelle parrocchie, servendo nelle mense per i poveri, organizzando dei doposcuola per i bambini in difficoltà, facendo compagnia agli anziani soli, ripulendo i giardini pubblici quando ce n'è bisogno, talvolta anche collaborando con la Protezione Civile nel soccorrere le popolazioni colpite da una calamità naturale.

Il volontariato, pertanto, rappresenta l'altra faccia del nostro Paese, quella "pulita", solidale, altruistica, indifferente al mito del denaro.

7 Il "bullismo" e la violenza giovanile

Il *bullismo* è un termine derivato dall'inglese *bully*, che indica un individuo che si serve della maggiore forza o potere per intimorire un'altra persona. È diventato di uso comune nella lingua italiana per definire il comportamento antisociale di quei ragazzi che a scuola si mostrano prepotenti e spavaldi nei confronti dei compagni di classe più deboli ed indifesi. Questi ultimi diventano oggetto di **violenze fisiche**, come aggressioni ed intimidazioni, o **verbali**, come insulti ed affermazioni di disprezzo, anche per indurli a consegnare oggetti o denaro, e comunque di una continua **violenza psicologica**, in quanto sono costretti ad una condizione di soggezione, di umiliazione, di disagio, sovente emarginati dal gruppo o dalla classe.

Il bullo è un vigliacco che agisce con la complicità del gruppo, protetto da questo con il silenzio e l'omertà, e si fa forte delle debolezze altrui, ad esempio infierendo sul ragazzo più timido o che se ne sta in disparte. Purtroppo talvolta le cronache giornalistiche hanno informato anche di casi di bullismo su compagni di scuola diversamente abili, nei quali il bullo di turno, invece di vergognarsi, si era mostrato orgoglioso delle sue "bravate", riprese con la videocamera del telefono cellulare.

Il *bullismo* è soltanto una delle tante forme che può assumere il comportamento giovanile non rispettoso delle regole o addirittura violento, oggi purtroppo diffuso nella nostra società. Pensiamo, ad esempio, al teppismo dei tifosi violenti negli stadi; al vandalismo d'imbrattare con scritte e disegni o di danneggiare gli edifici storici e i monumenti; all'irresponsabilità di guidare il motorino senza casco o comunque pericolosamente non rispettando norme e limiti di velocità previsti dal Codice della strada.

Quali sono le cause del *bullismo* e in genere della violenza giovanile? Innanzi tutto, l'imitazione delle condotte devianti dei genitori o di coetanei ed amici più grandi, ma anche l'osservanza di quella subcultura dell'illegalità che regna nelle aree dove è presente la malavita organizzata. Ma purtroppo anche i *mass media*, e non di rado, inducono alla prepotenza ed all'arroganza, veicolando immagini di violenza delle quali si potrebbe benissimo fare a meno.

Per stroncare il *bullismo* e prevenire l'aggressività e la violenza, è necessaria l'**educazione alla legalità**, attraverso la condivisione dei valori dell'altruismo, della cooperazione, del rispetto degli altri e convincendosi che un sistema di regole da osservare è a fondamento di ogni convivenza civile.

8 La droga, una piaga sempre aperta

La droga resta uno dei più preoccupanti allarmi sociali, nonostante gli sforzi profusi dallo Stato e dalle comunità di recupero, e il suo consumo aumenta soprattutto tra i giovani.

Anzi, il fenomeno droga è diventato oggi ancora più insidioso perché alle sostanze più conosciute, come l'*hashish*, la *marijuana*, la *cocaina* e l'*eroina*, si aggiungono ***nuove droghe***, in particolare l'*ecstasy* e le innumerevoli *pasticche* da sintesi chimica. Queste sostanze, prodotte in laboratorio, agiscono sull'umore, sul sonno e sull'appetito, producendo un'iniziale euforia, seguita però, dopo qualche ora, da apatia, spossatezza, irritabilità. In casi estremi, il comportamento può diventare violento e si può arrivare all'isolamento, alla paranoia, alla depressione. Diffuso è purtroppo anche l'*acido lisergico*, meglio noto come *LSD*: è un allucinogeno che altera le percezioni sensoriali, facendo vedere cose che non ci sono, e rallenta i riflessi.

Così, in modo graduale, questo "elemento" estraneo che è la droga, qualsiasi droga, s'insinua nell'organismo, se ne impadronisce, ne altera le funzioni psicofisiche, ne indebolisce le membra e **lo conduce progressivamente alla distruzione**.

Tutte le droghe, vecchie e nuove, sono sostanze pericolose per l'organismo, perché arrecano danni anche gravi al sistema nervoso, al cervello in particolare, distruggendo i neuroni, e perché provocano turbe psichiche, delirio, convulsioni, rischio di collasso e altri effetti collaterali su vari organi, che variano a seconda della droga (ad esempio, "fiutare" cocaina distrugge a poco a poco le mucose nasali).

Né inganni la distinzione delle droghe in *leggere* e *pesanti*: anche le prime, come provato da ripetuti studi scientifici, producono vari danni all'organismo ed all'equilibrio psichico. Inoltre gli spacciatori più cinici le usano abitualmente per iniziare al consumo di altre droghe i giovanissimi: questi sono prima indotti a fumare qualche *spinello*, poi vengono convinti a provare qualcosa di *più forte*, magari anche gratis, così si ritrovano, quasi senza accorgersene, nel tunnel della tossicodipendenza più pesante.

A rendere più pericolosa e subdola l'azione delle droghe è anche l'**assuefazione** a cui è indotto chi ne fa uso, il quale poi, pur desiderandolo, ha difficoltà a liberarsene. Infatti l'organismo assuefatto al consumo periodico di una determinata droga non ne può più fare a meno e soffre maledettamente, se non assume la dose quotidiana alla quale è abituato, per la cosiddetta ***crisi di astinenza***.

Chi si droga diventa, pertanto, un *tossicodipendente*, entrando in un circolo vizioso terribile, in un "tunnel" che sembra senza uscita: maggiore è la quantità di droga che l'organismo assume, più rapida è la sua assuefazione a tali sostanze e maggiore diventa la richiesta di ulteriori dosi.

La droga è una piaga che va estirpata dal tessuto sociale, non solo per i danni che arreca all'organismo umano, ma anche per le attività collaterali ad essa legate: i guadagni illeciti ricavati dalle **organizzazioni criminali** con il traffico delle sostanze stupefacenti e la *microdelinquenza* di alcuni tossicodipendenti, non di rado costretti a rubare o a prostituirsi per procurarsi il denaro necessario all'acquisto della "dose" giornaliera.

La lotta alla droga si vince unendo la **repressione**, cioè sconfiggendo la malavita organizzata che ne gestisce il mercato, all'opera di

prevenzione che deve essere svolta dalle famiglie, dalla scuola, dai *mass media*. Qualsiasi intervento, tuttavia, non può prescindere dal considerare **il tossicodipendente innanzi tutto un ammalato** che ha bisogno di aiuto, di assistenza e di solidarietà. Se non si può certo giustificare la sua condotta di vita per le conseguenze che comporta, bisogna tuttavia sforzarsi di comprendere le cause della sua "schiavitù", invece di spingerlo ai margini della società. Chi si lascia trascinare nel "tunnel" della droga, lo fa non di rado per supplire a carenze affettive, per riempire un vuoto interiore o anche una vita che sembra inutile, insoddisfacente, per reagire ad un'emarginazione sociale, ed è convinto di poter uscire da quel "tunnel" quando vuole. **Un'illusione fatale che si trasforma ben presto in un incubo**: il "buco" nel suo animo si allarga sempre di più, diventa una falla ed infine il malcapitato si ritrova dentro la spirale infernale della tossicodipendenza.

Quella dell'**aiuto al tossicodipendente** è anche la strategia seguita dalla maggior parte delle **comunità di recupero**, all'interno delle quali il tossicodipendente viene gradualmente disintossicato, aiutato a ritrovare se stesso e ad avere nuovamente fiducia nelle proprie possibilità.

9 L'alcool ed il tabacco: altre pericolose insidie

Non ci sono soltanto le sostanze stupefacenti ad insidiare i giovani, ma anche l'**alcool** e il **tabacco**, la diffusione dei quali è purtroppo in aumento, nonostante i gravi danni che producono alla salute.

Perché un giovane si dà all'alcool? Forse per sentirsi più euforico e così illudersi di vincere la timidezza e l'introversione, per rimuovere problemi di famiglia, di studio, di lavoro, di relazioni interpersonali o, più semplicemente, per darsi importanza agli occhi di amici e conoscenti.

Chi fa abuso di sostanze alcoliche mette a rischio la propria vita e quella degli altri: l'alcool, oltre a causare gravi disturbi al fegato e al sistema cardiovascolare, provoca disturbi alla psiche ed incide sul sistema nervoso, limitando la coordinazione dei movimenti e riducendo i tempi di risposta. Ecco perché alcuni incidenti automobilistici, tra cui anche le cosiddette ***stragi del sabato sera*** ed episodi di *pirateria stradale* (cioè di persone che vengono travolte da un autoveicolo e poi non soccorse dal conducente), hanno come responsabili dei giovani che si mettono alla guida in stato d'ebbrezza.

Il vizio del fumo fa anch'esso male all'organismo, in particolare ai polmoni, perché il tabacco delle sigarette contiene sostanze altamente tossiche, come la *nicotina*, e cancerogene, come il *catrame*. Il *tabagismo* comporta non pochi disturbi immediati, come bronchiti, tosse, raffreddori, problemi dentali, mal di testa, ed a lungo termine, come affezioni cardiovascolari, disturbi polmonari cronici, tumori ai polmoni e ad altri organi.

S'inizia a fumare casualmente, per curiosità, magari perché lo fanno i genitori o gli amici, oppure, più spesso di quanto s'immagini, perché sedotti dalla pubblicità o da film visti in televisione o al cinema. Ma tanti lo fanno per sembrare più sicuri e anche "più grandi", per dimostrare la propria libertà ed indipendenza.

In Italia il consumo di tabacco sta diminuendo grazie anche alle recenti **leggi di restrizione del fumo**, finalizzate a ridurre pure gli effetti del *fumo passivo* (quello che si subisce da altri che ci sono accanto): in pratica, è permesso fumare solo in casa propria e per la strada.

PER NON DIMENTICARE

Malala Yousafzai: la straordinaria storia di una ragazza coraggiosa

Una bellissima storia, quella di Malala Yousafzai, una ragazza del Pakistan. Viveva a Mingora, la città dove nel 1997 era nata, quando i Talebani, che controllavano quella regione del Pakistan settentrionale, imposero la dura legge islamica (ovviamente di un Islam inteso a modo loro) che limitava i diritti delle donne ed in particolare ne ostacolava l'istruzione.

Malala, però, non era ragazza da rassegnarsi a stare chiusa in casa e non andare più a scuola. Continuò a frequentarla, sfidando i Talebani che nel Pakistan settentrionale avevano già chiuso quattrocento scuole ed imponevano ai padri di tenere segregate le figlie. Aveva undici anni quando dal suo *blog* denunciò a più riprese i soprusi e le violenze dei Talebani, e divenne famosa quando, intervistata dai giornalisti, gridò nel microfono: "Come osano i Talebani negare il mio diritto fondamentale all'istruzione?"

Era il 9 ottobre 2012 quando degli uomini armati fermarono lo scuolabus che riportava a casa lei ed altre sue compagne di scuola. "Chi di voi è Malala?" domandò uno degli uomini armati appena questi furono a bordo dell'automezzo. Nessuna rispose. Ma uno dei miliziani capì, dallo squardo di sfida di Malala, che la ragazza che cercavano non poteva che essere lei.

Il miliziano sparò più volte, colpendo Malala alla testa e due sue compagne in modo più lieve. La notizia fu riportata dai giornali e dalle televisioni di tutto il mondo. "Pakistan, spari contro bimba-attivista ferita alla testa mentre esce da scuola": era il titolo del quotidiano "La Repubblica".

Malala fu trasportata in un ospedale dove subì un primo delicato intervento chirurgico alla testa per la rimozione del proiettile. Poiché i Talebani l'avevano minacciata di colpirla ancora se fosse sopravvissuta, fu poi trasferita in un ospedale di Birmingham, in Inghilterra, che si era offerto di curarla. Malala fu dimessa soltanto nel febbraio 2013 ed il mese dopo poté ritornare a scuola, ma a Birmingham, non nel suo Paese dove sarebbe stata in pericolo.

Malala riprese con maggior impegno il suo attivismo per il diritto all'istruzione di tutte le bambine, del diritto di tutti i ragazzi e ragazze del mondo di andare a scuola.

Il 12 luglio del 2013, in occasione del suo sedicesimo compleanno, parlò dalla tribuna del Palazzo di Vetro, sede dell'ONU. "Con la scuola, i libri e le penne possiamo cambiare il mondo": sono alcune parole di quello storico intervento.

Ma nessuno avrebbe mai potuto immaginare che quella coraggiosa ragazza, all'età di diciassette anni ed esattamente due anni dopo il vile attentato, sarebbe stata insignita del premio Nobel per la pace. È accaduto il 10 ottobre 2014. La più giovane ad aver ricevuto il prestigioso riconoscimento così si espresse: "Questo premio non è solo per me: è per tutti quei bambini dimenticati che desiderano essere istruiti. Sono qui per far valere i loro diritti, far sentire la loro voce. L'istruzione è uno dei beni della vita, ed a casa, nel mio Paese, mi è sempre piaciuto andare a scuola. Le mie amiche ed io eravamo assetate di istruzione perché il nostro futuro era lì, nella scuola che frequentavamo. Ci sedevamo e leggevamo e imparavamo insieme. Stavamo sedute lì tutte insieme, con gli occhi pieni di sogni. Ma improvvisamente tutto cambiò: io avevo dieci anni quando mi accorsi che l'istruzione, da che era un diritto, era diventata un reato, perché alle ragazze era impedito di andare a scuola. Ho deciso di farmi sentire. Ma io, benché sia soltanto una, non sono una voce sola: sono la voce di molte, di tutte quelle ragazze nel mondo, sessantasei milioni, che non possono andare a scuola".

Focus

La protesta dei giovani "indignati"

La **crisi economica** ha accentuato il **disagio giovanile** un po' in tutta l'Europa. È cresciuto il numero dei giovani disoccupati, che nel nostro Paese è quasi pari ad un terzo di tutti i giovani in età da lavoro, ed è anche drammaticamente aumentato il numero di quei giovani tra i quindici e i ventinove anni che non fanno proprio nulla, cioè non studiano e non lavorano.

È a rischio anche il **diritto allo studio**, perché sono diminuite le risorse pubbliche a disposizione di scuola, università e ricerca, con conseguente aumento delle tasse universitarie e in genere dei costi dello studio.

Il crescente malessere dei giovani è stato all'origine delle manifestazioni di protesta di studenti e ragazzi che hanno riempito le strade e le piazze delle città italiane ed europee, con iniziative a volte anche clamorose: ad esempio, lezioni in piazza, con professori che spiegavano e studenti che ascoltavano seduti per terra tra i passanti; studenti e ricercatori sui tetti per giorni e notti per richiamare l'attenzione; cordoni umani intorno ai palazzi del potere.

Nel maggio del 2011 decine di migliaia di giovani spagnoli decisero di accamparsi nelle piazze più importanti di **Madrid**, la capitale del loro Paese, per una protesta lunga molti giorni e vollero significativamente definirsi ***indignados***, *"indignati"*. Perché si sentivano traditi dai governanti che non sembravano preoccuparsi delle loro condizioni di vita, di studio, di lavoro.

La protesta degli *indignati* dalla Spagna si è estesa a tutta l'Europa, inclusa l'Italia, ed anche all'America. Ed è piaciuto, ai giovani di tutto il Vecchio Continente, autodefinirsi "indignati" proprio per significare la riprovazione anche morale per quegli adulti che hanno le leve del potere, ma non sembrano avere a cuore il futuro delle giovani generazioni.

Le manifestazioni degli indignati sono sempre **pacifiche**. Spesso consistono in **occupazioni di piazze o di strade**, con tanti giovani che si accampano, dormono nelle tende montate alla buona su marciapiedi, scale, prati, fanno volantinaggi, formano capannelli con i passanti. In questo modo cercano di **sensibilizzare l'opinione pubblica** al fatto che quello dei giovani è un problema inquietante dentro il problema più generale della crisi economica del nostro tempo.

Purtroppo a margine di qualche manifestazione non sono mancati episodi di violenza. Ma le violenze degli estremisti e dei teppisti non devono oscurare le ragioni dei giovani che si battono per un futuro migliore. Non a caso, il movimento degli "indignati" ha riscosso l'appoggio di forze politiche, opinionisti, sindacalisti, della Chiesa, e questo anche per il suo significato **morale**: perché i giovani vogliono in questo modo esprimere il loro diritto **ad avere delle speranze, a credere nel futuro**.

In realtà, solo se i giovani hanno un futuro, l'intera società può avere un futuro. Proprio per questo è necessario investire sui giovani, puntare su di loro, dare loro fiducia. Come? Innanzi tutto migliorando la scuola, che ha il compito fondamentale di valorizzare le competenze e le capacità dei giovani, motivandoli adeguatamente e suscitando il loro entusiasmo. Poi è necessario **porre un freno al dilagante precariato**: i giovani hanno bisogno di certezze, proprio per potersi costruire una famiglia e un futuro, contando su prospettive sicure d'inserimento nella società, a cominciare da un lavoro stabile e sicuro che li gratifichi professionalmente.

Focus

Gli incidenti del sabato sera

Ogni anno, nel nostro Paese, gli incidenti stradali causano troppe vittime. A farne le spese sono soprattutto i giovani, per la loro guida talvolta spericolata ed irresponsabile, e i pedoni, spesso travolti da "pirati" della strada che neanche si fermano a soccorrerli.

Tristemente note e purtroppo ricorrenti sono le cosiddette **stragi del sabato sera**, cioè gli incidenti d'auto, non di rado mortali, che avvengono quando, dopo una serata trascorsa in discoteca a ballare per ore al ritmo di una musica assordante ed in preda all'alcool e/o a sostanze stupefacenti (in particolare *ecstasy* ed altre "pasticche" sintetiche), ci si mette alla guida di un'automobile stanchi e "sballati" per ritornare a casa. **Droga**, **alcool**, **stanchezza** e **velocità** possono diventare un miscuglio pericolosissimo per sé e per gli altri.

Guidare responsabilmente rientra in quel **senso della legalità** che è a fondamento della convivenza civile, ma che vuol dire anche avere rispetto per la vita propria ed altrui.

Quanti incidenti dagli effetti catastrofici potrebbero essere evitati rispettando le semplici norme del **Codice stradale**! Anche chi **guida uno scooter** deve rispettarle scrupolosamente, ad esempio **indossando sempre il casco protettivo**, non andando in due se il mezzo è omologato per il trasporto di una sola persona, evitando esibizionismi (come la cosiddetta "impennata" o "cavallo").

La strada è di tutti e, che si guidi un'automobile, una motocicletta o un ciclomotore, che si vada a piedi o in bici, bisogna rispettare gli altri utenti della strada e soprattutto **essere sempre prudenti**.

Le parole per capire

Bullismo: da *bullo*, spavaldo, anche teppista; deprecabile comportamento fatto di arroganza e prepotenza ai danni di coetanei e compagni di scuola.

Cultura (o senso) della legalità: rispetto delle regole e delle leggi, nella consapevolezza che la loro osservanza rende possibili la libera convivenza e la cooperazione fra i cittadini.

Precariato: condizione lavorativa provvisoria, senza garanzie di stabilità e quasi sempre con bassi compensi. È spesso soltanto un *lavoro precario* quello che i giovani oggi si vedono offrire.

Volontariato: attività prestata a titolo gratuito in aiuto di persone bisognose o sofferenti.

Proposte di lavoro

Per la comprensione

1. *Rispondi alle seguenti domande:*

- Che cosa si attendono i giovani dal futuro? ....
....
....
- Che cos'è il precariato e quale disagio provoca ai giovani? ....
....
- Perché l'amicizia è anche un valore sociale? ....
....
- Perché la musica è oggi così importante per i giovani? ....
....
- Perché il tempo libero non deve essere sprecato? ....
....
- Che cosa sono le "stragi del sabato sera"? ....
....
- Perché l'educazione stradale è importante per i ragazzi? ....
....
- Perché il bullismo è una manifestazione di violenza? ....
....
- Come si realizza un'efficace educazione alla legalità? Perché è importante?
....
....
- Che cos'è il volontariato? ....
....
- Perché la prevenzione e l'informazione sono importanti nella lotta alla droga? ....

2. *Indica, per ogni affermazione, se è vera o falsa.*

	VERA	FALSA
- Alcuni grandi concerti hanno consentito ai giovani di unire la passione per la musica all'impegno per un mondo migliore.	☒	☐
- Il consumo di alcolici è una delle cause delle "stragi del sabato sera".	☒	☐
- La protesta degli *indignati* si è estesa dalla Spagna a molti altri Paesi europei.	☐	☒
- Pochi giovani partecipano ad attività di volontariato.	☐	☒

Per la riflessione e la produzione scritta

1. *Quale tributo possono concretamente dare i giovani alla "costruzione" di un mondo migliore?*

2. *L'importanza dell'amicizia tra i giovani: perché stare con gli altri è così necessario per un ragazzo o una ragazza?*

3. *In quali aspetti la condizione dei giovani è migliorata rispetto a quella del passato e in quali altri credi, invece, che sia peggiorata?*

4. *Quali desideri ed aspirazioni coltiva oggi un ragazzo o una ragazza che frequenti la scuola media?*

5. *L'importanza del tempo libero per coltivare passioni e interessi costruttivi.*

6. *Ritieni giusto che i giovani partecipino alla vita politica del Paese? Quale contributo potrebbero dare? Credi che abbiano la possibilità di essere ascoltati?*

7. *Il bullismo, un deprecabile fenomeno di violenta prepotenza, ma anche di vigliaccheria collettiva.*

8. *La droga come lento suicidio della persona. Indica quali sono, a tuo avviso, i fattori sociali e psicologici che spingono alcuni giovani ad entrare nel tunnel della droga ed esponi le tue riflessioni sui possibili interventi di recupero.*

9. *Il volontariato esalta i valori della solidarietà e dell'altruismo. Ti è capitato di fare esperienza di volontariato o conosci qualcuno che l'abbia fatta? Racconta eventualmente tale esperienza.*

1 I bambini, le prime vittime della povertà e della fame

Tanti bambini in tutto il mondo, sia nei Paesi più poveri sia in quelli più ricchi e industrializzati, sono vittime di varie forme di violenza.

Ci sono bambini e ragazzi maltrattati, abbandonati, costretti a lavorare o che vivono in strada; che subiscono violenze fisiche e/o psicologiche oppure abusi sessuali; che sono indotti a delinquere, a prostituirsi o a combattere in guerre di cui non sanno niente.

I bambini, i più indifesi, sono sempre le prime vittime della povertà e della fame. Secondo i dati dell'**Unicef** (il Fondo delle Nazioni Unite per l'infanzia, fondato nel 1946), **ogni giorno in tutto il Pianeta muoiono in media circa 18mila bambini sotto i cinque anni**. Una cifra spaventosa, che riguarda soprattutto i Paesi poveri dell'Africa dove, in particolare nella regione subsahariana, in media, un bambino su sei muore prima dei cinque anni; ma che coinvolge anche l'Asia e l'America Latina, con tanti bambini a cui vengono negati l'accesso ai servizi sanitari di base e la disponibilità del cibo.

Da quali fattori è originata quest'elevata **mortalità infantile** nei Paesi del Sud del mondo? Ad incidere sono principalmente le **precarie condizioni di vita** ed un'**alimentazione insufficiente** (si è calcolato che ben 160 milioni di bambini nel mondo siano denutriti), che finiscono per indebolire l'organismo di questi fanciulli rendendolo vulnerabile alle infezioni respiratorie, alla *polmonite*, alla *malaria*, al *morbillo*. Si tratta di malattie che, come si sa, non fanno più paura nei Paesi ricchi del mondo, ma che in tanti Paesi poveri uccidono più dell'Aids.

Anche **l'acqua potabile non sicura** e i servizi igienico-sanitari inefficienti o addirittura inesistenti condannano molti bambini dei Paesi poveri alla morte: ad esempio, in Africa si registrano molti più decessi entro il primo anno di vita che nei Paesi dell'Europa occidentale. Un divario che emerge nettamente dalle statistiche dell'Unicef di seguito riportate.

2 Lo sfruttamento del lavoro minorile

Non si sa con certezza quanti siano i bambini e i ragazzi che lavorano in tutto il mondo. In mancanza di cifre esatte, l'O.I.L. (Organizzazione Internazionale del Lavoro, un organismo con sede a Ginevra, in Svizzera, appartenente alle Nazioni Unite), stima in circa **200 milioni i bambini fra i cinque e i quattordici anni di età costretti a lavorare oggi nel mondo**, la grande maggioranza dei quali in Asia, in Africa ed in America Latina. Ma anche il ricco Occidente non è immune da questo triste fenomeno: ad esempio, in Italia, secondo i dati di *Save the Children*

Tasso di mortalità infantile
(bambini deceduti prima dei cinque anni di età ogni 1.000 nati vivi

in alcuni Paesi poveri		in alcuni Paesi economicamente più sviluppati	
Angola	167	Cina	13
Sierra Leone	161	Stati Uniti	7
Ciad	148	Gran Bretagna	5
Somalia	146	**Italia**	**4**
Guinea-Bissau	124	Germania	4
Mali	123	Francia	4
Congo	119	Giappone	3
Nigeria	117	Svezia	3

Fonte: Rapporto Unicef 2015

Le statistiche riportate evidenziano come la frequente mortalità infantile accompagni sempre la povertà.

(una delle più note organizzazioni non governative, con sede a Londra, che tutela i diritti dell'infanzia nel mondo) e di alcune organizzazioni sindacali, i minori di sedici anni che lavorano sono stimati in un numero che oscilla tra i 260mila ed i 300mila, circa il 5,2% della popolazione in età.

Qual è la causa del lavoro minorile? Ancora una volta è la **povertà**, che, come detto, è estrema e diffusa in tanti Paesi del Sud del mondo e costringe bambini e ragazzi a lavorare per adulti privi di scrupoli che li pagano poco e li utilizzano in mansioni che risulterebbero gravose anche agli adulti. Per alcune famiglie povere, il lavoro dei figli minorenni è uno dei modi per **sopravvivere alla miseria**, tanto che i genitori li mandano a lavorare anche per paghe di pochi soldi. Infatti le statistiche dicono che, dove c'è molta disoccupazione tra gli adulti, lì ci sono dei minori che lavorano.

Così bambini e ragazzi sono costretti a fare mille mestieri: i garzoni nei negozi, i contadini nelle piantagioni, i manovali nelle piccole fabbriche e nelle botteghe artigiane; e poi, ancora, i pastori, i guardiani, i muratori, i facchini, i domestici, i lustrascarpe, i corrieri, i venditori ambulanti.

È l'amara realtà di tanti bambini e ragazzi che, nelle **piantagioni di caffè e di cacao** della Costa d'Avorio e del Gabon, in Africa, o della Colombia e del Guatemala, in America Latina, lavorano duramente anche quindici, sedici ore al giorno, con indosso cenci sporchi e ai piedi, se fortunati, brandelli di cuoio o di stoffa. La sera, distrutti dalla fatica, con la pelle devastata dai morsi degli insetti e con il corpo coperto di cicatrici, non mangiano altro che un piatto di riso o di chicchi di mais, con un po' di pane, e si addormentano su stuoie sporche, in accampamenti privi dei più elementari servizi igienico-sanitari.

Non è certo migliore la condizione dei bambini, tra i dieci e i quattordici anni, che in alcuni Paesi dell'Asia meridionale, come in Pakistan, in Bangladesh, in India, in Vietnam, vengono utilizzati per la **fabbricazione di mattoni d'argilla** oppure per la **cucitura a mano di palloni da calcio e di scarpe sportive**: palloni con cui non giocheranno mai e scarpe che non calzeranno mai. I minori lavorano in minuscole aziende che producono per conto di imprenditori locali, i quali poi rivendono il prodotto finito a grandi e note società multinazionali occidentali che risparmiano molto, in questo modo, sul costo della manodopera.

La piaga del lavoro minorile nei Paesi poveri riguarda ovviamente anche le **bambine**, per lo più costrette a svolgere **lavori domestici**. È

PER NON DIMENTICARE
Un eroe tra i bambini costretti a lavorare

I *baby-lavoratori* sfruttati hanno anche un loro piccolo eroe: **Iqbal Masih**, un **tessitore pakistano di appena dodici anni**, che fu ucciso perché osò ribellarsi ai fabbricanti di tappeti per i quali lavorava, denunciando lo sfruttamento del lavoro dei minori, più di cinque milioni, nell'industria dei tappeti del suo Paese.

Iqbal era costretto a lavorare incatenato a un telaio per dodici, quattordici ore al giorno, al salario di una rupia al giorno, l'equivalente di pochi centesimi di euro attuali. Cercò più volte di sfuggire al direttore della fabbrica, che puntualmente lo puniva rinchiudendolo in una specie di pozzo nero. Ma un bel giorno del 1992 riuscì a fuggire dalla schiavitù insieme ad altri bambini della fabbrica. Non tornò mai più a lavorare, ma, aiutato da alcuni sindacalisti e giornalisti, cominciò a girare per il suo Paese denunciando lo sfruttamento dei minori e riuscendo perfino ad imporre la liberazione di alcuni piccoli lavoratori.

Il 16 aprile 1995, il giorno di Pasqua, Iqbal Masih venne assassinato mentre si recava in bicicletta in chiesa (era di religione cristiana). Il successivo processo giudiziario non chiarì del tutto i dettagli della vicenda, sebbene apparve certo che il suo omicidio fosse opera di sicari della locale "mafia dei tappeti".

Per non dimenticare la triste realtà del lavoro minorile, il 12 giugno di ogni anno viene celebrata la giornata mondiale contro il lavoro minorile: un appuntamento con l'impegno, sempre ricordato a parole, raramente mantenuto, di contrastare lo sfruttamento del lavoro minorile in tutto il mondo.

il caso, ad esempio, delle cosiddette *bambine invisibili* delle Ande, la Cordigliera montuosa che attraversa alcuni Paesi dell'America meridionale, come la Colombia, l'Ecuador, il Perù, la Bolivia: si tratta delle bambine di genitori che vivono in villaggi di montagna, così poveri ed ignoranti da non pensare nemmeno di iscriverle all'anagrafe, i quali le affidano, intorno ai cinque-sei anni di età, a famiglie agiate che vivono in città e s'impegnano, in cambio di un aiuto domestico, ad "adottarle" ed a farle studiare. Ma spesso la promessa non viene mantenuta e queste povere bambine, dopo qualche anno di scuola, restano chiuse in casa dei loro "protettori" a svolgere lavori faticosi per la loro età.

Né stanno meglio le bambine che lavorano la seta in Cina e in India, costrette a infilare le dita nell'acqua bollente per molte ore al giorno, o i ragazzini ceduti, in tanti Paesi dell'Africa *subsahariana*, dalle proprie famiglie indigenti a benestanti (che li utilizzano come domestici, giardinieri, *baby-sitter* nelle loro abitazioni) non solo per soldi, ma anche per estinguere un debito, per ringraziare di un favore ricevuto, perfino per rispettare un obbligo sociale o religioso.

L'Unicef ha definito questi *baby-lavoratori* i **piccoli schiavi di oggi.** Le faticose mansioni a cui sono costretti nella delicata età della crescita provocano danni gravissimi e spesso irreversibili, poiché il loro corpo, lo s'intuisce facilmente, spesso viene debilitato o addirittura resta deformato.

Ma i minori che lavorano sono anche **privati del gioco, della spensieratezza** e, quel che è peggio, **di un futuro** perché, nonostante guadagnino qualcosa, hanno poco o per nulla tempo di andare a scuola e di studiare, quindi di acquisire le conoscenze e le competenze necessarie per inserirsi nella società, una volta diventati adulti, da cittadini consapevoli ed istruiti.

Lavoro minorile in alcuni Paesi poveri
(percentuale di bambini che lavorano, di età compresa tra i 5 e i 14 anni)

Ciad	53%	Tanzania	36%
Etiopia	53%	Uganda	36%
Somalia	49%	Costa d'Avorio	35%
Sierra Leone	48%	Ruanda	35%
Benin	46%	Ghana	34%
Niger	43%	Mali	34%
Belize	40%	Camerun	31%
Guinea Bissau	39%	Afghanistan	30%

Fonte: Rapporto Unicef 2011 sulle condizioni dell'infanzia nel mondo, dati 2009.

Anche il diffuso lavoro minorile accompagna sempre la povertà: tra i Paesi più poveri del Sud del mondo ci sono quelli con la percentuale più alta di bambini che lavorano.

3 La violenza della guerra sui minori

I bambini, le persone più indifese al mondo, sono sempre le prime vittime di ogni **guerra**. Non li risparmiano infatti gli attacchi militari, i bombardamenti aerei, le esplosioni delle bombe, che uccidono e feriscono i minori come gli adulti. Ma la guerra infierisce su bambini e ragazzi anche quando li condanna alla condizione di **orfani**, portando via loro uno o entrambi i genitori; di **mutilati**, in seguito a ferite o gravi menomazioni fisiche; di **disadattati** e **squilibrati**, per le inevitabili turbe psichiche.

Tanti sono purtroppo i minori che hanno subito o ancora subiscono la violenza della guerra: in **Iraq** e in **Afghanistan**, Paesi per troppi anni devastati da guerre, occupazioni militari e attentati terroristici; in Siria, dove si trascina una sanguinosa guerra civile; a **Gaza** e in **Cisgiordania**, dove il contrasto tra Palestinesi e Israeliani sembra non avere mai termine; in non pochi **Paesi poveri dell'Africa**, che continuano ad essere dilaniati da conflitti interetnici. Si tratta di piccoli innocenti uccisi o feriti dalle armi da fuoco, dagli attentati di terroristi *kamikaze*, dai bombardamenti, o costretti ad una vita da orfani, da profughi, da storpi, segnati per sempre nel fisico e nella psiche. Si pensi che attualmente sono ben venti milioni i bambini profughi nel mondo e sei milioni i bambini feriti o mutilati nelle guerre più recenti.

Ma nei Paesi lacerati da conflitti armati un'altra minaccia particolarmente insidiosa, anche a guerra finita, incombe proprio su bambini e ragazzi, per natura più ingenui, spericolati ed inesperti degli adulti: le **mine antiuomo**, triste eredità di ogni guerra moderna, che fanno letteralmente strage di minori. Sono piccoli ordigni disseminati sui territori dove si combatte e che restano inesplosi durante il conflitto per poi deflagrare, spesso a guerra finita anche da mesi o da anni, quando qualcuno, ad esempio un bambino che sta giocando a pallone su un prato, inavvertitamente ci cammina sopra o li calpesta, rischiando di perdere la vita o di restare mutilato.

Quante volte si sono viste le raccapriccianti immagini di bambini dell'Afghanistan o dell'Iraq, azzoppati oppure privi di un braccio o di una mano, che si trascinano da un ospedale all'altro in attesa di una protesi!

Da tempo è stata promossa una campagna internazionale per la **messa al bando delle mine antiuomo**, che negli anni ha ottenuto il consenso di un numero sempre più alto di governi, ma che ha incontrato anche l'ostilità dell'industria militare, i cui interessi sono forti nelle grandi Potenze mondiali.

Infine, come non ricordare, tra le violenze della guerra sui minori, la triste realtà dei ***baby-soldati***? Ragazzini costretti a combattere, in tuta mimetica ed armati di *kalashnikov* (un mitra leggero e maneggevole) agli ordini di caporioni criminali e fanatici in guerre civili, etniche o religiose.

Attualmente, secondo le stime dell'ONU, sono circa **300mila i bambini e i ragazzi** che nel mondo, in particolare in alcuni Paesi poveri dell'Africa, vengono impiegati sia dagli eserciti regolari sia soprattutto da milizie ribelli.

4 I minori che vivono per strada

Un'infanzia negata è pure quella dei tanti **bambini e ragazzi di strada**: le statistiche, tra cui quelle dell'ONU, stimano che siano nel mondo intorno ai cento milioni, concentrati soprattutto nelle **megalopoli dei Paesi del Sud del Pianeta**.

Vivono tra stenti e privazioni, abbandonati al loro destino da famiglie troppo povere e sbandate per accudirli. La loro "casa" è la strada, dove trascorrono le giornate alla ricerca di cibo, di un po' di soldi, di un riparo per dormire: vicino ai semafori, attendono il "rosso" per pulire i vetri delle automobili, vendere fazzoletti di carta, elemosinare qualche spicciolo. Talvolta vendono cianfrusaglie su bancarelle ambulanti, sorvegliano le automobili, lucidano le scarpe ai passanti; altri, più grandicelli, lavorano nelle piantagioni delle aree rurali, tagliano la canna da zucchero o le canne di bambù, raccolgono il caffè o le arance. Talvolta, per alleviare i morsi della fame e i dolori, usano come droghe colle e solventi particolari di cui inalano i vapori, quanto mai dannosi per l'organismo.

A vivere in strada sono i piccoli mendicanti di **Dakar**, la capitale del Senegal, in Africa occidentale, riconoscibili perché portano a tracolla una latta di conserva di pomodoro, rossa e bene in vista, adoperata per chiedere l'elemosina. In molti casi hanno meno di dieci anni di età e, abbandonati dalle loro famiglie, provengono dalle degradate campagne senegalesi, ma anche dai Paesi limitrofi altrettanto poveri. Bambini di strada, orfani, abbandonati o in fuga da famiglie poverissime, vivono anche per le strade di **Lagos** (Nigeria), di **Kinshasa** (Congo), di **Luanda** (Angola), di **Nairobi** (Kenia), di **Città del Messico**, di **Antananarivo** (Madagascar), di **Mumbay** e **Calcutta** (India).

Ma l'infanzia di strada è presente, sebbene in misura minore, anche in qualche città europea. Ad esempio, a **Bucarest**, in Romania, i ragazzi di strada, oggi fortunatamente assai meno che in passato, la notte dormono, per proteggersi dal freddo, nelle fogne, accanto alle grosse condotte dell'acqua calda da riscaldamento che corrono sotto le strade. Di giorno escono dalla "città di sotto" attraverso i tombini e vivono nella "città di sopra", facendo i mendicanti o i ladruncoli per le strade della capitale romena.

Curiosità

Che cos'è l'Unicef

L'Unicef, il **Fondo delle Nazioni Unite per l'Infanzia**, è un'**agenzia dell'ONU** fondata nel 1946 allo scopo di aiutare i bambini vittime della seconda guerra mondiale.

Da allora non è mai venuta meno l'attenzione che questo organismo sovranazionale rivolge a tutti i problemi che riguardano l'infanzia: la fame nel mondo, con le relative questioni della denutrizione e della carenza delle più elementari condizioni igienico-sanitarie in cui vivono i bambini di tanti Paesi del Sud del mondo; lo sfruttamento del lavoro minorile, presente anche nei Paesi ricchi dell'Occidente; i disagi, di natura fisica, morale e psicologica, causati dalle guerre e dai conflitti etnico-religiosi che purtroppo continuano a combattersi anche nel XXI secolo.

Degli esseri umani più piccoli e indifesi si prende cura l'Unicef, mediante l'invio di **aiuti umanitari**, la presenza diretta nei Paesi poveri, la **battaglia contro l'analfabetismo** ed a favore dell'istruzione e della **prevenzione delle malattie**, nella consapevolezza che i gravi traumi che tanti bambini subiscono oggi nel mondo possono lasciare segni indelebili non solo sul loro organismo, ma anche e soprattutto nella loro psiche.

5 La prostituzione minorile e la pedofilia

La **prostituzione minorile** è una deprecabile forma di sfruttamento sessuale dei minori, oggi purtroppo estesa su scala mondiale perché, se i Paesi poveri fanno registrare il maggior numero di casi, anche quelli ricchi dell'Occidente, Italia compresa, non sono esenti da colpe. Anzi, ad alimentare la prostituzione ed il cosiddetto *turismo sessuale* nei Paesi del Sud del mondo sono proprio alcuni benestanti turisti occidentali, i quali si avvalgono dei loro soldi e del vantaggio di poter facilmente lasciare il Paese ospitante dopo aver commesso il reato, per sfuggire a possibili sanzioni.

Il termine ***pedofilia*** deriva dai vocaboli greci *païs* ("bambino") e *filìa* ("amicizia", "affetto") ed indica, in ambito psichiatrico, un disturbo del desiderio sessuale consistente nel preferire, da parte di un soggetto adulto, rapporti con chi è in età prepuberale. Ma, nell'accezione comune, il *pedofilo* è più propriamente colui che commette violenza attraverso la sessualità su un bambino o una bambina, oppure si rende responsabile di reati legati alla pedopornografia, ossia alla raffigurazione di atti sessuali che coinvolgono dei bambini.

La *pedofilia* è sempre esistita, ma, mentre in passato era nascosta per vergogna, ignoranza, timore di una qualche ritorsione, oggi giustamente se ne parla, in ambito famigliare e pubblicamente, anche per evitare che i minori cadano in questa trappola. Inoltre la *pedofilia*, negli ultimi anni, ha tratto vantaggio, in termini di diffusione, dai siti Internet clandestini ad essa dedicati, banditi e sanzionati penalmente da ogni Stato, eppure mai del tutto eliminati dal *web* per la difficoltà di controllarlo nella sua totalità.

6 Evasione scolastica ed analfabetismo

Chi vive un'infanzia a rischio, a scuola ci va poco, male o per niente. Del resto, i bambini poveri del Sud del mondo, quelli costretti a lavorare, a combattere, a prostituirsi, a vivere per le strade, quando troverebbero il tempo per frequentare la scuola, studiare e acquisire conoscenze? Non ci può essere istruzione per i piccoli mendicanti di Dakar o per i giovanissimi abitanti delle fogne di Bucarest, per riferirci

110

111

112

113

BAMBINI CHE LAVORANO NEL MONDO: a fabbricare mattoni (110); a tessere tappeti (111); a costruire un muro (112); a raccogliere il tè (114). Un manifesto dell'Unicef contro il lavoro minorile (113) che, in alcuni Paesi del Sud del Mondo, è ampiamente utilizzato per produrre *jeans* e altri articoli di abbigliamento giovanile.

114

115

BAMBINI CHE LAVORANO NEL MONDO: impegnati a cucire palloni da *football* in Pakistan (115).

116

117

118

I BAMBINI SONO LE PRIME VITTIME DI OGNI GUERRA: giovanissimi mutilati si muovono su stampelle in Angola (116); bambini in fuga con le loro mamme dai bombardamenti durante la guerra in Iraq (117); bambini che in Cambogia giocano a pochi metri da un campo minato (118).

119

120

BABY-SOLDATI: una bambina tra i guerriglieri della Costa d'Avorio (119) e un ragazzino in tuta mimetica, in Sierra Leone, che imbraccia un fucile mitragliatore più grande di lui (120).

121

PAPA FRANCESCO: dalla parte degli ultimi, con i bambini.

IL FUTURO DELLA SOCIETÀ È NEI GIOVANI E IL FUTURO DEI GIOVANI È, IN OGNI PAESE, NELLA SCUOLA: ragazzi impegnati nello studio in una scuola del Kenya (122) ed in una scuola palestinese a Gaza (123).

122

124

123

LA SCUOLA IN ITALIA IERI E OGGI FATTORE DI PROGRESSO SOCIALE: bambini, figli di braccianti e pastori, in una scuola elementare di Africo, in Calabria, nel 1951 (per riscaldarsi soltanto qualche braciere) (124); un'assemblea di studenti ed insegnanti in una moderna scuola superiore (125).

125

126

129

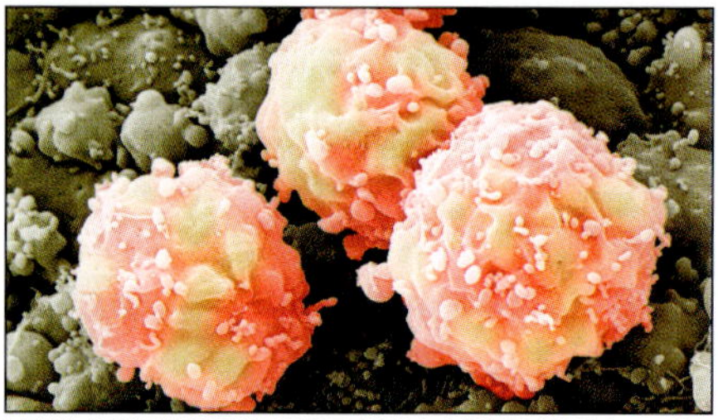

LE NUOVE FRONTIERE DELLA MEDICINA: cellule staminali osservate al microscopio elettronico.

130

Manifestazioni di attivisti di Greenpeace contro gli "ogm", organismi geneticamente modificati.

131

Miracoli delle biotecnologie in agricoltura: grossi cocomeri dalla forma di cubo, più facili... da impacchettare e trasportare.

NUOVE TECNOLOGIE. I computer e le tecnologie informatiche hanno radicalmente cambiato il modo di studiare e di lavorare: studentesse nella sala computer di una scuola (126) e l'ufficio di una banca (127). Il computer è diventato indispensabile anche in tante operazioni chirurgiche (128).

127

128

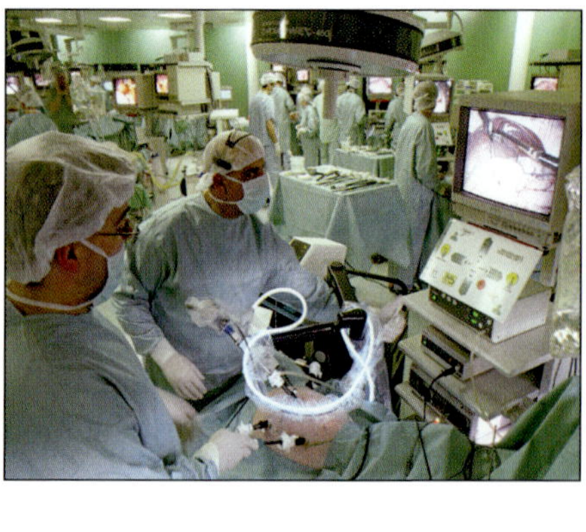

132 

IN MEMORIA DELLE VITTIME INNOCENTI DELLE MAFIE: manifestazione promossa dall'associazione "Libera" a Bologna il 21 marzo 2015.

134 

133 

LE ECOMAFIE E L'AVVELENAMENTO DEL TERRITORIO: roghi nella Terra dei Fuochi (134); stoccaggio illegale di rifiuti tossici (135).

137 

135 

LOTTA ALLA MAFIA: ecco come appariva via D'Amelio, a Palermo, il 19 luglio 1992, subito dopo l'esplosione dell'autobomba che uccise il giudice Paolo Borsellino e gli uomini della sua scorta (137). Manifesto della Pubblicità Progresso contro la droga e la criminalità organizzata che ne gestisce il traffico (138).

138 

136 

LOTTA AL TRAFFICO DI DROGA: il sequestro di un grosso quantitativo di *cocaina* da parte dei carabinieri in una città italiana.

139

La squadra di calcio di tutti gli Italiani: la Nazionale, vincitrice del Campionato mondiale del 2006 in Germania. Il capitano Fabio Cannavaro alza al cielo la coppa appena vinta, accompagnato dall'entusiasmo dei compagni di squadra (139). Alcuni bizzarri sostenitori della Nazionale durante una partita (140). Un bel gesto della nostra Nazionale di calcio: l'allenamento a Rizziconi, cittadina della Calabria impegnata contro la criminalità organizzata, il 13 novembre 2011. La Nazionale schierata sul campo prima di cominciare l'allenamento (141); l'entusiasmo dei tifosi locali (142).

140

141

142

143 

Quello che non si vorrebbe mai vedere allo stadio: la violenza dei teppisti. Scene di guerriglia allo stadio di Bergamo tra teppisti e polizia (143 e 145).

144 

Una fiammante Ferrari prima di un Gran Premio di Formula Uno.

145 

146 

Gli spettatori finti (soltanto disegnati) sulle tribune dello stadio "Nereo Rocco" di Trieste durante una partita del Campionato di calcio di serie B del 2010-11.

147

Il ciclismo e il motociclismo sono sport popolari in Italia: una tappa di montagna del *Giro d'Italia* del 2007 in una suggestiva cornice alpina (147) e l'arrivo della "maglia rosa" al traguardo di una tappa (149); bolidi su due ruote ad un Moto-GP (148).

148

149

150

Anche questo è sport: campionati studenteschi, una gara femminile di corsa.

agli esempi citati in precedenza: dovrebbero tutti essere prima tolti dalla strada e riportati ad una vita normale per la loro età.

L'**evasione scolastica** ha come sua diretta conseguenza l'**analfabetismo** che poi marchierà l'adulto che non è andato a scuola da piccolo. Secondo una definizione dell'**Unesco** (l'Organizzazione delle Nazioni Unite per l'educazione, la scienza e la cultura) del 1985, è considerata analfabeta "una persona che non sa né scrivere né leggere, capendolo, un brano semplice in rapporto con la sua vita giornaliera". In seguito, tenendo conto dell'evoluzione sociale, tale definizione è stata estesa all'individuo "incapace di comprendere l'ambiente in cui vive e partecipare alla società in cui è incluso". Un'accezione, quest'ultima, che va al di là del semplice non saper leggere né scrivere ed indica la privazione delle conoscenze, competenze ed esperienze necessarie a formare un cittadino consapevole.

L'Unesco fornisce anche dei dati significativi: attualmente nel mondo ci sono **oltre 900 milioni di analfabeti**, quasi il 13% della popolazione complessiva, di cui oltre 110 milioni sono bambini tra i sei e gli undici anni (il 60% di questi sono femmine). Le percentuali più alte riguardano i Paesi poveri del Sud del mondo. In alcuni di questi, grandi ed economicamente emergenti, come ad esempio la Cina, l'India, il Brasile, il Messico, massicce campagne di alfabetizzazione negli ultimi decenni hanno drasticamente ridotto il fenomeno. Ma in altri, ancora drammaticamente poveri e soprattutto a causa di guerre, l'analfabetismo resta alto.

I governi ed i cittadini tutti dovrebbero impegnarsi a togliere i bambini dalle strade, dagli ambienti di lavoro, dai fronti di guerra per riportarli nelle scuole e, dove queste sono carenti o del tutto assenti, dovrebbero costruire strutture adeguate ed attuare programmi didattici efficaci.

L'analfabetismo diffuso è il più grande ostacolo all'attuazione di qualsiasi progetto di sviluppo economico e di qualsiasi programma d'intervento sociale, tecnologico o sanitario.

> *Un bambino, un insegnante ed un libro possono cambiare il mondo. Impugniamo i nostri libri e le nostre penne, che sono le nostre armi più potenti.*

Dal discorso di Malala Yousafzai, premio Nobel per la pace, all'ONU il 12 luglio 2013.

Infatti, per fare un semplice esempio, un analfabeta incontra maggiori difficoltà a capire le norme igienico-sanitarie indispensabili a contrastare l'Aids o qualsiasi altra epidemia.

E nel nostro Paese? Sebbene soltanto cinquant'anni fa rappresentasse ancora una grave piaga sociale, l'analfabetismo è ora quasi del tutto debellato, benché l'immigrazione lo abbia recentemente reintrodotto sia pure in misura residuale. Tuttavia, anche a proposito dei ragazzi italiani, si parla di problemi non trascurabili, come ***evasione scolastica***, ***dispersione scolastica*** ed ***analfabetismo di ritorno***.

L'**evasione scolastica** consiste nel sottrarre un minore all'obbligo scolastico, che per legge nel nostro Paese è fino ai sedici anni di età: la famiglia che non manda a scuola un figlio fino a questa età compie un reato, perseguibile penalmente.

La **dispersione scolastica** consiste nel non portare a termine un corso di studi oltre l'età dell'obbligo scolastico: purtroppo non pochi ragazzi s'iscrivono ad un istituto superiore, ma lasciano prima di conseguire un diploma, il che costituisce un evidente spreco di risorse umane.

L'**analfabetismo di ritorno** è un altro grave fenomeno, purtroppo in aumento negli ultimi anni, consistente nella dispersione, a scuola conclusa, delle conoscenze e delle competenze acquisite durante gli anni scolastici, anche a causa di un apprendimento superficiale e frammentario: ne consegue che tanti giovani adulti, come purtroppo le statistiche dimostrano, non sono in grado di capire un semplice articolo di giornale né tanto meno di leggere un qualsiasi libro.

L'istruzione di tutti ed una cultura diffusa costituiscono la più grande ricchezza di ogni società, la condizione di ogni progresso.

Non bisogna mai dimenticare che una persona istruita sarà un cittadino più consapevole e più responsabile, in grado di opporsi meglio a chi tenterà di sfruttarlo, poiché avrà coscienza dei propri diritti e della propria condizione. Inoltre l'istruzione fa crescere la produttività e stimola l'innovazione, elementi importanti per lo sviluppo civile, sociale ed economico di ogni Paese e soprattutto di quelli poveri e tecnologicamente non avanzati.

L'Unesco ha proclamato l'8 settembre di ogni anno giornata mondiale per la lotta all'analfabetismo.

7 Altre forme di violenza sui minori

Concorrono a completare il quadro dell'infanzia negata altre forme di violenza sui minori, come i *maltrattamenti in famiglia*, il *razzismo*, il *commercio clandestino di organi* e la *droga.*

Talvolta purtroppo nemmeno la **famiglia** risulta essere un ambiente completamente sicuro, dato che non sono rari i **casi di maltrattamento** di minori ad opera di genitori violenti, insensibili, ignoranti o dediti alle droghe e/o all'alcol. Né si può ipotizzare che tali episodi riguardino solo alcune famiglie socialmente degradate, perché in realtà, come un recente *dossier* della Polizia di Stato italiana ha rivelato, le violenze dentro casa avvengono in famiglie appartenenti a tutti i ceti sociali.

Il **razzismo** diventa una forma di violenza sui minori per le discriminazioni subite dai gruppi sociali, etnici o religiosi ai quali i minori stessi appartengono.

È un concetto che può essere semplificato con un esempio: l'emarginazione degli extracomunitari o dei *rom* finisce per colpire in particolar modo i bambini i quali, facendo parte della comunità discriminata, vivono

I bambini a rischio nel mondo

25mila	i bambini sotto i 5 anni che in media ogni giorno muoiono a causa di malattie prevedibili e curabili.
110 milioni	i bambini sotto gli 11 anni che non vanno a scuola (il 60% sono femmine).
160 milioni	i bambini malnutriti a causa della povertà.
6 milioni	i bambini feriti gravemente o mutilatati nei conflitti armati degli ultimi anni.
20 milioni	i bambini profughi nel mondo.
200 milioni	i minori costretti a lavorare.
300mila	i bambini e i ragazzi che fanno i soldati.

Fonte: Rapporto Unicef sull'infanzia

tale condizione con grande sofferenza, anche perché non ne comprendono il motivo. I bambini, per loro natura, sono infatti incuriositi dalla diversità e difficilmente riescono a comprendere perché essa non venga apprezzata dagli adulti e diventi addirittura motivo di discriminazione.

Il **commercio clandestino di organi umani** è un'attività illecita messa in atto da spregevoli trafficanti sulla base di un crimine efferato che sembra difficile immaginare: l'uccisione di minori, che vivono nelle strade delle poverissime periferie delle megalopoli del Sud del mondo, allo scopo di espiantare organi da vendere come una merce qualsiasi, attraverso delle reti clandestine, e da utilizzare per trapianti a favore di benestanti ammalati, spesso residenti nei Paesi più ricchi.

Infine un accenno ai **ragazzi che vengono iniziati al consumo di droga**. È l'ennesima forma di violenza che degli adulti cinici e senza scrupoli esercitano su minori, ben consapevoli dell'influenzabilità delle loro giovani vittime, che vengono abituate prima all'assunzione di "sostanze" leggere (ad esempio, *hashish* o *marijuana*) ed in seguito al consumo anche di droghe pesanti e più costose.

8 I cittadini di domani

I bambini sono il futuro del mondo, i cittadini di domani, e per questo hanno diritto ad essere tutelati da qualsiasi tipo di violenza (miseria, sfruttamento, analfabetismo, guerra) e a crescere bene, cioè sani, istruiti, sereni, spensierati.

L'infanzia è una fase fondamentale nella vita di ogni individuo perché costituisce la base su cui si svilupperanno la sua personalità e la sua socialità: ogni crudeltà, maltrattamento, prepotenza, abuso, discriminazione, subiti a quell'età, ne potranno condizionare lo sviluppo fisico e la maturazione psichica. La nostra società, pertanto, ha il compito di tutelare bambini e ragazzi, così come tutte le persone più deboli ed insicure.

Ogni **violenza contro i minori si ritorce**, in prospettiva, **sulla società** stessa, perché, come detto, i bambini rappresentano l'avvenire del mondo ed è su di loro che bisogna investire, in termini di protezione, educazione, istruzione, affettività, affinché possano diventare dei buoni e consapevoli cittadini.

L'infanzia non sarà più a rischio quando si costruirà **un mondo migliore**, senza povertà, senza guerre, senza ingiustizie e senza discriminazioni. È questo l'obiettivo sul quale devono concentrarsi i governi e le istituzioni, ma anche gli uomini comuni, del nostro Pianeta.

Un mondo più giusto e in pace garantirà le migliori condizioni a coloro che saranno gli uomini e le donne del futuro.

Focus

I bambini-soldato

I *mass media* li chiamano **baby-soldato**: hanno meno di diciotto anni, non di rado anche soltanto dieci-dodici. Questi ragazzini, rapiti o strappati alle famiglie durante qualche razzia, vengono poi costretti, spesso con la forza, talvolta con false promesse e sotto l'effetto di droghe, ad imbracciare un fucile mitragliatore e a seguire comandanti sanguinari. Sono trattati brutalmente e puniti in modo severo per gli errori commessi e, se tentano la diserzione, rischiano di essere fucilati all'istante; ma sono anche incitati, durante le incursioni e le razzie, a rubare, saccheggiare, violentare.

Il fenomeno dei *baby-soldato* è, purtroppo, più esteso di quanto s'immagini e coinvolge anche le **ragazzine**, sebbene in misura minore, presentandosi come una forma di **violenza *dei* minori** i quali, però, sono essi stessi vittime di una terribile violenza. Infatti sono costretti ad uccidere nei conflitti locali, quindi ad *esercitare la violenza*, ma proprio per questo, nel contempo, sono vittime di una *violenza fisica* e *psichica* che li segna in modo indelebile.

La **violenza fisica** si consuma innanzi tutto nel rapimento di questi bambini e ragazzi, trascinati via durante le incursioni nei villaggi nemici, e nella successiva costrizione ad una durissima vita militare, innaturale per la loro età. Ma tale violenza si manifesta anche nella fame e nelle privazioni che essi devono patire, nelle eventuali ferite, mutilazioni ed in tutti gli altri segni lasciati sul loro corpo dalle atroci esperienze vissute; ovviamente nella morte a cui non scampano tanti di loro, uccisi dalle armi, dalla carenza di cibo, dagli stenti durante le lunghe marce.

La **violenza psichica** si esercita nel privare questi bambini e ragazzi dell'istruzione scolastica e della spensieratezza adolescenziale: i fucili che imbracciano non sono armi-giocattolo e le azioni militari a cui partecipano non sono certo dei giochi.

Per tutte queste ragioni, una risoluzione dell'ONU del 1998 giustamente condanna l'impiego di ragazzi-soldato come un **crimine di guerra**.

Il maggior numero di questi *piccoli soldati* si conta in **Africa**, dove scoppiano frequenti conflitti interetnici: ad esempio in Congo, in Costa d'Avorio, in Somalia, in Burundi, in Ruanda, in Nigeria, Paesi in cui da anni si alternano scontri armati fra opposte fazioni etniche o politiche a combattimenti fra esercito e ribelli guerriglieri. Bambini e ragazzi che imbracciano un fucile mitragliatore sono presenti anche in **Asia**, in particolare in Afghanistan e in Birmania; in **America Latina**, soprattutto in Colombia.

Alcuni anni fa i ragazzini-soldato erano particolarmente numerosi nel **Darfur**, la regione occidentale del Sudan, ed in **Uganda**, nelle milizie ribelli al governo locale che avevano scatenato nel Paese una sanguinosa guerra civile. I conflitti in quei due Paesi dell'Africa si sono conclusi, ma per migliaia di ragazzi che hanno fatto i soldati non è facile guarire dai traumi della guerra ed inserirsi nella società civile.

Le parole per capire

Evasione scolastica: il fenomeno per cui una parte dei ragazzi lascia la scuola senza ottemperare all'obbligo scolastico: in Italia è fino ai sedici anni di età. È uno degli aspetti più evidenti di degrado sociale e la conseguenza di un profondo disagio, ad esempio di difficoltà economiche della famiglia di appartenenza che inducono al lavoro minorile. Con **dispersione scolastica** s'indica, invece, il fenomeno di quei giovani che s'iscrivono ai corsi di scuola secondaria superiore ma non completano gli studi.

Pedofilia: dalle parole greche *paìs*, "fanciullo", e *filìa*, "affetto", indica l'interesse sessuale di un adulto per i bambini. È una forma particolarmente esecrabile di violenza sui minori.

Proposte di lavoro

PROPOSTE DI LAVORO

Per la comprensione

1. *Rispondi alle seguenti domande:*

- Quali sono le più frequenti violenze esercitate sui minori? ……
……
……

- In quali Paesi il lavoro minorile è più diffuso? ……
……
……

- Quali danni provoca il lavoro minorile al fisico e alla psiche? ……
……
……

- Perché è presente, in alcuni Paesi del Sud del mondo, il deprecabile fenomeno dei bambini-soldato? ……
……
……

- Perché i bambini-soldato, che sono indotti a compiere delle violenze, sono essi stessi vittime della violenza della guerra? ……
……
……

- Quale terribile eredità lascia ogni guerra moderna? ……
……
……

- Che cosa è l'evasione scolastica? E la dispersione scolastica? ……
……

- Di che si occupa l'Unicef? ……
……

2. *Indica, per ogni domanda, la risposta giusta:*

- Dov'è presente il fenomeno dell'evasione dell'obbligo scolastico?
  - a) Nei Paesi più poveri del Sud del mondo.
  - b) Soprattutto nei Paesi poveri, ma anche in alcune aree dei Paesi ricchi.
  - c) Solo nel Mezzogiorno d'Italia.
- Qual è la causa principale del lavoro minorile?
  - a) La povertà della famiglia di appartenenza.
  - b) L'insuccesso scolastico.
  - c) La necessità del fanciullo di provvedere a se stesso.
- Chi sono i bambini di strada?
  - a) I bambini che vivono, senza casa né famiglia, per le strade nelle città dei Paesi poveri del Sud del mondo.
  - b) Gli orfani dei caduti in guerra nei Paesi poveri.
  - c) I bambini che, non frequentando la scuola, trascorrono la maggior parte della giornata per la strada.

Per la riflessione e la produzione scritta

1. *La diffusione del lavoro minorile come segno del particolare degrado sociale di una regione o di un Paese.*

2. *Nel tuo quartiere ci sono ragazzi che non frequentano la scuola e lavorano, o che lavorano dopo la scuola, nelle ore pomeridiane? Svolgi un'indagine per sapere come questi ragazzi trascorrono la loro giornata, quali sono i loro problemi, quali le aspirazioni.*

3. *Quali mansioni, secondo te, sono solitamente affidate ai ragazzi che lavorano? Conduci eventualmente un'indagine in merito nel tuo quartiere.*

4. *Le forme di violenza esercitate sui minori che ritieni siano le più dannose e tali da incidere profondamente sul loro sviluppo fisico e psichico.*

5. *Immagina la giornata-tipo di un ragazzo che frequenta la scuola e quella di un ragazzo che non va a scuola per andare a lavorare. Confronta le due situazioni e osserva che cosa ciascuno ha più dell'altro e di che cosa è invece privato.*

1 La scienza e le nuove tecnologie cambiano la nostra vita

Lo straordinario progresso delle **scienze** e la diffusione delle nuove tecnologie stanno modificando la nostra vita. Basti pensare a due oggetti che negli ultimi anni hanno trasformato profondamente le nostre abitudini di vita, i nostri modi di studiare, di lavorare, di comunicare: il **computer** e il **telefono cellulare**.

Pensiamo anche alle **biotecnologie** che aprono orizzonti nuovi alla medicina ed alla **scienza genetica** che studia i meccanismi di trasmissione dei caratteri ereditari. In particolare quest'ultima, negli ultimi anni, ha fatto passi da gigante e potrebbe essere in grado, tra breve, d'individuare in ogni persona a quali malattie è predisposto il suo organismo, consentendo così d'intervenire preventivamente.

Ma frequenti sono ormai gli annunci di clamorose scoperte in ogni branca della **medicina**, ed anche le ricerche compiute sulle cosiddette ***cellule staminali*** ci inducono a ritenere che importanti conquiste nella cura di malattie ritenute inguaribili fino a poco tempo fa siano ormai vicine.

Ma torniamo a considerare il ***computer***, il **telefono cellulare** ed anche il **televisore**, ormai diventati strumenti familiari, per capire com'è cambiata la nostra vita quotidiana. Appena venti anni fa il *computer*, la *telefonia cellulare* e la *tv interattiva* e *satellitare* erano usati nel mondo da esigue minoranze e anche in Italia erano ben lontani dall'uso di massa che se ne fa oggi. Basti pensare che oggi, nel nostro Paese, accedono quotidianamente ad **Internet** quasi tutti i giovani e i ragazzini, sia da casa sia da scuola, che si trovino in una grande città o in un paesino di montagna.

Perfino la **democrazia** è stata resa più viva da Internet e dalle nuove tecnologie: è noto come i movimenti pacifisti, ambientalisti e di protesta sociale, ad esempio dei giovani "indignati" (vedi pag. 179) o di coloro che sono contro i rischi del nucleare, abbiano potuto mobilitare centinaia di migliaia di persone in pochi giorni grazie ad Internet ed ai *social network*.

Insomma, le idee della pace, della libertà, della democrazia e per un ambiente sano oggi viaggiano più velocemente nella grande comunità di Internet. Anche la solidarietà può mettersi in moto in pochissimo tempo e conseguire risultati davvero straordinari. Lo si può constatare dopo qualche catastrofe naturale: tutti coloro che lo desiderano, grazie ai telefoni cellulari, possono subito offrire qualcosa, anche solo pochi euro, per aiutare le popolazioni colpite.

2 La rivoluzione digitale

Il decennio d'inizio del ventunesimo secolo è destinato a passare alla storia come il **decennio della rivoluzione digitale**.

Le **tecnologie informatiche** hanno cambiato la nostra vita. In particolare, la *telematica* ha consentito progressi, impensabili fino a qualche anno fa, nelle telecomunicazioni e nella trasmissione di dati e informazioni.

La *rivoluzione digitale* è stata, per il trattamento dei dati e delle informazioni, quel che la *rivoluzione industriale* è stata, in passato, per la produzione delle merci. Come l'industria ha reso possibile la produzione su grande scala di qualsiasi cosa, non ponendo limiti alla quantità di merci che possono uscire dalle linee di montaggio, analogamente la rivoluzione digitale, permettendo la conversione di qualsiasi informazione (immagine, suono o testo) in forma digitale, cioè in cifre di un particolare sistema di numerazione, ha reso illimitata la quantità di dati che si possono conservare, come pure la loro trasmissione in tempo reale da un capo all'altro del mondo.

La *rivoluzione digitale* offre la possibilità, ai milioni e milioni di utenti che quotidianamente nel mondo "navigano" in Internet, di comunicare a distanza in tempo reale, di ascoltare musica, di vedere filmati, di acquisire ogni tipo di informazione, di "conversare" con tante persone e di condividere dati e perfino amicizie attraverso *Facebook* e gli altri *social network*, di servirsi del sistema di posta elettronica (*e-mail*) per poter inviare o ricevere messaggi e testi da e in qualsiasi luogo del Pianeta; ma anche di praticare il cosiddetto *home shopping*, cioè l'acquisto di merci di ogni genere dal proprio *computer* o *smartphone,* nonché l'*home banking*, cioè le operazioni di banca *online*. Azioni che, non molto tempo fa, richiedevano la presenza personale nei centri commerciali, negli uffici postali e presso gli sportelli bancari: adesso, invece, basta "cliccare" con il *mouse* del *computer* di casa o toccare il piccolo schermo del nostro telefonino.

3 L'interconnessione di Internet, televisione e telefonia cellulare

Infinite possibilità stanno nascendo dall'interconnessione della telefonia mobile, della tv e di Internet, grazie all'applicazione di tecnologie sempre più sofisticate e sempre più *miniaturizzate*.

Internet è, e continuerà ad essere nell'immediato futuro, **il centro propulsore della rivoluzione digitale**. In pratica tutto, dalla voce alla musica, dai dati alle immagini, può ormai essere convertito in segnali digitali in grado di essere trasmessi in tempo reale e dappertutto attraverso la Rete. Pensiamo, ad esempio, alla musica e ai film: già possiamo "scaricare" direttamente da Internet, beninteso con le dovute autorizzazioni previste dalla legge e, dove richiesto, a pagamento, i brani musicali dei nostri cantanti preferiti o i film che ci piacciono direttamente sul nostro *smartphone* o sul nostro *tablet*, che sono un po' telefonino, un po' *computer* ed un po' televisore. Infatti è diventato possibile, attraverso Internet, non solo *digitalizzare* tutte le informazioni in qualunque versione si presentino (voce, video o dati), ma anche trasferirli ad altri attraverso un telefonino collegato alla Rete e riprodurli infinitamente.

Insomma, un telefono cellulare collegato alla Rete può ormai trasformarsi in un vero e proprio terminale audio e video: qualsiasi contenuto mediale può essere trasferito o ricevuto o scambiato con altri utenti, proprio come avviene con un *personal computer*. Impensabile soltanto pochi anni fa!

Anche la televisione tradizionale è destinata a scomparire, perché sarà connessa alla Rete e, pertanto, consentirà non solo una funzione di **interattività**, ma pure un'infinita scelta, permettendo di vedere film, cartoni animati, eventi sportivi e varietà televisivi, scelti da un catalogo e magari pagandoli volta per volta, come già in parte avviene ora.

Dopo la grande rivoluzione dell'interconnessione in Rete dei *computer* di tutto il mondo, che ha fatto nascere Internet, ora si sta realizzando un'ulteriore rivoluzione che sta cambiando profondamente le nostre abitudini: l'**interconnessione di Internet e di tutti gli apparecchi elettronici** che usiamo quotidianamente. Insomma, l'era del futuro è quella del **tutto in uno**, del sistema che integra *computer*, televisione, telefonino multiuso e perfino gli **elettrodomestici**.

Tutte le funzioni disponibili nei vari strumenti che usiamo quotidianamente, inclusi gli elettrodomestici, infatti potranno essere comandati dal telefono cellulare che portiamo in tasca. Toccando sul suo schermo l'icona giusta, potremo ad esempio accendere la tv, come pure regolare la temperatura dell'impianto di riscaldamento di casa mentre ci accingiamo a rientrarvi; potremo accendere per tempo la lavatrice e il forno; poi, attraverso altre funzioni, potremo richiamare un programma televisivo, un notiziario del telegiornale, le immagini di un film o dell'ultimo gol della squadra di calcio preferita; potremo anche prenotare dei libri, fare l'iscrizione a scuola, pagare il biglietto del cinema o del treno, il parcheggio e il pedaggio autostradale. Ma questo in parte è già realtà: il progresso è più veloce della nostra immaginazione!

Insomma, attraverso il telefonino e l'interconnessione in Rete, in casa come per strada, potremo far "dialogare" tra di loro tutti gli strumenti elettronici che rendono la nostra vita più confortevole.

4 Le nanotecnologie

Sono le tecnologie del futuro, basate sull'**estremamente piccolo**, vale a dire dell'ordine di un milionesimo di millimetro. Infatti il prefissoide *nano* significa un miliardesimo: un *nanosecondo* è un miliardesimo di secondo, un ***nanometro*** è un miliardesimo di metro (o un milionesimo di millimetro, che è la stessa cosa).

Le *nanotecnologie* consentono di utilizzare come semiconduttori, al posto del tradizionale silicio, nuovi materiali, anche e soprattutto organici, come alcune strutture basate sul carbonio. Si possono così realizzare materiali, dispositivi e sistemi elettronici miniaturizzati fino all'inverosimile, sulla scala del *nanometro*. È facile immaginare quali prospettive si possono aprire nei campi più vari.

Cominciamo dalla **medicina**: è possibile, con strumenti estremamente miniaturizzati, effettuare diagnosi accurate **dall'interno di organi** anche piccoli, ad esempio facendo "viaggiare" delle minuscole sonde all'interno di una vena o di un'arteria, tra i globuli rossi e i globuli bianchi. Si pensi, ad esempio, che i globuli rossi presenti nel sangue sono delle dimensioni di circa un micrometro (cioè un milionesimo di metro, *micro* è un prefisso che sta per "un milionesimo"), mentre un filamento di DNA, che contiene le informazioni sullo sviluppo di un intero organismo vivente, è lungo 2,5 nanometri e un atomo è grande un decimo di nanometro.

Pensiamo ai **film sottilissimi**, costituiti da strati di poche molecole, quindi dello spessore di poche decine di nanometri, con i quali si possono rivestire le superfici metalliche, per aumentarne la resistenza o ridurne l'attrito, o anche i dispositivi elettronici, per proteggerli e migliorarne le funzioni. È possibile immaginare solo in minima parte quello che si può ottenere con le *nanotecnologie*, perché le caratteristiche della materia si modificano profondamente alle dimensioni del *nanometro*: le proprietà fisico-chimiche degli elementi, infatti, alle dimensioni estremamente piccole, possono presentarsi molto diverse da quelle a cui siamo abituati.

Pensiamo anche al campo dell'**energia**: a come, ad esempio, si potranno preparare dei materiali nuovi, a bassissima densità e a bassissima conducibilità termica, così da essere degli ottimi isolanti. Tra questi materiali nuovi in sperimentazione, ci sono già i cosiddetti *aerogel*, cioè delle schiume solide, ottenute mediante una *nanoporosità*, cioè realizzando dei pori dell'ordine di grandezza di qualche nanometro. Un *aerogel* di vetro, trasparente e leggerissimo, è un ottimo isolante termico che potrebbe essere usato per risparmiare energia nel riscaldamento degli ambienti chiusi, ad esempio di quelli domestici.

Nell'**elettronica** si potranno realizzare progressi sensazionali, grazie all'uso di circuiti ultraminiaturizzati in cui, al posto dei già piccolissimi *microhip* in silicio, normalmente presenti negli attuali telefoni cellulari e *computer*, ci saranno i ***nanotubi***, costituiti da atomi di carbonio così minuscoli che potrebbero essere sistemati a milioni nello spessore di un capello.

In quest'ultima applicazione, in realtà, la ***nanoelettronica*** non costituisce altro che la conseguenza di una costante tendenza **della *tecnologia informatica* alla miniaturizzazione**. Una decina di anni fa ci meravigliavamo di come i *personal computer*, capaci d'immagazzinare un'infinità di dati, potessero essere poggiati sulla nostra scrivania, grazie alla miniaturizzazione che consentiva a *chip* contenenti milioni di *transistor* d'immagazzinare un'incredibile quantità di informazioni. Ma oggi *computer* dalla potenza inimmaginabile soltanto qualche anno fa sono racchiusi in uno *smartphone* che tranquillamente possiamo reggere nel palmo di una mano.

Spingere ancora oltre la *miniaturizzazione* vuol dire poter contenere quantità ancora maggiori di informazioni in uno spazio sempre più piccolo, quindi aumentare ulteriormente la potenza dei *computer* ed essere in grado di costruirne di piccolissimi, estremamente versatili, ancora più rapidi e funzionali, ma che magari potrebbero stare, perché no, dentro un elegante orologio da polso.

Ma come si fa ad osservare la materia su scala nanometrica? Ovviamente non sono utilizzabili i tradizionali *microscopi ottici*, che possono ingrandire le immagini degli oggetti solo alcune centinaia di volte. Per osservare l'estremamente piccolo si usano infatti i **microscopi elettronici** che, basati su princìpi diversi da quelli dell'ottica, consentono ingrandimenti di alcune centinaia di migliaia di volte.

5 La genetica, la scienza del futuro

Anche la **genetica** non finisce di stupirci. È la branca della biologia che studia la generazione degli organismi viventi e i meccanismi che ne regolano la trasmissione dei caratteri ereditari. È detta anche *scienza del DNA* perché tali caratteri sono contenuti nel **DNA** (sigla che sta per Deoxyribo Nucleic Acid, **acido desossiribonucleico**), che è presente nel nucleo delle cellule e costituisce la base chimica dell'ereditarietà. Esso si presenta come una lunga catena molecolare costituita da due filamenti intrecciati "a doppia elica", come una sottile scala a chiocciola, avvolta su se stessa, i cui pioli sono costituiti dai nucleotidi.

Ogni organismo vivente complesso, che si tratti di una pianta, di un animale o dell'uomo, è formato da miliardi di miliardi di cellule, le quali costituiscono i vari tessuti. In ogni cellula c'è un *nucleo*, nel quale sono presenti i **cromosomi**, ciascuno dei quali contiene un lungo filamento di Dna. In particolare, il nucleo di una cellula somatica umana contiene 46 cromosomi. I segmenti di questo filamento all'interno di ogni cromosoma, chiamati **geni**, sono portatori di determinati caratteri ereditari. Essi sono migliaia in ogni cromosoma: duplicandosi e poi dividendosi durante la *mitosi* cellulare, consentono la **trasmissione dei**

Curiosità

Non esistono razze umane

Gli studi sul DNA hanno dimostrato in modo inconfutabile che non esistono razze umane. Infatti si è accertato che il DNA non differisce a seconda dei gruppi etnici. Questi ultimi, in pratica, si caratterizzano solo per qualche leggera differenza nel colore della pelle o dei capelli e per qualche altro tratto somatico, dovuto a ragioni evolutive e climatiche: qualcosa d'infinitesimale nel corredo genetico.

I gruppi umani si differenziano, invece, più precisamente sul piano comportamentale, vale a dire per la religione, la lingua, i costumi e le abitudini. Pertanto, la vita di ogni individuo è la risultante non tanto di un programma genetico scritto nei suoi cromosomi, quanto soprattutto delle condizioni ambientali in cui questo programma può realizzarsi. Pertanto, è più corretto parlare di **gruppi etnici** e non di *razze*, di **diversità etniche** e non di *differenze razziali*.

Tutto questo liquida scientificamente e definitivamente ogni razzismo.

caratteri ereditari alle nuove cellule.

Il **corredo cromosomico**, cioè l'insieme dei geni di un organismo vivente, costituisce il **genoma**. Ebbene, una recente grande conquista scientifica è stata il completamento della *mappa del genoma umano*, esito di un'imponente iniziativa condotta per anni da ricercatori di tutto il mondo, soprattutto statunitensi e britannici, nota come ***Progetto genoma***. Basti pensare che sono stati catalogati gli oltre 40mila geni che compongono il DNA delle cellule umane, benché non se ne conoscano ancora tutte le funzioni.

È come se fosse stato decifrato l'alfabeto in cui è scritto il codice genetico dell'uomo, ma non sono state ancora capite bene le interazioni tra le lettere di questo alfabeto, per cui non si comprendono ancora tutte le "parole" che queste "lettere", combinandosi, possono produrre.

Per capire la portata di questa straordinaria impresa scientifica, si deve pensare che i geni presiedono, in pratica, ad ogni attività vitale: questo perché le cellule di un organismo vivente dialogano costantemente tra di loro ed i geni decidono quali messaggi inviare. Sono infatti alcuni geni a decidere che una data cellula si duplichi dividendosi in due cellule; sono altri geni a decidere che una cellula del sangue debba produrre l'emoglobina, la quale, fissando l'ossigeno, consente al sangue di trasportarlo in tutto l'organismo; sono altri geni ancora a predisporre che una cellula nervosa stabilisca dei contatti elettrici con altre cellule oppure che una cellula ossea produca una sostanza robusta atta a sostenere i tessuti, e così via.

D'altro canto, sono sempre i geni, quando mutati, a far sì che una cellula del fegato produca un tumore epatico oppure che da una cellula del sangue si sviluppi una leucemia. Insomma, nei geni sono scritte delle informazioni, dette appunto **informazioni genetiche**, che determinano il comportamento delle cellule, anche quello anomalo i cui effetti costituiscono una determinata malattia.

Ai ricercatori di tutto il mondo è stata così offerta una specie di cartina geografica, di mappa per l'appunto, del DNA, alla quale poter fare riferimento per l'identificazione dei geni responsabili di particolari funzioni vitali o di malattie.

6 Le biotecnologie

Il termine *biotecnologia* risulta composto dal suffisso "bio" (dal greco *bìos*, vita) e dal sostantivo "tecnologia" (dal greco *techné*, tecnica, e *lògos*, discorso, studio; un insieme di tecniche e procedimenti). **La biotecnologia è nata, infatti, dall'incontro della biologia e delle tecniche industriali**, soprattutto per quanto concerne lo studio e la produzione di sostanze elaborate da cellule di organismi viventi.

Ma qualcosa del genere è esistito fin dalla notte dei tempi, ad esempio nell'utilizzo, benché inconsapevole, di mocrorganismi per produrre pane, vino, birra, ecc., oppure nelle tecniche di selezione di piante ed animali per rendere più redditizi l'agricoltura e l'allevamento del bestiame. Questo processo di *domesticazione* si avvaleva di pratiche che tendevano a produrre un *miglioramento genetico*: attraverso opportuni incroci di esemplari delle specie a disposizione, l'uomo utilizzava la **variabilità**

La storia degli studi sul DNA

1865: formulazione delle leggi dell'eredità biologica, ad opera del moravo Gregor Mendel.

1869: primo isolamento del DNA.

1879: scoperta dei cromosomi quali elementi della trasmissione dei caratteri ereditari.

1944: scoperta dei geni, costituiti da DNA.

1953: scoperta della struttura chimica del DNA ad opera di James Watson e Francis Crick a Cambridge, in Gran Bretagna.

1956: scoperta del numero di cromosomi nella cellula umana: 23 coppie, per un totale di 46.

1977: scoperta della sequenza del primo genoma di un microrganismo.

1988: avvio del *Progetto genoma* negli Stati Uniti.

2003: completamento della mappa del genoma umano.

genetica già esistente per incrementare gli esemplari con caratteristiche utili e diminuire quelli "meno interessanti" dal punto di vista delle sue necessità. Ma erano pur sempre pratiche che si avvalevano, magari intensificandoli, di meccanismi già esistenti in natura.

Oggi, invece, le moderne *biotecnologie* permettono di trasferire geni tra organismi viventi che non si possono incrociare naturalmente. Queste biotecnologie costituiscono l'**ingegneria genetica**, un'espressione quanto mai appropriata per definire un'attività in cui si usano "pezzi" variamente combinabili e sostituibili, proprio come fa l'ingegnere quando usa materiali appositamente modellati per progettare e poi costruire ponti, edifici, macchinari, ecc. Nell'ingegneria genetica questi "pezzi" sono i **geni** e gli esseri viventi sono come macchine costruite secondo un progetto che è depositato nel **DNA**.

Le biotecnologie consentono d'isolare un gene che, come si è visto, contiene una determinata informazione, magari quella di produrre una proteina, per poi inserirlo nel patrimonio ereditario di un altro organismo, anche molto diverso da quello del donatore. In questo modo si possono produrre dei ***biomateriali*** da utilizzare nella cura di varie malattie o per riparare lesioni di tessuti ed organi.

Vediamo adesso, con un esempio, come le biotecnologie possono fornire un aiuto prezioso all'uomo. Prendiamo in considerazione il gene che consente la produzione dell'**insulina** umana, un ormone che viene prodotto all'interno del pancreas ed è essenziale per contrastare il diabete, una malattia insidiosa. Isolato il gene, lo si inserisce in una cellula "ospite", ad esempio in quella di un batterio. In questo modo, il gene umano per l'insulina resta perennemente integrato nel batterio e, quando questo si riprodurrà, tutti i nuovi batteri produrranno quella proteina. I batteri verranno così fatti riprodurre in un'apposita coltura e l'insulina che essi genereranno, una volta estratta e purificata, potrà essere usata come farmaco. Infatti l'insulina così ricavata, insieme a tanti altri prodotti dell'ingegneria genetica a fini terapeutici, è già da tempo in commercio.

Nelle biotecnologie sono gli esseri viventi ad essere utilizzati come strumenti, diversamente dalle comuni tecnologie in cui gli strumenti che si usano sono delle cose, progettate e costruite dagli uomini. Si tratta di una differenza fin troppo significativa: mentre gli strumenti inanimati che usiamo nelle comuni tecnologie ci sono interamente noti, proprio per il fatto che a costruirli siamo noi, gli esseri viventi che vengono usati come strumenti dalle biotecnologie esistono indipendentemente da noi ed i loro meccanismi vitali ci sono in gran parte ignoti.

Proprio per questo, gli effetti che derivano dall'uso delle biotecnologie possono presentare un certo **rischio**: perché non conosciamo bene il meccanismo della vita a tutti i suoi livelli, dagli organismi più semplici a quelli più complessi tra cui l'uomo.

Curiosità

C'era una volta Dolly

Nel febbraio del 1997 Ian Wilmut e gli altri scienziati del Roslin Institute di Edimburgo, in Scozia, annunciarono al mondo il successo del loro esperimento di **clonazione**. Con questo termine, derivante dalla parola greca *klon*, che significa "germoglio", s'intende la riproduzione di individui geneticamente identici attraverso la **manipolazione genetica delle loro cellule**. Lo sviluppo delle biotecnologie aveva reso infatti possibili tali operazioni di manipolazione genetica. Così gli scienziati scozzesi poterono annunciare la nascita del **primo mammifero clonato**, una **pecora**, che chiamarono Dolly. Da allora sono stati compiuti, in quello ed in altri laboratori nel mondo, molti altri esperimenti di clonazione animale, soprattutto sui topi.

Dolly era stata ottenuta da una cellula prelevata dalla ghiandola mammaria di una pecora adulta, il cui nucleo era stato trasferito in un ovocita a sua volta privato del nucleo. L'introduzione era stata effettuata per mezzo di scariche elettriche che avevano reso permeabile la cellula ospitante, consentendo l'inserimento del nucleo.

L' annuncio suscitò grande scalpore. I *mass media* diedero allora una grande risonanza all'evento, ma la prospettiva di avere un gregge di pecore clonate si rivelò quanto mai ardua, poiché Dolly rappresentò l'unico caso riuscito su molte centinaia di tentativi.

Dolly, però, morì prima di raggiungere i sei anni di età. Infatti all'inizio del 2003 fu abbattuta, per porre fine alle terribili sofferenze dovute ad un'artrite deformante a cui aveva fatto seguito una brutta malattia polmonare: tipici malanni della vecchiaia.

In pratica Dolly era invecchiata precocemente e se ne può anche capire il perché. Infatti, quando nacque, le cellule del suo organismo non erano nella fase iniziale dello sviluppo, come per qualsiasi individuo neonato, ma avevano già l'età della matrice. Dolly, insomma, era nata già vecchia.

Ne consegue che, non solo è necessario muoversi con prudenza in un campo così importante e delicato e nel quale gli interventi dell'uomo possono produrre conseguenze imprevedibili, ma anche che la ricerca scientifica e le applicazioni che ne derivano non siano assoggettate ad una logica di guadagno. Insomma, sulla vita degli uomini non si possono far soldi.

7 Gli "OGM": il cibo-Frankenstein?

Che sono gli **"OGM"**, prodotti dalle biotecnologie e di cui si parla tanto, ma non di rado tra dubbi e perplessità? La sigla "OGM" sta per **Organismi Geneticamente Modificati**, detti anche **"transgenici"**. Si tratta di organismi viventi sui quali è stata effettuata un'operazione di *manipolazione genetica*, ad esempio attraverso il trasferimento di un gene da una pianta ad un'altra o da un animale ad una pianta. Lo scopo è di ottenere piante più resistenti alla siccità ed a parassiti, virus, insetti, più rigogliose e capaci di dare frutti in maggior quantità. Gli "OGM" sono il risultato dell'applicazione delle *biotecnologie* all'agricoltura, con esperimenti avviati fin dalla metà degli anni Settanta negli Stati Uniti. Le prime manipolazioni in laboratorio del DNA di alcune piante fecero capire alle grandi aziende agricole americane quale gigantesco affare economico fosse possibile con l'**applicazione dell'ingegneria genetica all'agricoltura**. Oggi la maggior parte delle colture di "OGM" sono negli Stati Uniti, in Australia e in Argentina, Paesi dove l'esistenza di un'agricoltura su grande scala bene si presta all'introduzione degli "OGM".

Anche in Europa sono state introdotte le **colture "transgeniche"**, ma l'allarme suscitato in alcuni scienziati esperti ha reso diffidente anche l'opinione pubblica. Le istituzioni dell'Unione Europea hanno lasciato ad ogni Stato membro la facoltà di vietare o meno la coltivazione di "OGM", ma le stesse istituzioni ed alcuni governi vigilano sugli "OGM" al fine di tutelare la salute pubblica. Infatti ancora s'ignorano quali effetti possano produrre sull'organismo umano, a lungo andare, alimenti ricavati da piante cresciute più rapidamente e al di fuori della norma naturale. La comunità scientifica è attualmente divisa sulla convenienza degli "OGM", ma alcuni opinionisti addirittura, con un'espressione forse eccessiva, chiamano tali alimenti *Frankenstein food*, il "cibo di Frankenstein", insomma qualcosa di mostruoso.

Il **mais** e la **soia** sono i più trattati geneticamente, ma sono diffuse anche le colture di melanzane, riso, zucchine, patate, kiwi, fragole, pomodori, modificati geneticamente.

L'ingegneria genetica è entrata anche nella **zootecnia**, non solo con gli esperimenti di *clonazione*, ma soprattutto con la somministrazione, in modo massiccio, di *ormoni della crescita* a mucche e ad altri animali di allevamento, che così vengono nutriti in modo non naturale e fatti sviluppare più rapidamente. Molti ricordano ancora il fenomeno della ***mucca pazza*** ("encefalopatia spongiforme bovina", una grave malattia che dai bovini può trasmettersi all'uomo), che alcuni anni fa tenne in allarme veterinari, medici e opinione pubblica dell'intera Europa, tanto che in alcuni Paesi, per qualche tempo, fu vietato il consumo di carne bovina: fu un effetto della scellerata pratica di alimentare i bovini, che come si sa sono erbivori, con farine di origine animale. L'uomo, accecato dalla possibilità di lauti guadagni, può compiere errori terribili, andando contro natura, e la scienza moderna gli può offrire tanti strumenti in più per sbagliare.

Le proteste delle **organizzazioni dei consumatori** in Europa contro la diffusione di cibi di origine transgenica hanno di recente ottenuto delle significative conquiste, come ad esempio il **diritto di essere informati su ciò che si mangia**. Basti pensare che la soia "transgenica" entra in un'incredibile quantità di prodotti confezionati, come merendine, biscotti, cioccolata. Ebbene, i cibi che contengono ingredienti provenienti da "OGM" in misura superiore allo 0,9% devono riportare quest'indicazione sull'etichetta della confezione, in modo che i consumatori sappiano che cosa comprano e mangiano.

Infine c'è un'ulteriore insidia: gli "OGM" riducono la **biodiversità**, in quanto le modificazioni genetiche apportate dalle *biotecnologie* favoriscono, all'interno di una stessa specie, la diffusione su larga scala di una o pochissime varietà, rese artificialmente più resistenti: sono preferite quelle che danno prodotti di qualità *standard* che si prestano ad essere trasportati e conservati per lunghi periodi e che, pertanto, sono più facilmente commerciabili. Ma questo è un danno incalcolabile per gli equilibri, complessi e delicati, della vita sulla superficie del nostro Pianeta.

Gli OGM sono un bene o un male? Opinioni a confronto

	a favore degli OGM	contro gli OGM
argomenti scientifici	Gli OGM migliorano gli alimenti di origine vegetale, rendendoli meno marcescibili, quindi conservabili più a lungo, e non inquinati dalle sostanze tossiche contenute in pesticidi e diserbanti usati in agricoltura. Gli OGM possono potenziare il valore nutritivo di alcuni alimenti, ad esempio arricchendoli di vitamine.	Gli OGM mettono a rischio la sicurezza del cibo poiché la manipolazione genetica rende in qualche modo l'alimento diverso da quello naturale. Non se ne conoscono tutti i possibili effetti, ma non si possono escludere una più frequente insorgenza di allergie alimentari ed una maggiore resistenza ad alcuni farmaci.
	Grazie alle modifiche genetiche diventa possibile salvare le varietà di culture che siano aggredite da particolari malattie, evitandone l'estinzione e proteggendo così la biodiversità.	La diffusione di alcune varietà rese più forti dalle modifiche genetiche rischia di far sparire le altre varietà di una stessa coltura, con riduzione della biodiversità.
argomenti socio-economici	Gli OGM consentono di aumentare notevolmente le produzioni agricole, quindi possono contribuire allo sviluppo dell'agricoltura nei Paesi poveri del Sud del mondo. Si produrrebbe più cibo e si aiuterebbe la lotta alla fame nel mondo.	Gli OGM rischiano di far scomparire tante colture tradizionali, anche e soprattutto nei Paesi poveri, e di ridurre la varietà di prodotti agricoli, a vantaggio di poche colture su grande scala imposte dalle aziende agrarie occidentali.
	Gli OGM permettono ai contadini dei Paesi poveri di risparmiare sull'acquisto di pesticidi, diserbanti, fertilizzanti e sul consumo di acqua.	I semi degli OGM sono brevettati dalle grandi aziende agrarie occidentali che li vendono in esclusiva ed a prezzi più alti dei semi tradizionali.

Focus

La nuova frontiera della ricerca genetica: le cellule staminali

Le *cellule staminali* sono cellule non ancora differenziate, ma capaci, dividendosi, di dare origine alle cellule differenziate che formano i vari tessuti del corpo: possono diventare muscoli, sangue, neuroni, epidermide, ossa, e così via. Si trovano in gran numero negli embrioni e nel cordone ombelicale, ma anche nei tessuti di individui adulti; in quest'ultimo caso hanno una capacità generativa più ridotta.

Le cellule staminali possono rappresentare la **nuova frontiera della ricerca genetica**, un campo di studi promettente che lascia intravedere possibilità oggi impensabili nella cura di tante malattie. Infatti le straordinarie potenzialità di queste cellule, capaci in pratica di produrre tutti i tessuti del nostro corpo, consentono di riparare organi gravemente colpiti o di sostituire tessuti degenerati, come se si avessero a disposizione dei "pezzi di ricambio".

Già da tempo, in alcuni ospedali del nostro Paese, si è in grado di riparare la cornea dell'occhio con le cellule staminali, così come negli ustionati un frammento di pelle sana prelevato dal loro corpo viene fatto espandere in laboratorio fino alla dimensione necessaria a coprire ustioni anche estese.

Analogamente si possono generare, da cellule staminali prelevate dallo stesso paziente, cartilagini e tessuti ossei per curare affezioni dell'orecchio, delle articolazioni e dello scheletro. Sono più recenti le sperimentazioni sul cuore di persone colpite da infarto, che hanno permesso di generare dei tessuti di muscolo cardiaco da cellule staminali prelevate dal loro midollo osseo.

Insomma, la prospettiva è quella di poter allestire un vero e proprio "magazzino di ricambi" per il corpo umano, a cui attingere per ottenere, attraverso la messa a coltura di cellule staminali, vari tessuti del corpo umano. Si è ancora alla fase iniziale, ma da queste prime applicazioni si può capire che, in un futuro forse nemmeno troppo lontano, le cellule staminali potranno rivelarsi una preziosa **alternativa al trapianto di organi**, superando così sia le difficoltà del reperimento di organi da donatori sia il rischio dovuto al fenomeno del *rigetto*. Questo infatti è inevitabile in ogni trapianto di organi appartenenti ad individui diversi, ma ovviamente non c'è nel caso di tessuti generati da cellule staminali prelevate dallo stesso paziente.

Focus

Che cos'è la bioetica

I benefici derivanti dalle scoperte scientifiche devono poter ricadere su tutta l'umanità e non diventare privilegio di pochi facoltosi. Non solo, ma è la stessa **difesa della dignità umana** che impone la vigilanza delle autorità pubbliche per impedire che ci siano attentati alla dignità e alla libertà dell'uomo. Ma ci si potrebbe chiedere: chi ci garantisce che proprio i pubblici poteri non attentino alla libertà e alla dignità degli uomini? Chi ci tutela dalle prevaricazioni di un dittatore o di un tiranno, che potrebbe utilizzare per i suoi scopi i risultati delle scoperte genetiche?

Sono anche questi interrogativi (suscitati dal progresso di una scienza, la genetica, che opera in un campo così importante qual è quello della vita e della sua trasmissione ereditaria) a spingere la società verso un sempre più stabile assetto democratico, in modo che chi ha la responsabilità della gestione dello Stato resti sempre sotto il controllo dei cittadini.

Tuttavia le possibilità che lasciano intravedere alcuni esperimenti e ricerche sono **inquietanti**. Quindi diventa quanto mai necessario orientare la ricerca scientifica in modo che non si colpiscano diritti umani fondamentali, quali il **diritto alla vita e all'unicità e irripetibilità di ogni indi-**

viduo, e si stronchi sul nascere ogni speculazione e corsa al profitto sulla vita umana. Insomma, alla genetica deve accompagnarsi la **bioetica**.

Questa si occupa delle questioni morali sollevate dalle scoperte e dalle applicazioni nel campo dell'ingegneria genetica. Essa è la riflessione di scienziati, giuristi, filosofi e teologi sull'ambito e sui confini della ricerca scientifica quando si svolge in un campo così delicato come quello della vita. Indaga, tra l'altro, il ricorrente contrasto tra la **libertà della ricerca**, che pure è un valore importante, e il **rispetto dei princìpi morali** condivisi dalla società. È giusto non porre limiti alla scienza, anche quando questa rischia di mettere in pericolo la salute dell'uomo? La ricerca scientifica deve rispettare la coscienza morale degli individui? Sono ammissibili le scoperte scientifiche, nei settori della biologia, della medicina, dell'ingegneria genetica, se possono ritorcersi contro l'uomo, trasformandolo da beneficiario in vittima?

Questi sono soltanto alcuni dei quesiti a cui la bioetica cerca di dare una risposta, nel tentativo di salvaguardare i diritti e la dignità oltre che la salute dell'uomo. Ci s'interroga se sia giusto che l'uomo intervenga a manipolare un processo naturale come la vita; se gli sia consentito di "dare la vita" ad esseri, per il momento solo animali, clonati, cioè riprodotti in laboratorio seguendo modalità diverse da quelle naturali, magari anche utilizzando cellule ed organi appartenenti a specie diverse.

La scienza sta certamente percorrendo un **cammino poco conosciuto ed irto di difficoltà**, che non solo solleva questioni etiche e religiose, ma suscita anche preoccupazione per i danni irreparabili che ne potrebbero derivare alla vita stessa dell'uomo.

Del resto, la storia insegna che spesso le scoperte scientifiche sono state causa di devastazioni e distruzioni: pensiamo, ad esempio, alle bombe atomiche con cui si concluse il secondo conflitto mondiale, alle armi chimiche ed a quelle batteriologiche o, ancora, ai pericoli che derivano attualmente dall'uso delle centrali nucleari.

La bioetica estende il proprio raggio d'azione anche alla politica, richiedendo iniziative e leggi in difesa della dignità umana e della salute dei cittadini. Insomma, è stato riconosciuto un **limite**, rappresentato sia dalla **coscienza morale** del singolo cittadino sia dal **contesto sociale** in cui l'individuo è inserito, al di là del quale non si può offendere la dignità dell'uomo, né ledere il suo **diritto alla vita**.

Le parole per capire

Biotecnologie: l'insieme di tecniche che utilizzano microrganismi o colture di cellule per la produzione di sostanze (come enzimi, antibiotici, vitamine, ecc.) d'impiego industriale o d'interesse alimentare o farmacologico.

Cellula: è l'unità fondamentale di ogni organismo vivente. Capace di riprodursi duplicandosi, è costituita dalla membrana, dal nucleo e dal citoplasma. Sono dette **staminali** le cellule capostipiti che, dividendosi, originano le cellule differenziate che formano i vari tessuti.

Chip: parola inglese con cui s'indica il frammento di silicio che può contenere un elevato numero di componenti elettronici e che costituisce, nel contempo, un circuito di elaborazione e un'unità di memoria. È in pratica la più piccola unità di ogni elaboratore elettronico.

DNA: sigla di parole inglesi che indica l'*acido deossiribonucleico*, che si trova quasi esclusivamente nel nucleo delle cellule ed è portatore dei fattori ereditari. Su di esso si basa la **scienza genetica**.

Ingegneria genetica: l'insieme delle biotecnologie che consentono d'intervenire sul corredo genetico degli organismi viventi, per modificarlo o per produrre sostanze organiche utilizzabili in campo biologico e medico, come ad esempio l'insulina e l'ormone della crescita.

Nanotecnologie: tecnologie che intervengono sui materiali nella dimensione dell'estremamente piccolo, dell'ordine del nanometro, cioè del milionesimo di millimetro. In quella dimensione i materiali presentano caratteristiche del tutto diverse da quelle degli stessi materiali strutturati nelle dimensioni maggiori.

Rivoluzione digitale: espressione con cui si indicano le profonde trasformazioni intervenute nel sistema delle telecomunicazioni grazie alla possibilità di convertire suoni, immagini e dati in segnali digitali, cioè costituiti da una successione di numeri binari, in alternativa al segnale analogico, quello tradizionale.

Software: termine inglese che indica l'insieme dei programmi che consentono di elaborare un sistema informatico. Si distingue da **hardware**, altro termine inglese con cui s'indicano comunemente le macchine elettroniche a cui si applicano i programmi di cui sopra.

Proposte di lavoro

Per la comprensione

1. *Rispondi alle seguenti domande:*

- Che cos'è Internet? ....

....

- Che cos'è il commercio elettronico? ....

....

- Che cosa ha influito maggiormente sullo sviluppo della telematica? ....

....

- Che cos'è la nanoelettronica? ....

....

- Di che cosa si occupa la genetica? ....

....

- Che cosa sono gli "ogm"? ....

....

- Qual è l'importanza delle cellule staminali? ....

....

- Quali benefici hanno apportato alla medicina le biotecnologie? ....

....

Per il lessico

L'affermazione del computer e di Internet ha comportato la diffusione di neologismi, ma anche di termini propri della lingua inglese. Costruisci nella pagina seguente, con l'aiuto di un buon vocabolario, un piccolo glossario, scrivendo una definizione appropriata per ciascuno dei termini riportati.

blog ....

chat line ....

hacker ....

link ....

modem ....

motore (di ricerca) ....

mouse ....

network ....

password ....

sito ....

web ....

Altri termini individuati da te:

....

....

....

Per la riflessione e la produzione scritta

1. *La scienza e le tecnologie possono dare all'uomo l'illusione di essere il signore incontrastato della natura, ma l'uomo è parte della natura e non può andare contro le sue leggi.*
2. *L'estremamente piccolo come una delle nuove frontiere della scienza: i prodigi della nanotecnologia.*
3. *Quali problemi morali pone, secondo te, l'intervento della scienza sui meccanismi che regolano la vita?*
4. *La scienza può aiutare l'umanità, ma può anche distruggerla. Rifletti su questo rischio e scrivi le tue considerazioni anche riferendoti ad esempi ricavati dallo studio della storia.*
5. *Quali limiti, a tuo avviso, deve darsi lo scienziato nelle sue ricerche? Deve vigilare sull'uso dei risultati delle sue scoperte o deve disinteressarsene? Esponi le tue opinioni, magari anche facendo ricorso a degli esempi, sul delicato argomento della responsabilità morale degli scienziati.*

1 La criminalità organizzata

La grande **criminalità organizzata** è da tempo nel nostro Paese una delle principali emergenze, ma non solo in alcune regioni del Mezzogiorno, dove purtroppo agguati, estorsioni e guerre tra cosche rivali ci hanno abituato a considerare radicate la **mafia** in Sicilia, la ***camorra*** in Campania, la ***'ndrangheta*** in Calabria. Infatti queste organizzazioni malavitose sono, sì, attive nel Mezzogiorno da molto tempo, ma negli ultimi anni hanno enormemente moltiplicato i loro "affari" in altre regioni d'Italia e perfino in alcuni Paesi stranieri.

Il grande sviluppo della *mafia* e delle altre organizzazioni criminali si è avuto con la formazione di un **mercato mondiale della droga**, che ha consentito ai maggiori gruppi criminali di diffondersi sul territorio in modo capillare e di raggiungere un volume d'affari talmente alto da costituire un vero e proprio potere economico.

Infatti l'aumento dei profitti derivanti dai traffici illeciti ha reso indispensabili il riciclaggio e la "pulizia" del denaro sporco: non a caso, i capitali ricavati dal mercato dalla droga e dalle altre attività illecite vengono investiti in attività lecite nelle regioni dell'Italia centrale e settentrionale e in vari Paesi dell'Europa e del mondo intero, con l'acquisto di alberghi, ristoranti, esercizi commerciali, fabbriche, negozi, case, ecc.

La conseguenza è la **distorsione dei meccanismi concorrenziali di mercato**, con l'emarginazione degli imprenditori onesti, ma **è la stessa democrazia ad essere messa in pericolo**. Infatti le cosche malavitose hanno acquisito col tempo una notevole capacità d'influenzare, d'intimidire e di corrompere anche amministratori locali e uomini politici.

2 Le origini della mafia

Sono incerte le origini della mafia, **la più pericolosa delle grandi organizzazioni criminali**, ma gli storici concordano nel farle risalire ad alcune sette criminali, chiamate *fratellanze*, che nella **prima metà dell'Ottocento**, nella Sicilia occidentale, esercitavano un potere sulla popolazione, potendo contare sulla corruzione dei funzionari borbonici e sulle risorse economiche di una "cassa comune" alimentata con furti di bestiame e sequestri di persona a fini estorsivi, il tutto sotto la guida di capi obbediti e "rispettati". Il **regime borbonico** non solo ne tollerava l'esistenza, ma addirittura se ne serviva tacitamente per controllare il territorio, non volendo impegnarvi più di tanto i propri apparati burocratici e militari. Accadeva lo stesso per la *camorra* napoletana, che controllava il gioco d'azzardo, la prostituzione, le estorsioni, ecc., e le autorità borboniche la utilizzavano per gestire l'ordine pubblico, specialmente nella capitale Napoli.

Dopo l'**unità d'Italia** (1861), all'assenteismo del regime borbonico subentrò nel Mezzogiorno un governo che imponeva pesanti obblighi (tasse e imposte, nonché il servizio militare prima inesistente), ma lasciando le popolazioni locali **in condizioni economiche e sociali di forte arretratezza**, senza far niente per diffondere fra i nuovi "sudditi" il senso dell'appartenenza alla nuova nazione e far sentire loro la protezione dello Stato. Così i mafiosi si radicarono ancora di più nel territorio, favoriti dalla permanenza in Sicilia di un'**agricoltura semifeudale**, dove i grandi proprietari terrieri (i cosiddetti *latifondisti*) si servivano di uomini armati a difesa delle loro proprietà e dove tutto induceva a porsi sotto la protezione del più potente, ma anche a mettersi "a sua disposizione". Ed infatti fin dalle origini l'organizzazione mafiosa, diversamente dalle comuni bande di delinquenti, si diede una **struttura gerarchica** e delle **regole rigide**, da rispettare sempre: l'**obbedienza ai capi**, l'**omertà**, la **vendetta** decisa da propri tribunali interni come uno strumento della "giustizia mafiosa". Anche il **rito dell'*affiliazione*** doveva dare l'illusione della sacralità dell'associazione, i cui membri dovevano sentirsi reciprocamente vincolati, nonché la certezza dell'impossibilità di tornare indietro.

La **ricerca del denaro** fu da subito, ed è ancora, la finalità della mafia. Per decenni i mafiosi, nella Sicilia contadina di un tempo, sfruttarono come parassiti della società il lavoro altrui, imponendo il *pizzo*, cioè una percentuale costante, su ogni commercio e su ogni merce trasportata (arance, olio, olive, vino, bestiame), facendo i guardiani armati nei *latifondi*, ma anche rubando bestiame e vendendolo, talvolta sequestrando possidenti per poi farsi pagare il riscatto.

Diverse sono state le svolte nella storia della mafia, che l'hanno resa ogni volta più articolata e più potente economicamente. La prima si produsse al tempo della **grande emigrazione italiana verso l'America**, all'inizio del Novecento, e determinò stretti legami tra la mafia siciliana e la **criminalità americana**. La seconda svolta maturò dopo la seconda guerra mondiale e segnò l'ingresso della mafia nel **contrabbando mondiale delle sigarette**, con un conseguente vertiginoso aumento del "volume d'affari". Infine, la terza e più importante svolta negli anni Sessanta e Settanta del secolo scorso: l'ingresso nel lucroso **mercato della droga**. Ma con questo siamo già nell'attualità.

PER NON DIMENTICARE

Pio La Torre e la legge sul sequestro dei beni della criminalità

Pio La Torre fu un uomo politico siciliano che morì ucciso dalla mafia a Palermo nel 1982 per aver sostenuto una proposta di legge che introduceva il **reato di associazione mafiosa** ed il **sequestro delle proprietà dei mafiosi**. La legge da lui voluta fu poi approvata nello stesso 1982 e migliorata ulteriormente nel 1996 con una norma che prevede il riutilizzo dei beni sequestrati alla mafia per **finalità sociali**, assegnandoli ad Enti locali, associazioni e cooperative.

Così, in tanti edifici e su terreni confiscati alla criminalità organizzata, sono sorti centri d'incontro dei giovani, comunità di recupero dei tossicodipendenti, cooperative agricole, scuole, centri per anziani, ecc. **È una legge molto temuta dalla mafia e dalle altre organizzazioni malavitose** perché queste vengono colpite nei patrimoni, vanificandosi così l'accumulazione della ricchezza illecitamente ricavata dalle attività criminose. Basti pensare che, fino al 2010, erano stati confiscati alle varie organizzazioni della grande criminalità organizzata quasi diecimila immobili (case, fabbricati, terreni, ecc.) ed oltre milletrecento aziende.

3 La criminalità organizzata e la gestione del mercato della droga

Molte sono oggi le attività da cui le organizzazioni criminali ricavano ingenti proventi, ma la più redditizia è ancora il **mercato della droga**, capace di produrre guadagni di molti miliardi di euro. Si pensi che gli uffici dell'Interpol hanno stimato che l'80% di tutti i guadagni che nel mondo le organizzazioni criminali ricavano dalle loro attività illecite proviene dal mercato della droga. In altre parole: ogni dieci euro che la criminalità incassa, otto euro provengono dal traffico dell'eroina, della cocaina, dell'hascisc, ecc.

Se il consumo di droghe ha assunto dimensioni macroscopiche soprattutto nei Paesi del ricco Occidente, la loro produzione è invece concentrata in alcuni Paesi dell'America Latina, dell'Asia e dell'Africa, dove la povertà costringe tanti contadini a coltivare, **sotto il controllo della locale malavita organizzata**, le piante da cui si ricava la materia prima per le droghe più diffuse.

I maggiori Paesi produttori di foglie di *coca*, da cui si ricava la *cocaina*, sono la Colombia, il Perù, la Bolivia e, da qualche tempo, anche la Nigeria. La produzione di *canapa*, da cui si ricavano *hascis* e *marijuana*, ha luogo nella stessa Colombia, in Marocco, in Messico, in Afghanistan e nel Pakistan. L'*oppio*, da cui si ricava l'*eroina*, viene prodotto in due distinte aree: in Birmania, Laos e Thailandia, che costituiscono il cosiddetto *Triangolo d'oro*; in Afghanistan, Iran e Pakistan, che formano la cosiddetta *Mezzaluna d'oro*. Le grandi organizzazioni criminali si occupano della raffinazione dell'eroina e del suo smercio in Europa, negli Stati Uniti e nel resto del mondo. Per quanto concerne, invece, l'*ecstasy* e le altre *droghe sintetiche* (cioè da produzione chimica), i principali laboratori clandestini si trovano in Olanda, in Birmania, negli Stati Uniti, in Polonia e in altri Paesi dell'Europa orientale.

Se il tossicodipendente, come visto, è la vittima dell'infernale circuito della droga, lo spacciatore e il trafficante ne sono gli artefici, coloro che attivano questo circuito. Lo **spacciatore**, che vende "al dettaglio" gli stupefacenti, appartiene sovente alla *microdelinquenza*; il **trafficante**, che si occupa dei rifornimenti "all'ingrosso", appartiene alla grande criminalità.

Diverse sono le **rotte internazionali del grande traffico di droga**: cocaina, eroina, droghe sintetiche, ecc. vengono smistate dai corrieri clandestini e ad ogni passaggio aumenta vistosamente il loro prezzo.

Le grandi organizzazioni criminali decidono i prezzi delle materie prime (*oppio* e foglie di *coca*), ne curano l'importazione e la trasformazione in sostanze stupefacenti e la distribuzione di queste ultime ai trafficanti che agiscono nei mercati interni.

Le **vie della droga** sono varie e mutevoli: ad esempio, una parte dell'eroina e delle altre droghe dall'Afghanistan giunge in Europa, ed anche in Italia, attraverso la Turchia e la Penisola Balcanica. In genere, le rotte del grande traffico della droga sono in continuo mutamento, per sfuggire ai controlli delle forze di polizia, e interessano tutti i continenti, come si addice ad un mercato della droga globalizzato. Tuttavia, negli ultimi anni, le grandi organizzazioni criminali che gestiscono il traffico di droga hanno scelto l'**Africa occidentale** come area di stoccaggio e transito di grandi partite di cocaina tra Europa, Asia e America. Infatti i Paesi dell'Africa occidentale, come il Senegal, la Guinea-Bissau, il Togo, il Benin, la Nigeria, ecc., per la scarsa efficienza delle polizie locali, per l'insicurezza dei confini, per la povertà delle popolazioni locali, tra le quali è facilissimo reperire corrieri a basso costo, offrono basi d'azione ideali alle organizzazioni criminali internazionali.

Una delle conseguenze più ripugnanti è che l'Africa è diventata, in questo modo, anche un mercato di sbocco della droga, in quanto è aumentato vertiginosamente il numero di consumatori locali di so-

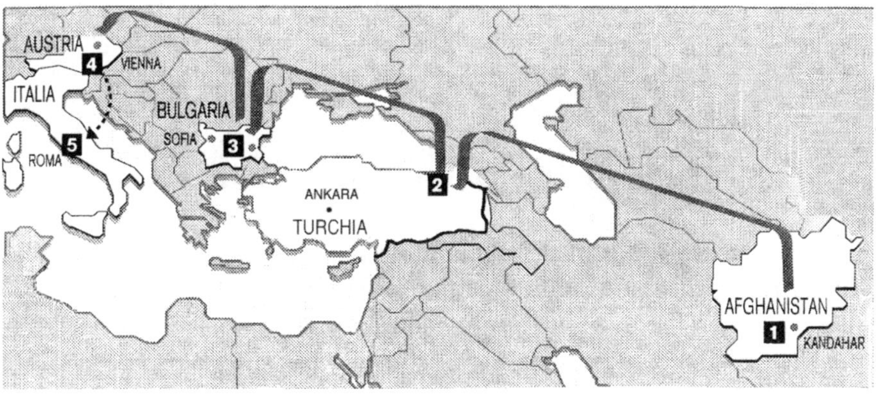

Una via dell'eroina: dall'Afghanistan all'Europa

stanze stupefacenti. Insomma, la droga, arrivando in Africa per essere smistata verso i mercati di consumo della ricca Europa, in parte finisce per essere consumata in quantità crescenti dai giovani locali.

4 Le altre attività della criminalità organizzata

Altre attività illecite delle grandi organizzazioni criminali sono: il *racket delle estorsioni* a danno di aziende ed esercizi commerciali grandi e piccoli, obbligati con minacce e violenze a pagare il *pizzo*, cioè una certa somma di denaro periodicamente; la *contraffazione di merci*; il *contrabbando di armi*, che rifornisce le tante fazioni armate in guerra in alcuni Paesi del Sud del mondo; lo sfruttamento della *prostituzione*; il *traffico dei lavoratori clandestini* provenienti dai Paesi del Sud del mondo e dall'Europa orientale; l'*usura*.

Consistenti proventi la *mafia* e le altre organizzazioni criminali del nostro Paese incassano dal **controllo degli appalti di lavori pubblici**, soprattutto nel Mezzogiorno: quando si tiene una gara di appalto per stabilire chi dovrà costruire un'opera pubblica (ad esempio una strada, una scuola, un ponte, ecc.) oppure dovrà svolgere un servizio pubblico (ad esempio, la raccolta e lo smaltimento dei rifiuti), le ditte legate alle organizzazioni criminali fanno in modo di vincere la gara, intimidendo le aziende concorrenti o corrompendo gli amministratori e i funzionari pubblici. Questo ci fa capire come la criminalità organizzata prosperi talvolta anche grazie alla complicità di uomini politici e amministratori pubblici locali.

5 Le "ecomafie" e la Terra dei fuochi

Altri grossi guadagni le organizzazioni criminali li ricavano dallo **smaltimento illegale delle sostanze tossiche ed in genere pericolose**. Le leggi vigenti prevedono delle regole ben precise per lo smaltimento dei rifiuti pericolosi, in modo che non sia messa a rischio la salute della popolazione. Invece recenti inchieste giudiziarie hanno dimostrato come alcune organizzazioni criminali abbiano realizzato ingenti guadagni smaltendo, in discariche abusive dislocate in alcune regioni dell'Italia meridionale, grandi quantitativi di rifiuti tossici e comunque pericolosi che aziende "al di sopra di ogni sospetto" dell'Italia del Nord affidavano a queste organizzazioni, pur di risparmiare rispetto alle obbligatorie procedure di smaltimento di quel tipo di rifiuti. In questo modo le cosiddette *ecomafie*, come vengono chiamate le organizzazioni criminali che realizzano ingenti profitti dallo smaltimento illegale dei rifiuti, hanno avvelenato il suolo ed il sottosuolo di aree, anche popolose, delle regioni meridionali, dove magari l'agricoltura e l'allevamento del bestiame producono alimenti che poi vengono consumati dagli ignari cittadini.

Si è usata l'espressione **Terra dei fuochi**, di rara efficacia, per indicare una delle forme più gravi d'inquinamento del territorio ad opera della criminalità organizzata in un'area compresa tra Napoli e Caserta, nelle cui campagne alcuni *clan* della camorra negli anni scorsi hanno

Curiosità

I giovani contro la mafia

La lotta alla criminalità organizzata vede in prima fila, con i magistrati e le forze dell'ordine, anche alcuni movimenti giovanili. Ad esempio, a Locri, in provincia di Reggio Calabria, nell'ottobre del 2005, dopo un ennesimo omicidio della *'ndrangheta*, nacque un movimento antimafia: **"e adesso ammazzateci tutti"** recava scritto lo striscione, diventato famoso, che apriva quel primo corteo di protesta.

Il movimento, inizialmente formato da giovani, per lo più studenti liceali ed universitari, si sviluppò rapidamente, raccogliendo adesioni tra gli adulti, i familiari delle vittime di mafia ed i giovani delle altre regioni italiane, contattati e coinvolti anche grazie ad Internet.

"Ammazzateci tutti" diventò anche il nome di quel movimento giovanile, che si estese ad altre regioni d'Italia, ma che giustamente ha avuto nei ragazzi di Locri i suoi fondatori, alcuni dei quali, intervenendo a convegni pubblici e seminari di studio, vollero portare la testimonianza di chi la mafia ce l'aveva nella propria città.

I **ragazzi di Locri** chiesero anche il varo di particolari **leggi antimafia**: ad esempio, per rendere impossibile qualsiasi collegamento tra criminalità e politica, la decadenza immediata, da ogni carica pubblica, di chiunque si fosse servito dell'appoggio di uomini della criminalità per la propaganda politica o per ricavare un qualsiasi vantaggio elettorale.

sversato illegalmente rifiuti tossici.

L'espressione *terra dei fuochi* è nata perché i cumuli di rifiuti illegali venivano spesso incendiati, soprattutto ai margini delle strade, provocando roghi i cui fumi diffondevano nell'atmosfera sostanze tossiche tra le quali la diossina. Questa espressione è stata usata in passato sia dall'organizzazione ambientalista "Legambiente" sia dallo scrittore Roberto Saviano, che ha addirittura intitolato così uno dei capitoli del suo noto libro "Gomorra".

La devastazione ambientale operata dalle "ecomafie" in aree non solo del Mezzogiorno, ma anche nel resto della Penisola, è una delle più gravi aggressioni alla natura che siano mai state compiute nel nostro Paese, un vero e proprio assalto criminale al territorio, che richiederà lunghi e costosi, ma inderogabili, interventi di bonifica. Si sono scoperte addirittura grandi quantità di *amianto*, che è un materiale dannoso alla salute e da tempo proibito, depositate nel sottosuolo, come pure navi cariche di pericolose sostanze chimiche affondate al largo delle nostre coste meridionali.

Guadagni ancora più cospicui le grandi organizzazioni internazionali del crimine li realizzano smaltendo i **rifiuti radioattivi**. Questi vengono trasportati nelle aree disabitate di alcuni Paesi poveri dell'Africa, i quali, in cambio di un qualche compenso, consentono lo stoccaggio nel loro territorio di materiali assai pericolosi.

Come si vede, ormai le grandi organizzazioni criminali, dalla *mafia* alla *camorra* e alla *'ndrangheta*, trafficano di tutto: droga, armi, rifiuti, persone, e svolgono le loro attività illecite anche all'estero ed in accordo con la malavita locale. Questo perché merci e capitali, per la globalizzazione dell'economia, ormai circolano senza più frontiere e soprattutto perché i traffici illegali, basti pensare a quello della droga, si muovono facilmente da un continente all'altro.

6 L'usura

Tra le attività illecite della criminalità organizzata c'è l'**usura**, purtroppo sempre più diffusa in periodi di crisi economica. Che cos'è l'usura? È il prestito di denaro ad altissimo tasso d'interesse. Ad esempio, mentre normalmente la banca concede dei prestiti ad un tasso annuo d'interesse che oggi può oscillare tra il 4 e l'8%, gli usurai possono prestare del denaro ad un interesse che può arrivare perfino al **100% al mese**. Quindi se un malcapitato riceve da un usuraio mille euro, dopo qualche mese può trovarsi costretto a rimborsare il doppio.

Chi si rivolge agli usurai e perché? Si rivolgono agli usurai le persone in difficili condizioni economiche, come imprenditori con debiti da saldare, commercianti o anche comuni cittadini che si sono ritrovati disoccupati ma nella necessità di pagare le rate del mutuo della casa o

Curiosità

Un libro importante: *Gomorra* di Roberto Saviano

Gomorra, scritto da Roberto Saviano e pubblicato nel 2006, ha venduto milioni di copie in tutto il mondo e ne è stato ricavato anche un film di successo dal titolo omonimo. Il libro fa luce su un'organizzazione tra le più pericolose della grande criminalità: la **camorra**, radicata in alcune aree della Campania, ma con interessi economici anche nel resto dell'Italia e perfino all'estero.

È un viaggio nel mondo dei *clan* (le "famiglie", cioè i gruppi della *camorra*), dei *boss*, dei gregari e dei semplici manovali del crimine, degli ingenti guadagni derivanti dalle attività illegali, delle faide e delle rivalità all'interno degli stessi *clan*. Ma è una realtà fatta anche di collusioni con la politica e con imprenditori senza scrupoli, nonché di connivenza (mediante comportamenti *omertosi*, cioè tacendo ciò che si vede e/o si sente) di una parte della popolazione che risiede nei luoghi dove la *camorra* è nata ed opera.

Chi aderisce alla *camorra* si vota ad una vita senza speranza, che non potrà che concludersi con il carcere o con la morte, ma molto più probabilmente con quest'ultima, in conseguenza delle inevitabili guerre e regolamenti di conti che, come detto, spesso scoppiano tra le "famiglie" rivali.

Roberto Saviano, minacciato dai *clan*, è costretto a condurre una vita sotto la continua protezione di una scorta, e questo conferma quanto il suo libro abbia fatto male alla camorra, portando a conoscenza del grande pubblico attività e comportamenti della criminalità organizzata che minacciano la convivenza civile di tutti.

dell'acquisto dell'auto. In tempo di crisi economica, proprio perché aumenta il numero di persone in difficoltà, gli usurai fanno affari d'oro.

Si dirà: ma non ci sono le banche? Sì, è vero. Bisogna sapere, tuttavia, che queste concedono prestiti soltanto sulla base di solide garanzie, cioè dopo aver verificato che il cliente che ha chiesto un prestito possiede dei beni sui quali eventualmente rivalersi in caso di mancata restituzione del denaro prestato. Quindi può capitare che una persona, quando non può ricevere dalla banca un prestito, si rivolga per l'appunto all'usura per avere il denaro di cui ha bisogno, senza rendersi conto che, così facendo, può cacciarsi in una **spirale infernale**. Infatti, se gli usurai non si vedono restituire i soldi alla scadenza stabilita, aumentano vertiginosamente le loro richieste e passano a vie di fatto proprio perché, appartenendo alla malavita organizzata, possono minacciare ed esercitare poi vere e proprie forme di violenza su chi si è rivolto a loro.

Tuttavia ci sono delle leggi rigorose in materia, che consentono ai malcapitati di denunciare gli usurai e di farli arrestare.

7 La microdelinquenza

S'intende con il termine ***microdelinquenza*** quell'insieme di piccoli reati che, però, preoccupano non poco i cittadini, come gli "scippi" ai passanti, i furti delle auto o negli appartamenti, le rapine ai commercianti, i cui responsabili sono delinquenti abituali, molto spesso giovani.

Anche se la pericolosità sociale della microdelinquenza non è comparabile a quella, ben più insidiosa, della criminalità organizzata, tuttavia la sicurezza dei cittadini, come si è detto, è messa a rischio da questi reati che si manifestano nelle grandi città con **frequenza quotidiana**, come riportato dalle cronache giornalistiche.

Tra i piccoli delinquenti dobbiamo ricordare gli **spacciatori** che hanno il compito di vendere "al dettaglio" la droga ai consumatori per conto dei trafficanti, ma anche alcuni **autori occasionali** di reati, come gli stessi tossicodipendenti in cerca di soldi per acquistare la dose giornaliera oppure immigrati extracomunitari che non sono riusciti ad inserirsi nella realtà sociale che li ospita.

8 Cultura della legalità ed esercizio della cittadinanza contro l'illegalità diffusa

Ogni comunità, grande o piccola che sia, si regge sul **rispetto delle regole** che si è data. Allo stesso modo, in uno Stato le leggi regolano la convivenza civile, con diritti e doveri, rispettando i quali ciascuno esercita la propria **cittadinanza**.

Ogni cittadino dovrebbe essere consapevole di questo e far proprio il **principio di legalità**: rispettare le leggi non per il timore di poter essere sanzionato in caso di violazione, ma perché fermamente convinto della necessità di un sistema di regole come condizione della convivenza di tutti.

Purtroppo non tutti hanno maturato una vera e propria *cultura della legalità* e possiamo osservare ogni giorno come tanti comportamenti non osservino le norme: ad esempio, ci sono gli automobilisti che non rispettano proprio tutto quello che prescrive il *Codice della strada*, tra cui anche tanti ragazzi che non indossano il casco quando guidano il motorino, oppure ci vanno in due o addirittura in tre benché sia omologato per il trasporto del solo conducente; ci sono i cittadini che evadono il fisco pagando meno imposte; i commercianti che non consegnano lo scontrino a dimostrazione dell'avvenuta vendita ai fini fiscali, oppure che vendono prodotti contraffatti; ci sono coloro che si fanno raccomandare per fare carriera o per trovare un impiego, "saltando" chi avrebbe più titoli e potrebbe precederli in graduatoria; ci sono i truffatori di ogni genere che "spillano" soldi alle persone che ingannano; i viaggiatori che si sottraggono al pagamento del biglietto su un mezzo di trasporto pubblico (quanti ragazzi lo fanno?); quelli che gettano l'immondizia per istrada, anziché negli appositi contenitori e rispettando gli orari previsti, oppure violano le norme che regolano la raccolta differenziata; quelli che, approfittando dello stato di bisogno di qualcuno, ne sfruttano il lavoro; ma anche coloro che non fanno il proprio dovere nei luoghi di lavoro, ad esempio assentandosi anche quando non ne ricorra la necessità, magari fingendosi ammalati pur di non andare a lavorare.

In genere, **coloro che non svolgono il proprio lavoro con scrupolo e sollecitudine arrecano danno agli altri cittadini**, che sono magari utenti di un determinato servizio sociale e si vedono ritardare il disbrigo di una pratica, la concessione di una licenza, l'iscrizione a un corso scolastico, ecc. Purtroppo ancora più dannosi sono i comportamenti negligenti negli ospedali e in genere nella sanità, tanto è vero che si parla comunemente di *malasanità* ad indicare quelle troppe **disfunzioni** che spesso si notano negli ospedali e negli ambulatori, che comportano prestazioni sanitarie scadenti oppure approssimative, con pericolo per la salute dei cittadini.

Ma sono di grave danno a tutta la società due comportamenti in particolare: quello dell'evasore fiscale e quello del politico corrotto. Purtroppo **evasione fiscale** e **corruzione nella politica** sono nel nostro Paese comportamenti assai diffusi, segno di un'immoralità che da più parti è stata considerata tra le cause di un certo degrado della politica italiana e anche del cattivo andamento dei conti pubblici.

È illegale ogni comportamento che punti al conseguimento di un vantaggio o di un beneficio senza che se ne abbia il diritto; ed è immorale non solo perché si pretende qualcosa che non spetta, ma anche perché il più delle volte questo van-

Curiosità

Che cos'è il riciclaggio del denaro "sporco"

Il *denaro sporco* è quello ricavato da **attività illecite**: ad esempio, quello "guadagnato" dalla **mafia** e dalle altre **organizzazioni criminali**.

Che ne fanno le organizzazioni malavitose delle montagne di soldi che ricavano dal traffico delle droghe, dal *racket* delle estorsioni, dallo smaltimento illegale dei rifiuti, dal controllo degli appalti pubblici? Non possono certo depositare tutti quei soldi in banca, perché si esporrebbero facilmente alle indagini di giudici e polizia, non potendone dimostrare la provenienza.

Ecco allora la necessità di "ripulire" il denaro ricavato dalle attività illecite. Come? Lo si rimette in circolazione investendo nell'edilizia o comprando case, alberghi, ristoranti, fabbriche, negozi, ecc., magari intestati a dei fidati *prestanome* per non destare sospetti. I guadagni ricavati da queste attività lecite costituiscono il denaro "pulito" che è possibile, questo sì, depositare in banca senza alcuna preoccupazione.

taggio o questo beneficio è sottratto ad un altro cittadino che ne ha diritto.

Poi ci sono i vari **atti di violenza**: ad esempio, dei giovani che si rendono responsabili di **teppismo** allo stadio oppure di **vandalismo** in strada o nelle piazze, imbrattando di vernice e/o rovinando parti di edifici e monumenti; di coloro che a scuola si comportano da prepotenti con i compagni di classe.

Ci sono le **molestie alle donne**, ad esempio nei luoghi di lavoro o anche per istrada; la violenza del **razzismo** e della **discriminazione di chi è diverso**; gli **abusi sui minori**, con la *pedofilia*, ma anche costringendoli a lavorare quando dovrebbero, come si è visto, dedicarsi allo studio e al gioco. Ancora: c'è l'illegalità dello **sfruttamento dei lavoratori** che vengono assunti "a nero", cioè senza un regolare contratto di lavoro, non pagando il giusto salario né i dovuti contributi previdenziali e assicurativi, quindi rubando sulle loro spettanze.

Riprovevole è anche l'**omertà**, cioè il silenzio che diventa complice di un reato, pur se dettato dalla paura, ma il più delle volte indotto dalla semplice indifferenza, dal desiderio di "farsi i fatti propri", evitando di denunciare chi ha compiuto il reato.

Insomma, si può notare in giro una **diffusa illegalità**, che non è senza conseguenze: innanzi tutto ne derivano maggiori difficoltà per tutti nella vita sociale, perché tutti noi avremmo da guadagnare da un comportamento rispettoso delle regole, che non solo renderebbe migliore la vita, ma anche più dignitoso il comportamento di ciascuno.

Non c'è dubbio che ogni comportamento illegale è un **attentato al diritto di cittadinanza**, perché si è cittadini a buon diritto solo se si rispetta l'insieme delle regole: se si esercitano i propri diritti e si adempie ai propri doveri.

9 L'evasione fiscale

L'**evasione fiscale** consiste nel sottrarsi, in tutto o in parte, all'obbligo di pagare le imposte, il che provoca un grave danno a tutto il Paese perché lo Stato finanzia i servizi che fornisce ai cittadini (ospedali, scuole, trasporti, strade, giustizia, sicurezza pubblica, ecc.) proprio con le **entrate fiscali**, ma, se si viene meno al pagamento dei tributi dovuti, si tolgono risorse allo Stato, quindi si ruba all'intera comunità nella quale si vive.

La parola "fisco" deriva dal latino *fiscus* che indicava, nell'antica Roma, il "cesto" nel quale si raccoglievano i contributi dei cittadini. E il fisco è proprio come un ideale grande contenitore, nel quale i cittadini versano una parte di quello che guadagnano per finanziare i servizi che lo Stato poi eroga a tutti.

Nel nostro Paese l'evasione fiscale è da tempo assai diffusa ed a ragione si ritiene che, se fosse recuperata, non solo potrebbero funzionare meglio tutti i servizi pubblici, ma ogni cittadino potrebbe pagare in proporzione meno tasse.

Sul dovere di pagare le tasse, la nostra Costituzione parla chiaro. Recita l'articolo 53: "Tutti sono tenuti a concorrere alle spese pubbliche in ragione della loro capacità contributiva. Il sistema tributario è informato a criteri di progressività".

Che tutti siano tenuti a contribuire alle spese dello Stato è ovvio, ma che significa che il *sistema tributario*, cioè *fiscale*, debba ispirarsi a "criteri di progressività"?

Vuol dire che **chi guadagna di più**, chi è più ricco, **deve contribuire di più**, pagando imposte maggiori. Perché? Sia per un senso di **giustizia sociale**, perché sarebbe assurdo che pagassero allo stesso modo chi è ricco e chi è povero; sia perché chi è più ricco, in realtà, ha bisogno di una maggiore protezione da parte dello Stato, proprio perché chi più possiede più necessita della tutela pubblica a garanzia del proprio patrimonio e anche della correttezza nei rapporti commerciali. Ad esempio, un imprenditore benestante ha bisogno, ben più di un suo lavoratore dipendente, della protezione dello Stato per quanto riguarda la propria sicurezza personale, la sicurezza delle sue imprese e della sua proprietà, il rispetto dei patti sottoscritti con i fornitori e con i clienti. Inoltre è giusto che un imprenditore paghi più tasse perché utilizza maggiormente le infrastrutture, come strade e treni per il trasporto delle merci, l'uso dei sistemi di comunicazione, le poste, ecc.

Ma bisogna anche dire che, facendo pagare di più a chi più possiede e più guadagna, il fisco compie anche una **redistribuzione della ricchezza**, nel senso che, proprio attraverso imposte progressive, prelevando da chi guadagna di più per dare, sotto forma di servizi e di provvidenze sociali, a chi è più bisognoso, si distribuisce anche meglio la ricchezza complessiva e si promuove il progresso della società intera.

L'**evasione fiscale è un reato**, punito dalle leggi, ma bisogna capire che non è soltanto un furto compiuto nei confronti dello Stato, come se quest'ultimo fosse un soggetto a sé stante al di sopra delle persone, ma è anche e soprattutto un furto a danno della collettività, come già detto, perché lo Stato non è altro che l'organizzazione della collettività e fa in modo che siano garantiti i servizi essenziali a tutti i cittadini.

È giusto protestare quando questi servizi non sembrano funzionare al meglio, ma non è assolutamente corretto invocare il non pagamento delle imposte quando i servizi non funzionano.

10 La corruzione nella politica

La corruzione presente nella politica e nell'amministrazione pubblica è purtroppo un'antica piaga del nostro Paese, che insidia la democrazia e corrode il rapporto di fiducia tra istituzioni e cittadini.

Negli anni Novanta un'ondata di inchieste giudiziarie rivelò quanto ampia fosse la corruzione nella politica del nostro Paese, tanto da far parlare di **Tangentopoli** (Paese delle tangenti), per le centinaia di denunce e spesso di conseguenti condanne di uomini politici implicati in casi di corruzione, finanziamenti illeciti ai partiti, compravendita di incarichi pubblici ed altro ancora.

Purtroppo, come dimostrano le cronache giornalistiche, la corruzione è ancora una piaga aperta nella nostra politica, tanto da far parlare di una diffusa ***malapolitica***, il che rappresenta un'offesa alla democrazia, perché distorce i rapporti fra le istituzioni e i cittadini incrinando la fiducia di questi ultimi nei confronti delle istituzioni stesse, allontanandoli dalla politica e insidiando la stessa convivenza civile. Questa, infatti, per potersi liberamente realizzare, ha bisogno della correttezza e del senso di responsabilità innanzi tutto dei dirigenti pubblici.

La corruzione deve essere stroncata non solo con la repressione, ma soprattutto con un'opportuna **prevenzione**, promuovendo il principio della legalità che deve ispirare innanzi tutto coloro che sono chiamati ad amministrare la cosa pubblica. Spetta infatti a politici ed amministratori locali dare il buon esempio, comportandosi con rettitudine, moralità, senso del dovere, privilegiando sempre il **bene comune** rispetto all'interesse personale. D'altronde anche la nostra Costituzione, nell'articolo 54, stabilisce che "tutti i cittadini hanno il dovere di essere fedeli alla Repubblica e di osservare la Costituzione e le leggi" e soprattutto che "i cittadini a cui sono affidate funzioni pubbliche hanno il dovere di adempierle con disciplina ed onore".

Deve, però, cambiare anche l'atteggiamento dei cittadini i quali, alle scadenze elettorali, devono sapere scegliere uomini e partiti di comprovata onestà e trasparenza: soltanto così il voto, che è l'espressione più diretta della sovranità popolare, non sarà più frutto del **clientelismo**, ma di un rapporto di fiducia tra gli elettori e i loro rappresentanti in Parlamento.

Che cos'è il *clientelismo*? È una politica fondata sui favori personali, per cui delle persone (che nell'antica Roma venivano chiamate *clientes*, da cui il termine) sostengono un personaggio politico che ha potere, per ricavarne in cambio favori e protezione. Il clientelismo costituisce una distorsione della democrazia proprio perché altera i rapporti tra i cittadini elettori ed i politici eletti, in quanto i primi danno il loro voto a questi ultimi non sulla base di un convincimento disinteressato, ma per ricavarne poi particolari favori: è il cosiddetto ***voto di scambio***, abituale elemento della *malapolitica*, che insidia la democrazia in quanto dostorce ed incrina il rapporto tra gli elettori e le istituzioni.

La corruzione è un male che può essere estirpato dalla nostra democrazia se si diffonde, nei cittadini e nel ceto politico, il senso di responsabilità e di legalità. Chiunque sia chiamato a svolgere incarichi pubblici deve agire nel rispetto della Costituzione e delle leggi, consapevole che **l'esercizio delle funzioni pubbliche non è un privilegio, bensì un servizio ai cittadini**. Si salgono le scale del potere per servire il Paese, non certo gli interessi particolari di qualcuno.

PER NON DIMENTICARE
Due magistrati coraggiosi: Falcone e Borsellino

Giovanni Falcone e **Paolo Borsellino** furono due giudici siciliani che, all'interno del *pool* antimafia costituito negli anni Ottanta a Palermo dal procuratore Antonio Caponnetto, condussero ampie e decisive indagini sulla **mafia**, avvalendosi anche delle rivelazioni di alcuni "pentiti" (o collaboratori di giustizia). Grazie a quelle indagini, per la prima volta si poté far luce su un'organizzazione criminale avvolta dal mistero (e dall'omertà), sulla sua struttura gerarchica, sui meccanismi di affiliazione, sui suoi legami con *Cosa Nostra*, l'organizzazione mafiosa presente negli Stati Uniti.

Fu così possibile istruire e celebrare clamorosi **processi**, fra cui il cosiddetto *maxi-processo* di Palermo del 1986 che vide alla sbarra centinaia d'imputati per mafia.

Tutto questo permise di smantellare pezzi importanti dell'organizzazione mafiosa e di assicurare alla giustizia capi e gregari, riconosciuti responsabili di un gran numero di delitti.

Purtroppo i due giudici pagarono con la vita il loro coraggio ed il loro impegno nella lotta alla mafia. Il 23 maggio del 1992 l'auto di Giovanni Falcone e quella della sua scorta saltavano in aria per lo scoppio di un potente esplosivo collocato da sicari della mafia sull'autostrada che le due vetture stavano percorrendo, all'altezza dello svincolo di Capaci, presso Palermo. Il 19 luglio dello stesso anno un'altra strage, provocata dallo scoppio di esplosivo nascosto in un'automobile in via D'Amelio, nel cuore di Palermo: vi perivano Paolo Borsellino e gli uomini della sua scorta.

Ma nulla sarebbe tornato come prima: le due stragi impressionarono fortemente l'opinione pubblica italiana, e siciliana in particolare. La lotta alla mafia è continuata, seguendo la strada aperta dai due magistrati, facendosi più incisiva ed assestando colpi sempre più duri all'organizzazione criminale. Il sacrificio di Falcone e Borsellino non è stato vano.

Focus

Il principio di legalità

A fronte di tanti comportamenti illegali, grandi e piccoli, che possiamo notare ogni giorno, dobbiamo capire che, **se vince la legalità, migliora la vita di tutti quanti noi**.

Ogni cittadino infatti ha il diritto di vivere in libertà, di lavorare in un modo che lo gratifichi, di poter contare su un'efficace assistenza sanitaria e previdenziale, di muoversi in un ambiente sano, di sentirsi sicuro nel luogo dove risiede. Questo, però, è possibile soltanto se tutti fanno il loro dovere, se tutti rispettano le leggi; ma, si badi bene, non tanto perché c'è qualcuno che possa notare un'eventuale trasgressione e quindi punirla. Bisogna rispettare le regole per intimo convincimento, indipendentemente dal fatto che ci sia qualcuno pronto a sanzionarci in caso di una loro violazione.

Anche a **scuola** gli alunni, che sono dei piccoli cittadini, devono rispettare le norme che consentono alla comunità scolastica di rendere al meglio, in particolare ai professori d'insegnare e agli allievi di studiare in modo sereno e proficuo.

Insomma, tutti noi abbiamo dei **diritti**, che devono essere garantiti e tutelati dallo Stato, ma anche dei **doveri**, che rispondono a quel principio di legalità che è a fondamento di ogni convivenza civile e consente ad ognuno di essere cittadino attivo e partecipe perché, **in assenza della legalità, vincerebbe il prepotente, l'arrogante, e regnerebbe la violenza**.

La legge è uguale per tutti: è il fondamento di ogni democrazia e viene ricordato, con una scritta a caratteri cubitali, in tutte le aule di giustizia del nostro Paese. Ma spetta a tutti noi promuovere il **senso della legalità**, ispirando il nostro comportamento a valori fondamentali quali il rispetto delle regole, l'onestà, la lealtà, l'altruismo, la cooperazione, per il bene della comunità di cui facciamo parte.

Le parole per capire

Appalti pubblici: contratti che lo Stato o gli Enti locali (Comuni, Regioni) concedono a persone o imprese, che hanno vinto una pubblica gara, per costruire determinate infrastrutture (strade, ponti, ecc.) o gestire determinati servizi per la collettività (ad es., mense scolastiche, raccolta dei rifiuti, ecc.).

Criminalità organizzata: è la grande criminalità, con una ben articolata gerarchia al vertice, ramificata su un determinato territorio e capace di controllarlo per gestire le attività illecite più lucrose.

Cultura della legalità: radicata consapevolezza, e conseguenti comportamenti, della necessità di rispettare le leggi e in genere le regole della comunità di cui si fa parte, in quanto costitutive della stessa convivenza civile.

Denaro sporco: è così chiamato il denaro ricavato da attività illecite, in particolare ad opera delle organizzazioni criminali.

Ecomafie: sono così chiamate le organizzazioni criminali che praticano lo smaltimento illegale dei rifiuti, causando gravi danni all'ambiente, come si è constatato, ad esempio, in un'ampia area della Campania, chiamata **Terra dei fuochi** per i roghi, oggi severamente proibiti, che venivano appiccati agli ammassi di rifiuti anche tossici.

Evasione fiscale: violazione dell'obbligo di pagare le imposte fiscali.

Malapolitica: il comportamento non limpido di uomini politici che praticano il *clientelismo*, si servono del *voto di scambio*, si lasciano corrompere o addirittura colludono con la criminalità e con affaristi senza scrupoli.

Microdelinquenza: l'insieme dei reati di minore gravità, come furti di auto o nelle case, borseggi, "scippi", ecc. compiuti specialmente nelle città da delinquenti per lo più di giovane età e talvolta perfino occasionali.

Racket: organizzazione illegale che, con la violenza e le minacce, impone il proprio esclusivo controllo su un'attività proibita dalla legge o ai margini della legalità, come ad esempio lo spaccio di droga, il traffico di armi, le estorsioni ad imprenditori e commercianti, il traffico clandestino di immigrati, l'accaparramento degli appalti pubblici, ecc.

Voto di scambio: è una pratica tipica della *malapolitica*. È dato da elettori a un uomo politico candidato alle elezioni in cambio della promessa di futuri favori in caso di successo elettorale.

PROPOSTE DI LAVORO

Per la comprensione

1. *Rispondi alle seguenti domande:*

- Che cos'è la *criminalità organizzata* e quali sono le sue attività illecite? ..
....
....

- Come gestisce il mercato della droga? ....
....

- Quali gravi aggressioni all'ambiente compiono le ecomafie? ....
....

- Come avviene il riciclaggio del cosiddetto *denaro sporco*? ....
....

- Attraverso quali attività e pratiche discutibili si manifesta la *malapolitica*?
....
....

- Che cos'è la *microdelinquenza*? ....
....

- Quali comportamenti costituiscono la cosiddetta *illegalità diffusa*? ....
....
....

- Perché l'evasione fiscale rappresenta un furto alla collettività? ....
....

- Che cosa prescrive la nostra Costituzione in merito al pagamento di tasse ed imposte? ....
....

- Che cos'è la *malasanità*? ....
....

2. *Completa lo schema riportato, indicando i reati e le manifestazioni di illegalità e chi li compie, se la criminalità organizzata o la microdelinquenza.*

Reati e manifestazioni d'illegalità	Chi li compie
racket delle estorsioni	....
....	criminalità organizzata
scippi e piccoli furti	....
voto di scambio	....
....	microdelinquenza
....	....
....	....

Per la riflessione e la produzione scritta

1. *Il principio di legalità come valore a fondamento di ogni democrazia.*
2. *La criminalità organizzata ostacola il libero sviluppo della società sia sul piano civile sia su quello economico.*
3. *Spiega la differenza tra criminalità organizzata e microdelinquenza. Quale delle due ritieni che sia più pericolosa per la società?*
4. *Spiega perché il mercato della droga alimenta sia la grande criminalità organizzata sia la microdelinquenza.*
5. *Criminalità organizzata e raccolta dei rifiuti: un nesso che negli ultimi anni si è rivelato pericolosissimo, nel nostro Paese, sia per la tenuta della legalità sia per la tutela della salute dei cittadini. Spiega perché.*
6. *Quali comportamenti non proprio rispettosi delle norme di convivenza civile osservi più frequentemente nella località in cui vivi?*
7. *Il principio di legalità a scuola: quali sono le norme che, a tuo avviso, sono a fondamento della comunità scolastica?*

1 Che cos'è lo sport

Lo sport esiste fin dalla preistoria, come testimoniano alcuni reperti archeologici che fanno riferimento alla corsa, al tiro al bersaglio, al pugilato, alla caccia, addirittura allo sci.

Nell'**antica Grecia** lo sport ebbe una larga diffusione: basti pensare che già nell'*Iliade* di Omero sono descritti i giochi funebri in onore della morte di Patroclo. Inoltre numerose erano le competizioni periodiche, come i Giochi Istmici, a Corinto, e i Giochi Nemei, nell'Argolide, entrambi ogni due anni; ma i più celebri ed importanti di tutti erano i **Giochi Olimpici**, inaugurati nel 776 a.C. ed a cadenza quadriennale, che si tenevano ad Olimpia in onore di Zeus, il re degli dei. Non a caso la **prima Olimpiade dell'era moderna** si svolse ad **Atene nel 1896**, volendo idealmente riprendere quella tradizione.

Le Olimpiadi presso i Greci erano così importanti che, durante il loro svolgimento, si sospendeva ogni guerra tra le città ed i vincitori, premiati simbolicamente con una corona di alloro, venivano ammirati ed onorati. Gli sport più praticati erano la corsa, il pugilato, il lancio del disco, il lancio del giavellotto, la lotta. Anche nell'antica Roma si svolgevano dei giochi pubblici, chiamati *ludi*, che avevano luogo per lo più nel Circo Massimo, dove ebbero crescente importanza le corse di bighe e di quadrighe.

Il termine inglese *sport* trae origine dall'antico vocabolo francese *desport* ("divertimento", "svago"); in italiano il termine equivalente è "diporto".

Ma attualmente lo sport inteso nel significato originario di svago e divertimento è praticato soltanto a livello amatoriale, nel tempo libero, senza guadagnarci nulla se non un preziosissimo benessere fisico.

Lo **sport professionistico**, invece, è un lavoro a tutti gli effetti, spesso riccamente retribuito, nel quale lo svago e il piacere lasciano sempre più spazio agli interessi degli atleti professionisti e specialmente delle società sportive, per le quali il risultato è tutto, in quanto i buoni risultati consentono di aumentare gli incassi, di essere *sponsorizzate* e specialmente di vendere bene i diritti di ripresa televisiva delle gare. Conseguentemente i grandi campioni, veri e propri divi dello sport grazie ai *mass media*, sono contesi dalle società sportive che li ingaggiano con contratti favolosi.

Insomma lo sport è diventato una sorta di industria che, fatturando milioni di euro, produce uno spettacolo offerto al grande pubblico anche attraverso i mass media (soprattutto la televisione), dove quel che conta è vincere per guadagnare sempre di più. Il motto del barone francese Pierre de Coubertin, l'inventore dei moderni Giochi olimpici, "**l'importante non è vincere, ma partecipare**" è stato, pertanto, completamente ribaltato dalla logica del profitto.

Del resto, coloro che oggi seguono lo sport attraverso i *mass media* sono ben più di quelli che lo praticano, benché il numero di questi sia aumentato negli ultimi anni. Si fa poco sport a scuola e nel tempo libero, cosicché fanno generalmente poco sport i giovani, ma ancora meno ne fanno gli adulti e pochissimo le persone anziane.

Invece fare sport fa bene alla salute, sia fisica sia mentale: *mens sana in corpore sano* affermavano gli antichi Romani, cioè "mente sana in corpo sano"!

2 Lo sport più amato: il calcio

Lo **sport più popolare in Italia e nella maggior parte del resto del mondo è il calcio**, ma anche in questo caso il numero degli appassionati supera di gran lunga quello dei praticanti.

Non è esagerato affermare che nel nostro Paese si parla, in famiglia, a lavoro, a scuola, nei bar, più di calcio che di politica, di economia o di cultura. Pochi eventi sono in grado di aggregare e coinvolgere

Le squadre che hanno vinto
il campionato italiano di calcio dal 2000

1999-2000 - Lazio	2007-2008 - Inter
2000-2001 - Roma	2009-2010 - Inter
2001-2002 - Juventus	2010-2011 - Milan
2002-2003 - Juventus	2011-2012 - Juventus
2003-2004 - Milan	2012-2013 - Juventus
2004-2005 - (Juventus, titolo revocato)	2013-2014 - Juventus
2005-2006 - Inter	2014-2015 - Juventus
2006-2007 - Inter	

emotivamente ragazzi, adulti e anziani, di ogni condizione sociale e livello culturale, come una partita di calcio: pensiamo a quando gioca la Nazionale ai Mondiali, con i salotti di casa che si trasformano in settori dello stadio, con le piazze delle città che si gremiscono di gente davanti ai maxischermi, con il tripudio e i festeggiamenti che si scatenano in caso di vittoria.

Dove e quando è nato il calcio? In Inghilterra, verso la metà dell'Ottocento, con il nome di ***football***: da lì si diffuse rapidamente negli altri Paesi d'Europa.

In Italia nel 1893 fu fondato da alcuni appassionati britannici il primo *club*, il **Genoa**, dal nome inglese del capoluogo ligure. Cinque anni dopo, nel 1898, si svolse il primo campionato nazionale con l'aggiunta di altre tre società sportive, tutte di Torino, che fu vinto dal Genoa. Da allora, con la partecipazione di sempre più *clubs*, il campionato italiano di calcio si è disputato ogni anno, tranne che durante i due conflitti mondiali.

Ma non tutti sanno che le origini del calcio, nonché di molti altri giochi con la palla, si possono far risalire alla Firenze di fine Quattrocento, dove si diffuse un gioco a squadre che noi chiamiamo *calcio fiorentino* o *calcio in costume*, che si giocava con un pallone gonfio d'aria: da molti è considerato l'antesignano del moderno gioco del calcio, anche se forse fa pensare più al *rugby*.

3 Le tre "grandi" del calcio italiano

Le squadre più blasonate del calcio italiano, quelle che hanno vinto più trofei, tra scudetti (che indicano i campionati italiani conclusi al primo posto) e coppe internazionali, e possono contare sul maggior numero di sostenitori, sono la Juventus, l'Inter e il Milan.

La **Juventus** è il *club* con più scudetti conquistati: ben trentuno con il campionato 2014-15. La prestigiosa squadra di Torino, soprannominata la *Vecchia Signora* in riferimento alle sue lontane origini (fu fondata nel 1897), è la più amata dagli Italiani in quanto i suoi "tifosi" sono non solo in Piemonte, ma sparsi un po' in tutta la Penisola, soprattutto nel Mezzogiorno, una passione questa che risale al tempo in cui tanti lavoratori del Sud emigrarono al Nord in cerca di lavoro. La sua bacheca è ricca di trofei: ai titoli nazionali infatti bisogna aggiungere i trofei internazionali, tra cui la *Champions League* (l'ex "Coppa dei Campioni", il più importante trofeo europeo) e la "Coppa Intercontinentale" (oggi ribattezzata "Mondiale per Clubs").

I periodi d'oro dei **bianconeri** (dai colori delle maglie dei suoi giocatori) sono stati il 1930-35, caratterizzato dalla conquista di ben cinque scudetti consecutivi, gli anni Settanta ed Ottanta e quelli tra il 1994 e il 2004.

Tra i campioni che hanno scritto la storia della Juventus, ricordiamo Boniperti, Sivori, Charles negli anni Cinquanta e Zoff, Bettega, Scirea, Platini negli anni Settanta ed Ottanta. Gli idoli più recenti sono Buffon, Marchisio e Tevez.

Le squadre che sono state campioni d'Italia

31 scudetti: Juventus	3 scudetti: Roma
18 scudetti: Inter, Milan	2 scudetti: Fiorentina, Lazio, Napoli
9 scudetti: Genoa	1 scudetto: Cagliari, Sampdoria, Verona, Casale, Novese
7 scudetti: Bologna, Torino, Pro Vercelli	

L'**Inter** (abbreviazione di Internazionale), fondata a Milano nel 1908, è finora l'unica squadra italiana ad aver disputato tutti i campionati di serie A e ad aver vinto nel corso di una stessa stagione (il 2009-2010) lo scudetto, la Coppa Italia e la *Champions League*. Il *club* **nerazzurro** (dai colori della maglia) ha vinto complessivamente diciotto scudetti, tra cui memorabili restano quelli degli anni Sessanta quando, con l'allenatore Helenio Herrera in panchina e campioni del calibro di Facchetti, Corso, Suarez, Picchi e Sandro Mazzola, non solo dominò nel calcio italiano, ma salì anche alla ribalta internazionale conquistando consecutivamente due "Coppe dei Campioni" ed altrettante "Coppe Intercontinentali".

Negli ultimi anni, la squadra ha assunto una fisionomia davvero "internazionale", dato che è formata da pochissimi giocatori italiani e da molti calciatori stranieri, tra i quali si è distinto l'argentino Zanetti, che ha recentemente concluso la carriera dopo aver giocato per ben 19

Curiosità

I giornali sportivi

Nel nostro Paese, a riprova di quanto lo sport sia molto seguito, si stampano ben tre quotidiani esclusivamente sportivi: la *Gazzetta dello Sport* di Milano, il *Corriere dello Sport-Stadio*, nato dalla fusione di due quotidiani, l'uno romano e l'altro bolognese, e il *Tuttosport* che si stampa a Torino.

Ovviamente questi giornali dedicano molte pagine al calcio, offrendo ai lettori le cronache dettagliate delle partite, i commenti di allenatori e giocatori, le notizie di "calciomercato", ma vi trovano spazio un po' tutti gli sport, soprattutto quando si svolgono le Olimpiadi.

In particolare, la ***Gazzetta dello Sport***, nata nel 1896, è uno dei maggiori quotidiani d'Italia per tiratura e diffusione ed il primo tra i giornali sportivi. Fu per iniziativa di questo prestigioso quotidiano che nel 1909 si svolse la prima edizione del "Giro d'Italia" di ciclismo ed infatti la famosa *maglia rosa* indossata dal corridore che è in testa alla classifica deriva dal colore rosa delle pagine del giornale.

campionati con la maglia nerazzurra.

Anche il **Milan**, l'altra squadra del capoluogo lombardo, fondata nel 1899, ha vinto diciotto scudetti. Inoltre quello **rossonero** (dai colori sociali) è il *club* italiano che ha conquistato il maggior numero di *Champions League*: ben sette.

A rendere forte il Milan in Italia e in Europa, anche se in epoche diverse, hanno contribuito in particolare tre grandi campioni del passato come Gianni Rivera, Franco Baresi e Paolo Maldini, nonché due formidabili terne di fuoriclasse stranieri: gli svedesi Gren, Nordhal e Liedholm negli anni Cinquanta, e gli olandesi Gullit, Van Basten e Rijkaard a cavallo degli anni Ottanta e Novanta.

4 Le altre squadre che sono nel cuore dei tifosi italiani

Non ci sono soltanto le tre "grandi" ad appassionare gli sportivi italiani: un discreto numero di "tifosi" contano anche la Roma, la Lazio, il Napoli e la Fiorentina, altre squadre "storiche" del campionato di serie A.

Le due squadre della capitale, la **Roma** e la **Lazio**, hanno vinto tre scudetti la prima e due la seconda; mentre il **Napoli** e la **Fiorentina** (la squadra di Firenze) hanno vinto due scudetti a testa. Oggi queste squadre, uscite da un periodo di crisi soprattutto economica, possono guardare nuovamente con fiducia al futuro, anche se sembrano lontani gli anni degli scudetti conquistati. In particolare, a Napoli viene ancora ricordato con affetto e nostalgia Maradona, il fuoriclasse argentino considerato con il brasiliano Pelè tra i più grandi calciatori di sempre.

Altre squadre che in passato hanno vinto degli scudetti sono invece oggi delle *nobili decadute*: il **Genoa**, che, come detto, è il *club* più antico d'Italia, titolare di nove scudetti vinti in anni ormai lontani, nonché la **Sampdoria**, l'altra compagine di Genova, che può vantare uno scudetto; il **Bologna**, vincitore di sette scudetti, come il **Torino**, che ne conquistò cinque consecutivi negli anni Quaranta prima che quell'imbattibile squadrone, ricordato come il *Grande Torino*, capitanato da un campione del calcio, Valentino Mazzola, perisse tragicamente nel maggio 1949 in un incidente aereo sulla collina di Superga; il **Cagliari**, anch'esso vincitore di uno storico scudetto negli anni Settanta.

Meritano infine di essere ricordati anche il **Palermo** ed alcune "provinciali" spesso in primo piano come il **Verona** (vincitore di uno scudetto), l'**Atalanta** di Bergamo, l'**Udinese**, il **Bari,** nonché il **Chievo**, la squadra di un piccolo quartiere di Verona, la "sorpresa" degli ultimi anni, spesso in serie A a tener testa alle grandi squadre.

5 La Nazionale, la squadra di tutti

Gli appassionati di calcio, divisi dal tifo per la squadra del cuore, si ricompattano quando gioca la **Nazionale italiana**, alla quale va il sostegno di tutti. Anche chi non segue abitualmente il gioco del pallone si lascia talvolta coinvolgere emotivamente dalla compagine che,

Curiosità

La maglia azzurra della Nazionale

Forse non tutti sanno che la nostra Nazionale di calcio non ha indossato sempre la tradizionale maglia azzurra. Infatti, in origine, la sua divisa ufficiale era completamente **bianca** e in tale tenuta la Nazionale aveva esordito il 15 maggio del 1910 a Milano, disputando con la Francia la prima partita della sua storia, vinta per 6-2. Era stato scelto inizialmente il colore bianco in omaggio alla Pro Vercelli, la compagine piemontese che dominava il calcio di allora giocando con la maglia bianca.

La Nazionale indossò per la prima volta la maglia azzurra in occasione della sua terza partita, disputata contro l'Ungheria. Si decise di adottare l'azzurro in onore del casato dei Savoia, i re d'Italia, il cui vessillo recava per l'appunto quel colore. Tuttavia la maglia bianca è rimasta la seconda divisa ufficiale della nostra Nazionale.

Le nazionali che sono state campioni del mondo
(il torneo mondiale si svolge ogni quattro anni)

5 volte:	Brasile (1958, 1962, 1970, 1994, 2002)
4 volte:	**Italia (1934, 1938, 1982, 2006)** e Germania (1954, 1974, 1990, 2014)
2 volte:	Argentina (1978, 1986) e Uruguay (1930, 1950)
1 volta:	Francia (1998), Inghilterra (1966) e Spagna (2010)

sul "rettangolo verde", rappresenta il nostro Paese nelle competizioni internazionali.

L'attaccamento dei tifosi italiani alla Nazionale azzurra, dal colore delle sue maglie, è stato ripagato dal successo nel **campionato mondiale** disputato in Germania nel 2006. Il quarto titolo mondiale conquistato dall'Italia con la vittoria nella finale del 9 luglio contro la Francia scatenò l'entusiasmo delle decine di migliaia di sostenitori presenti sulle gradinate dello stadio di Berlino e delle decine di milioni che avevano seguito l'incontro da casa davanti al televisore o all'aperto davanti ai maxischermi allestiti nelle piazze delle città italiane.

Quando il capitano della nostra squadra Fabio Cannavaro alzò al cielo la coppa del mondo, circondato dai compagni esultanti e dall'allenatore Marcello Lippi, esplose nelle strade di tutta l'Italia una grande festa di popolo durata fino all'alba del giorno seguente. Scene di giubilo collettivo che ripetevano quanto era avvenuto per la vittoria del **1982** in **Spagna**, quando la Nazionale italiana si aggiudicò

> *"I Mondiali fanno incontrare persone di diverse nazioni e religioni. Possa lo sport favorire sempre la cultura dell'incontro."*

Da un messaggio di papa Francesco il 12 luglio 2014 alle nazionali di calcio impegnate nei mondiali in Brasile.

il suo terzo titolo mondiale battendo in finale la Germania per 3-1, davanti all'allora presidente della Repubblica Sandro Pertini, tifoso della Nazionale tra i tanti altri sportivi italiani presenti sugli spalti dello stadio di Madrid.

I successi del 1982 e del 2006 erano venuti dopo altri due titoli mondiali che la nostra Nazionale aveva conquistato nel **1934** in **Italia**, vincendo per 2-1 la finale con la Cecoslovacchia, e nel **1938** in **Francia**, battendo in finale l'Ungheria per 4-2. Altri tempi, quando la Coppa del mondo di calcio si chiamava ancora *Coppa Rimet*; ma la nostra squadra "azzurra", guidata dall'allenatore Vittorio Pozzo e con indimenticabili campioni come Giuseppe Meazza e Silvio Piola, si dimostrava già allora in grado di accendere la passione degli sportivi italiani.

6 Il tifo sportivo

Il calcio suscita forti passioni: si segue la "squadra del cuore" e ci si esalta alle prodezze dei suoi campioni, alcuni dei quali sono diventati veri e propri idoli degli sportivi. Ed è bello vedere che, dagli spalti, si applaudono calciatori italiani e calciatori stranieri: almeno, quando si sostiene la squadra del cuore, non ci sono confini a separare gli atleti.

Ma come sarebbe una partita di calcio senza la presenza degli spettatori sugli spalti? La presenza del pubblico è importante non solo per l'incasso derivante dalla vendita dei biglietti, ma soprattutto per l'incitamento, indispensabile a motivare gli atleti.

Ma che significa la parola ***tifo***? In medicina indica un gruppo di malattie infettive e contagiose caratterizzate da febbre alta ed allucinazioni. Quindi, per estensione, si definisce "tifoso" di sport colui che segue con passione, accalorandosi proprio come un ammalato, la squadra del cuore.

Se non ci fossero i *tifosi*, il calcio professionistico non esisterebbe, in quanto verrebbe a mancare il necessario sostegno sia economico alle società (non ci sarebbero da vendere biglietti ed abbonamenti per vedere le partite di calcio allo stadio o in televisione) sia in favore degli atleti i quali, davanti a spalti vuoti, non sarebbero stimolati a dare il meglio di sé. Il *tifo*, pertanto, è un **valore aggiunto** per lo sport, purché ovviamente non degeneri nella violenza.

Come si diventa *tifosi*? Ci si può appassionare ad uno sport perché lo si pratica o lo si è praticato in passato, per un bisogno di aggregazione, per sentire di appartenere a qualcosa di più grande in cui riconoscersi, per condividere con gli amici esperienze ed emozioni. Oppure, più semplicemente, per dare libero sfogo ai propri sentimenti, alle proprie emozioni, identificandosi con la propria squadra, la quale si ama e si segue, in tv ed allo stadio. La si può anche criticare, ma non la si tradisce mai: queste le regole di un buon *tifoso*.

Il *tifo* è uno stato d'animo, irrazionale come tutte le passioni, che può alternare momenti di gioia ad altri di sofferenza. L'**identificazione** con la squadra del cuore può essere tale da indurre il tifoso a sentire come proprie le sue vittorie, esultando per esse, e le sue sconfitte, avvilendosi. Si dice, con un po' di enfasi, che i tifosi siano il "dodicesimo uomo", per sottolineare l'importanza dell'incitamento agli undici giocatori in campo. Ed il *tifo* diventa anche *organizzato* quando i sostenitori di una stessa squadra si riuniscono in *clubs*, talvolta riconosciuti dalle stesse società calcistiche: in genere, si danno delle regole da seguire e talvolta hanno una sede dove riunirsi, anche per vedere le partite in televisione, mentre allo stadio occupano sempre lo stesso settore delle gradinate. Ma può anche darsi che s'incontrino dove capita, più spesso in un bar, e comunque non fanno mai mancare il loro apporto alla squadra, sia "in casa" sia "in trasferta", sobbarcandosi anche lunghi e costosi viaggi in autobus o in treno. Allo stadio si sistemano spesso nelle cosiddette "curve" dove, durante la partita, intonano canti e cori di sostegno, sventolano bandiere, innalzano stendardi, esibiscono suggestive coreografie all'ingresso in campo delle squadre, e tutto questo restandosene rigorosamente in piedi a seguire appassionatamente la partita per tutti i novanta minuti.

Le partite di calcio sono manifestazioni gioiose, occasioni di incontro di atleti e di sportivi, ed i tifosi spesso manifestano la passione per la loro squadra con intensità ed esuberanza anche pittoresca. Purtroppo capita, e non di rado, che frange di tifosi, detti comunemente ***ultrà***, trascendano nel **teppismo** ed in **atti di violenza** contro i sostenitori delle squadre avversarie, l'arbitro e le forze dell'ordine. Sono comportamenti sconsiderati che non hanno nulla a che vedere con il tifo per la propria squadra del cuore.

La violenza negli stadi è uno dei tre mali che più insidiano il calcio professionistico di oggi; gli altri sono i troppi soldi che vi circolano ed il cosiddetto *doping*.

7 La violenza negli stadi

Troppe volte gruppi di *ultrà* si sono resi responsabili di deprecabili episodi di violenza. Talvolta, dentro e fuori gli stadi, si sono scatenate addirittura vere e proprie guerriglie tra frange di "tifosi" (che sarebbe meglio chiamare "teppisti") delle due squadre rivali in campo, con aggressioni anche alle **forze di polizia** aventi il compito di scortare i tifosi ospiti e di mantenere l'ordine pubblico prima, durante e dopo lo svolgimento delle partite.

La violenza negli stadi di calcio in qualche occasione ha causato terribili tragedie, come nella tristemente nota finale di "Coppa dei Campioni" del 1985 a Bruxelles, in Belgio, tra la Juventus e la squadra inglese del Liverpool, che vide la morte di ben trentanove spettatori italiani in seguito al crollo di un muro divisorio all'interno di uno dei settori dello stadio, un cedimento causato dalla pressioni degli *hooligans*, come allora erano comunemente chiamati i più temibili e violenti tra i tifosi inglesi.

Non si può perdere la vita per una partita di calcio, per un gioco che deve invece essere uno spettacolo per le famiglie, bambini compresi. Si può anche parteggiare accanitamente per una squadra, gioire per le sue vittorie o soffrire per le sue sconfitte, ma si devono sempre rispettare gli avversari, siano essi calciatori o sostenitori dell'altra squadra.

Ma non c'è solo la **violenza fisica**, fatta di aggressioni e scontri. C'è anche la **violenza verbale**, che può far male quanto quella fisica, benché con conseguenze meno tragiche: cori offensivi contro i tifosi e i giocatori dell'altra squadra, contro gli arbitri ed i loro collaboratori e, ancora peggio, cori di scherno rivolti ai calciatori e ai tifosi della squa-

Curiosità

Il "terzo tempo" nel rugby

Al termine di una partita di *rugby* i giocatori delle due squadre sono soliti ritrovarsi, assieme a gruppi di sostenitori, per **festeggiare l'incontro appena concluso**, indipendentemente dal risultato finale. È il cosiddetto *terzo tempo*, così chiamato in quanto segue idealmente i due tempi di gioco (ciascuno di quaranta minuti) in cui si svolge una partita di *rugby*.

È una simpatica tradizione che prevede un banchetto offerto dalla squadra che ha ospitato l'incontro nel quale, in un'atmosfera di cordialità, si stemperano le tensioni dell'agonismo.

È bello che degli atleti, dopo aver lottato sul campo, si ritrovino, dopo la partita, come se fossero buoni amici da sempre, ed è anche auspicabile che il *terzo tempo* possa estendersi ad altri sport, soprattutto al calcio, insidiato dalla violenza dei "tifosi" teppisti.

dra avversaria con espressioni dal contenuto razzistico.

Per combattere la violenza negli stadi, le autorità di governo, in accordo con la Federazione Italiana Gioco Calcio, hanno di recente applicato alcune **norme molto severe**: ad esempio, il "biglietto nominativo" e la "tessera del tifoso" per conoscere l'identità di chi frequenta gli stadi; la presenza, negli impianti sportivi, di telecamere a circuito chiuso per identificare i "teppisti", nonché di personale (i cosiddetti *stewards*) addetto alla sorveglianza dei tifosi; il divieto di frequentare gli stadi per chi si è reso responsabile di atti di violenza (il cosiddetto *DASPO*, acronimo di Divieto di Accedere alle manifestazioni SPOrtive); il divieto di esporre sulle gradinate striscioni razzistici o comunque offensivi.

All'intervento repressivo deve, però, sempre associarsi quello educativo, affinché maturi in tutti gli appassionati un'autentica **cultura dello sport**, fondata sui valori della lealtà e del rispetto dell'avversario.

8 L'industria del calcio

Il calcio professionistico da un gioco si è da tempo trasformato in un'**industria che fattura milioni di euro**, il cui obiettivo è vincere non soltanto per prestigio, ma anche e soprattutto per denaro. Pensiamo agli ingaggi, alcuni davvero principeschi, dei calciatori di serie A e confrontiamoli con i redditi di un operaio o di un impiegato o anche di un professionista: la differenza è abissale e, considerando le condizioni di precarietà che caratterizzano attualmente il mondo del lavoro, può anche sembrare immorale!

In più, per questi fortunati del pallone, ci sono i guadagni provenienti dai cosiddetti ***sponsor***, cioè dalle aziende che pagano per la pubblicità del loro marchio. Le *sponsorizzazioni* consentono introiti consistenti anche alle società sportive, che si aggiungono a quelli derivanti dalla vendita di biglietti ed abbonamenti, oltre che dal cosiddetto ***merchandising***, cioè dal commercio di *gadget* vari (ad esempio, sciarpe, magliette, cappellini, guanti) con i colori della squadra del cuore. Inoltre **la *rosa* dei calciatori è come un "patrimonio"** per ogni società sportiva, tanto che le può capitare di vendere a caro prezzo, è il caso di dirlo, i suoi gioielli più pregiati, cioè i giocatori più prestigiosi, durante il cosiddetto *calciomercato* e realizzare così eccezionali profitti.

Ma i più cospicui guadagni per le società sportive ormai provengono dalla vendita dei **diritti televisivi**. Le principali reti televisive acquistano i diritti per la trasmissione "in diretta" delle partite di calcio dei campionati di serie A e B e delle competizioni internazionali, permettendone poi la visione ai telespettatori dietro sottoscrizione di particolari abbonamenti televisivi.

La "torta" complessiva dei diritti televisivi viene ripartita tra le società sportive tra le quali, però, sorgono spesso delle divergenze, in quanto i *clubs* che contano il maggior numero di "tifosi", quindi di telespettatori, pretendono una "fetta" di ricavi maggiore. Ad esempio, le "grandi" della serie A (la Juventus, l'Inter, il Milan, il Napoli, la Roma), garantendo più telespettatori perché hanno più sostenitori, non vogliono dividere gli introiti dei diritti televisivi alla pari con le società più piccole, che hanno un pubblico minore. Ma queste ultime sostengono, e non a torto, che le partite fanno parte del campionato nazionale il quale è reso possibile

Gli incassi delle squadre di serie A

Da dove provengono gli introiti delle società (percentuali calcolate sul totale degli incassi di tutte le società di serie A, campionato 2013-14)

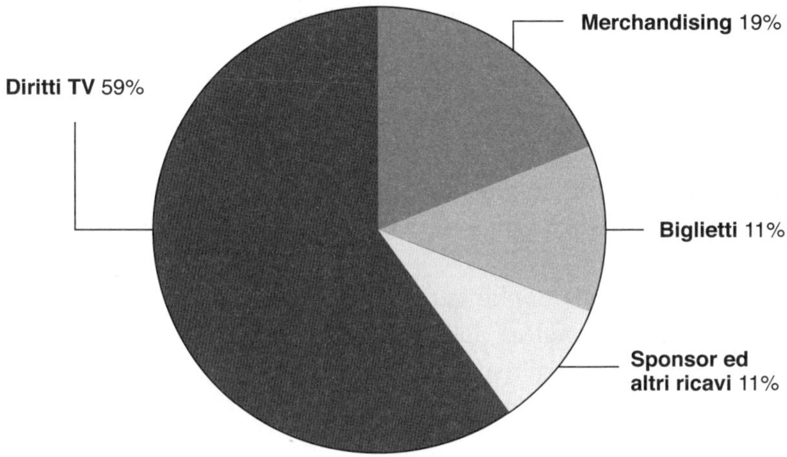

dalla partecipazione di squadre grandi e piccole.

È un meccanismo, questo, che finisce inevitabilmente per penalizzare non soltanto le società "minori" della serie A e la serie B, ma anche il calcio semiprofessionistico e quello dilettantistico, che si ritrovano con sempre meno spettatori sugli spalti dei loro piccoli stadi di periferia o di provincia ed ovviamente scarsa, se non nulla, visibilità televisiva.

L'**invadenza delle televisioni** è infatti giunta a tal punto da rivoluzionare il calendario dei campionati di calcio, in particolare delle serie A e B, le cui partite, che in passato si disputavano tutte la domenica ed alla stessa ora, vengono adesso "spalmate" nell'arco della settimana, con anticipi e posticipi pomeridiani e serali. Inoltre alla *Champions League* partecipano molte più squadre di quante un tempo disputavano la "Coppa dei Campioni" (destinata soltanto a chi vinceva il rispettivo campionato nazionale): questo per moltiplicare le occasioni di *business* televisivo.

In pratica, non c'è giorno della settimana in cui non si trasmetta una partita in tv, tra serie A, serie B e coppe europee. Un'*abbuffata di pallone* che sta progressivamente svuotando gli spalti degli stadi, soprattutto delle squadre minori e di provincia, riempiendo invece i salotti di casa per assistere alle partite in tv. Del resto, le grandi società del calcio professionistico guadagnano incomparabilmente di più dai contratti televisivi che dagli abbonamenti allo stadio.

Purtroppo la brama di profitto spinge a cercare la vittoria ad ogni costo, anche con la **corruzione** e violando le stesse regole dello sport, come dimostrano le purtroppo ricorrenti inchieste della Magistratura sui tentativi, a volte riusciti, da parte di giocatori e di dirigenti delle società di calcio, di "aggiustare" i risultati di alcune partite di campionato accordandosi con gli avversari di turno o addirittura con gli stessi arbitri.

Sono tristi episodi che gettano ombra sulla regolarità dei campionati, offendendo i valori della lealtà e della correttezza sportiva e soprattutto mancando di rispetto nei confronti dei tanti che seguono con passione, allo stadio o in tv, il calcio.

Curiosità

La tribuna con gli spettatori finti

Allo stadio "Nereo Rocco" di **Trieste**, nella partita d'esordio della Triestina nel campionato di serie B 2010-2011, avvenne un episodio a dir poco singolare: una parte della gradinata dell'impianto (chiusa al pubblico per risparmiare i costi di gestione) venne "riempita" con una gigantesca tela di spettatori dipinti, in sostituzione di quelli in carne ed ossa. Fu una provocazione della società sportiva per rispondere al calo della vendita di biglietti e di abbonamenti.

I "tifosi di plastica" sono la metafora di un calcio che si è venduto alle televisioni e vede quindi progressivamente ridursi la presenza di appassionati sugli spalti.

Ma si sentono gratificati i giocatori ad esibirsi davanti a sagome di "tifosi" che non possono né incitarli né applaudirli?

9 Il doping nello sport

Il termine ***doping***, derivante dal verbo inglese *to dope* ("drogare"), indica l'assunzione di farmaci proibiti, perché dannosi alla salute, da parte di atleti per migliorare le loro prestazioni. Tra le sostanze più usate, c'è l'**epo** (abbreviazione di "eritropoietina"), un ormone che aumenta la disponibilità di ossigeno per l'organismo sotto sforzo, ma anche il rischio d'incorrere in un infarto o in un ictus.

Il fenomeno del *doping* ha riguardato, in passato e di recente, il calcio, ma ha assunto dimensioni preoccupanti soprattutto nel ciclismo, uno sport in cui lo sforzo fisico è particolarmente intenso. Ad esempio, molte gare ciclistiche si svolgono a tappe, spesso sulla distanza di numerosi chilometri, con salite irte e faticose ed infatti, negli ultimi anni, in quasi ogni edizione del *Giro d'Italia* e del *Tour de France* (le corse a tappe più famose) si sono verificati casi di corridori trovati "positivi" al test *antidoping* o ai controlli effettuati dai nuclei speciali delle forze dell'ordine che indagano sul consumo di sostanze proibite.

Ma l'intenso sforzo fisico da parte di un atleta non può certo giustificare l'assunzione di sostanze *dopanti*. Le cause principali riguardano la brama di successo e di guadagno, la spasmodica ricerca del risultato da ottenere ad ogni costo, la fiducia riposta in medici sportivi di dubbia professionalità. Resta il fatto che la scelta di *doparsi*, volontaria o indotta che sia, viola la lealtà e l'onestà sportiva, alterando le gare, oltre ovviamente a mettere in pericolo la salute degli atleti.

Il *doping* non ha risparmiato neanche manifestazioni prestigiose come le Olimpiadi: il caso del velocista canadese Ben Johnson, vincitore di alcune gare nell'edizione di Seul, in Corea del Sud, del 1988 e poi squalificato, resta il più eclatante.

10 Tra gli altri sport: il ciclismo e l'automobilismo

Dopo il calcio, ad appassionare maggiormente gli sportivi italiani sono il ciclismo e l'automobilismo di Formula Uno.

Il **ciclismo**, nonostante i problemi legati al *doping* di cui si è detto, è molto seguito, soprattutto quando si corre il **Giro d'Italia**, la grande corsa a tappe che, dal lontano 1909, ogni anno attraversa la Penisola (e da alcune edizioni sconfina anche oltre le Alpi), sempre accompagnata da ali di folla plaudente ai bordi delle strade.

Quanti campioni italiani in passato vi hanno partecipato! **Alfredo Binda** e **Costante Girardengo**, mitici eroi dei pedali nei primi decenni del Novecento; **Fausto Coppi** e **Gino Bartali**, indimenticabili protagonisti di emozionanti sfide negli anni Quaranta e Cinquanta; **Francesco Moser** e **Giuseppe Saronni**, dominatori sulle strade negli anni Settanta e Ottanta. E quanti fuoriclasse stranieri: dal belga **Eddy Merckx** al francese **Bernard Hinault**, allo spagnolo **Miguel Indurain**! Oggi tra i migliori ciclisti ricordiamo gli italiani **Ivan Basso**, **Damiano Cùnego**, **Vincenzo Nibali** e lo spagnolo **Alberto Contador**.

La **Formula Uno**, come il calcio, muove un vorticoso giro di affari, tra ingaggi dei piloti, sponsorizzazioni e contratti televisivi per la trasmissione "in diretta" dei **Gran Premi** da tutto il mondo. Infatti il grande "circo" dei motori si sposta, con uno stuolo di tecnici e meccanici al seguito, da un autodromo all'altro in tanti Paesi, da quelli europei, tra i quali il più suggestivo è il circuito cittadino di Montecarlo nel Principato di Monaco, all'Australia, dalla Malesia alla Cina, dal Giappone agli Emirati Arabi, dalla Corea del Sud al Brasile. Anche l'Italia ha il suo Gran Premio, che si corre nell'autodromo di **Monza**, in Lombardia.

Le emozioni della Formula Uno si distribuiscono negli ultimi giorni della settimana, dal venerdì delle "prove libere" alla domenica della gara, passando per le "qualifiche" del sabato, quando si stabilisce la *pole position* (cioè la posizione di testa alla partenza) e il resto dello schieramento. La

Chi ha vinto il Giro d'Italia dal 2001

2001 - **G. Simoni**	2008 - A. Contador (Spagna)
2002 - **P. Savoldelli**	2009 - D. Menchov (Russia)
2003 - **G. Simoni**	2010 - **I. Basso**
2004 - **D. Cuneo**	2011 - A. Contador (Spagna)
2005 - **P. Savoldelli**	2012 - R. Hesjedal (Canada)
2006 - **I. Basso**	2013 - **V. Nibali**
2007 - **D. Di Luca**	2014 - N. Quintana (Colombia)

Chi ha vinto la Formula Uno dal 2000

2000 - **M. Schumacher (Ferrari)**	2008 - L. Hamilton (McLaren)
2001 - **M. Schumacher (Ferrari)**	2009 - J. Button (Brawn)
2002 - **M. Schumacher (Ferrari)**	2010 - S. Vettel (Red Bull)
2003 - **M. Schumacher (Ferrari)**	2011 - S. Vettel (Red Bull)
2004 - **M. Schumacher (Ferrari)**	2012 - S. Vettel (Red Bull)
2005 - F. Alonso (Renault)	2013 - S. Vettel (Red Bull)
2006 - F. Alonso (Renault)	2014 - L. Hamilton (Mercedes)
2007 - **K. Raikkonen (Ferrari)**	2015 - ....

tensione dei piloti e del pubblico sale fino a quando si accende il semaforo verde ed ha inizio la corsa. Che spettacolo i bolidi colorati e rombanti, i veloci sorpassi, i frenetici *pit stop* per il cambio degli pneumatici ed infine lo sventolio della bandiera a scacchi all'arrivo! Purtroppo, in un Gran Premio o durante le prove, si possono verificare anche degli incidenti tra i "bolidi" in pista. Alcuni hanno avuto conseguenze tragiche: ricordiamo la morte, in gare del passato, del canadese **Gilles Villeneuve**, dell'italiano **Elio De Angelis** e del brasiliano **Ayrton Senna**.

La maggior parte degli appassionati italiani di automobilismo ha nel cuore la **Ferrari**, la prestigiosa casa di automobili da corsa fondata a Maranello (presso Modena) nel 1929 da Enzo Ferrari. Alla guida delle due "rosse" (il colore della scuderia) con sopra il marchio del "cavallino rampante" si sono succeduti, nel corso degli anni, grandi piloti vincitori d'innumerevoli Gran Premi e di titoli mondiali: da **Alberto Ascari** all'argentino **Manuel Fangio**, dall'austriaco **Niki Lauda** al tedesco **Michael Schumacher**, dal finlandese **Kimi Raikkonen** all'attuale **Sebastian Vettel**, di nazionalità tedesca.

11 Gli sport "minori"

Alcuni sport sono considerati, ma ingiustamente, "minori" rispetto al calcio, al ciclismo e all'automobilismo di Formula Uno perché, essendo meno seguiti, non hanno un'adeguata visibilità sui *mass media*. Ecco allora che, per vederli in televisione o trovarli sulle pagine dei quotidiani sportivi, bisogna attendere eventi eccezionali come le **Olimpiadi**, sia estive sia invernali, o i Campionati del Mondo delle varie specialità sportive. Il riferimento è a discipline come l'atletica leggera, il **nuoto**, il **canottaggio**, la **ginnastica**, la **scherma**, lo **sci**.

L'**atletica leggera**, in particolare, è la "regina" delle Olimpiadi estive, che si svolgono ogni quattro anni in una diversa città del mondo (nel 2012 a **Londra**, in Inghilterra), con le sue diverse specialità: le corse sulle varie distanze, la staffetta, il salto in alto, quelli in lungo e con l'asta, il lancio del peso e del giavellotto; infine la *maratona*, la corsa di circa 42 chilometri diventata il simbolo della manifestazione e che tradizionalmente la conclude.

Tra gli sport di squadra, oltre al calcio, bisogna menzionare la **pallacanestro** e la **pallavolo**, che registrano un costante aumento dei loro appassionati, soprattutto quando sono impegnate le rispettive squadre nazionali, sia maschili sia femminili. Negli ultimi anni si è imposto all'attenzione degli sportivi italiani il **rugby**, un gioco nato in Inghilterra nei primi decenni dell'Ottocento, non tanto per il campionato, poco seguito, ma per gli incontri della nazionale che hanno attirato l'attenzione di un numero crescente di spettatori.

Tra gli sport individuali che più appassionano ci sono il **motociclismo** e il **tennis**. Il primo, in particolare per quanto concerne il **MotoGP**, ha conquistato i giovani con le "prodezze" di piloti come **Valentino Rossi**, **Marco Melandri** e **Loris Capirossi**, mentre la vita di un promettente campione, qual era **Marco Simoncelli**, è stata stroncata da un terribile incidente durante il Gran Premio della Malesia, sul circuito di Sepang, nell'ottobre 2011.

Il tennis cattura l'interesse di tanti appassionati durante lo svolgimento della ***Coppa Davis*** (competizione a squadre nazionali) e dei quattro tornei del ***Grande Slam*** (Wimbledon in Inghilterra, Roland Garros in Francia, gli Internazionali di Australia a Sidney e quelli americani a Flashing Meadles). I tennisti più importanti sul piano internazionale possono guadagnare, tra premi in denaro e ingaggi degli *sponsor*, anche più dei calciatori e dei piloti di Formula Uno, come avviene del resto anche per i migliori giocatori mondiali di **golf**, uno sport che, però, in Italia non è molto seguito.

Focus

Il fenomeno del "calcioscommesse"

Un tempo il **Totocalcio** era l'unico concorso a pronostici esistente in Italia, esclusivamente riservato al gioco del calcio: tutti alla ricerca del famoso "13" (tante erano allora le gare inserite in schedina), che poteva rendere miliardari (allora c'era ancora la lira). Poi si sono diffuse le scommesse clandestine, illegali e perseguite penalmente, che permettevano di "puntare" soldi anche su singole partite, su due, su una terna di incontri e così via.

Da quando lo Stato ha deciso di legalizzare le **scommesse**, facendole uscire dalla clandestinità, si può "puntare" su tutti gli sport e su una o più gare. Ovviamente le maggiori scommesse si registrano sul calcio e in ogni città sono sorte come funghi le ricevitorie (ma si gioca molto anche *online*) dove, per ogni partita, di qualsiasi nazione e di qualsiasi torneo, si può pronosticare l'esito conclusivo, quello parziale (alla fine del primo tempo), il numero di *goal* segnati, il calciatore che li segna, nonché prevedere la squadra che vincerà lo scudetto, quella che arriverà seconda, ecc. Un sistema che ha certamente moltiplicato le opportunità di vincita degli scommettitori, oltre che gli introiti dello Stato, ma che, essendo difficilmente controllabile a causa della **polverizzazione delle scommesse**, fa crescere il rischio di accordi per "accomodare" qualche risultato, come rivelano le ricorrenti inchieste giudiziarie.

In realtà, già in passato era esploso lo scandalo di qualche "partita truccata", ma oggi il fenomeno del *calcioscommesse* è diventato purtroppo ben più esteso, alimentato dai troppi soldi che girano nel calcio. Preoccupano in particolare gli interventi di società finanziarie internazionali, che muovono sulle scommesse grandi capitali, e della criminalità organizzata che attraverso le scommesse può "ripulire" il *denaro sporco*. Il rischio è che partite e campionati non siano più credibili.

Le parole per capire

Diritti televisivi: sono quelli di riprendere e trasmettere gli eventi sportivi, come ad esempio le partite di calcio del campionato di serie A e della *Champions League*, che le televisioni pagano sulla base di un contratto stipulato con i titolari di tali diritti: nel caso dell'esempio citato, le società di calcio.

Doping: dal verbo inglese *to dope*, "drogare", uso illecito di droghe da parte di atleti per migliorare il loro rendimento nelle competizioni, ma con il rischio di danni anche gravi all'organismo. È severamente punito dalla giustizia sportiva.

Merchandising: contratto commerciale con cui le società sportive consentono, ad aziende che producono o vendono oggetti vari, come attrezzi sportivi, palloni, *gadget*, capi d'abbigliamento, di usare il proprio nome o il proprio simbolo a scopo pubblicitario.

Sponsor: parola inglese derivata dal latino *sponsor*, "garante". Imprenditore o azienda che contribuisce al finanziamento di un'attività sportiva, di una squadra o anche solo di un atleta, allo scopo di ricavarne pubblicità. Le sponsorizzazioni costituiscono ormai una voce molto importante nei bilanci delle società sportive.

Sport professionistico: è lo sport praticato da atleti di professione, ingaggiati da società sportive con contratti che generalmente ne remunerano bene le prestazioni. Si distingue dallo **sport dilettantistico**, praticato da atleti non professionisti che tuttavia vi si dedicano con regolarità e sono tesserati da società sportive, e dallo **sport amatoriale**, praticato per puro diletto e nel tempo libero.

Tifo sportivo: accesa passione che induce a sostenere con entusiasmo una squadra sportiva o un campione.

Ultrà: dal francese *ultra*, "oltranzista in politica", è un termine usato largamente dai *mass media* per indicare il tifoso fanatico, che prende parte a manifestazioni di sostegno eccessivo alla sua squadra e, quel che è peggio, agli scontri con la tifoseria avversaria.

PROPOSTE DI LAVORO

Per la comprensione

1. *Rispondi alle seguenti domande:*

- Da che cosa si origina il divismo dei campioni dello sport? ....
....
....

- Perché gli sportivi italiani si appassionano alla Nazionale di calcio? ......
....

- Da che cosa deriva il termine *tifo* e che indica nel linguaggio sportivo? ..
....
....

- Che cosa prevede la nuova legge contro la violenza negli stadi? ....
....

- Perché gli incassi derivanti dalla vendita dei biglietti allo stadio non costituiscono più la principale fonte di introiti delle società sportive di calcio?
....

- Quali sono le gare ciclistiche a tappe più famose? ....
....

- Come si chiamano le gare del campionato mondiale di Formula 1? ....
....

- Quali sono gli altri sport più popolari in Italia? ....
....

- Che cosa sono le Olimpiadi e quali sport vi trovano maggior risalto? .....
....

- Quali fattori concorrono a determinare un'autentica cultura dello sport?
....
....

2. *Completa in modo adeguato le seguenti informazioni:*

- I grandi campioni accendono la fantasia degli sportivi perché ....
....
- Gli *sponsor* sostengono finanziariamente le società sportive perché ....
....
- Il campionato nazionale di calcio e la Champions League sono ormai pesantemente condizionati dalle televisioni perché ....
....

Per la riflessione e la produzione scritta

1. *Lo sport praticato non è così diffuso nel nostro Paese come lo sport seguito da spettatore. Quali motivi pensi che siano alla base di questa contraddizione? Che può fare la scuola per incentivare la pratica sportiva tra i giovani?*
2. *I pericoli che insidiano il calcio professionistico in Italia.*
3. *L'ammirazione dei ragazzi per i campioni dello sport: tanti s'immedesimano in loro, sognando di poterne emulare le prodezze atletiche.*
4. *Ritieni che siano necessarie particolari doti morali per affermarsi nello sport? Pensi che siano le stesse per ogni disciplina sportiva?*
5. *La violenza negli stadi è soltanto un fenomeno di teppismo oppure concorrono a determinarla anche fattori sociali? Credi che le leggi in vigore siano sufficienti a porvi rimedio? Quali iniziative in merito ti senti di suggerire: a) alle pubbliche autorità; b) alle società calcistiche; c) ai mass media; d) agli atleti in campo?*
6. *Televisione e sport: un rapporto che a volte può essere anche contraddittorio per l'eccessiva invadenza del mezzo televisivo.*
7. *Perché il calcio, il ciclismo e l'automobilismo, pur così diversi, sono gli sport più popolari nel nostro Paese?*
8. *Esponi le tue impressioni su un'edizione delle Olimpiadi che ricordi di aver seguito con particolare interesse.*

INDICE

SALVIAMO LA NATURA!

L'EMERGENZA ACQUA

IL PROBLEMA DELL'ENERGIA: C'È SOLO IL PETROLIO?

TELEVISIONE E MASS MEDIA, PUBBLICITÀ, INTERNET

I GIOVANI, LA SPERANZA PER IL FUTURO

L'INFANZIA NEGATA

I PROGRESSI DELLA SCIENZA E DELLE TECNOLOGIE

CRIMINALITÀ O CULTURA DELLA LEGALITÀ?

NEL MONDO DELLO SPORT: PASSIONI E PROBLEMI

REFERENZE FOTOGRAFICHE

- Le immagini 4,6, 13, 20, 21, 28, 37, 58, 67, 93, 98, 99, 104, 105, 106, 107, 108, 125, 127, 136 e 147 sono tratte da fotografie pubblicate su "Famiglia Cristiana".
- Le immagini 7, 15, 35, 39, 44, 59, 62, 64, 65, 74, 79, 86, 118, 119 e 140 sono tratte da fotografie pubblicate dal Gruppo Editoriale L'Espresso - La Repubblica.
- Le immagini 96 e 146 sono tratte da fotografie dell'ANSA.
- Le fotografie 32, 76 e 78 sono di National Geographic.
- Le fotografie 45 e 46 sono dell'Europeo.
- Le fotografie 23, 49 e 55 sono di Reuters/Contrasto, la 8 è di Tania-A3/Contrasto; la 9 è di Palazzotto/Olycom; la 73 è di Lombezzi/Contrasto; la 57 è di Green Peace; la 77 è di Getty Images; la 81 è di P. Carrozzino; la 82 è di De Luca/Contrasto; la 31 è di AP/La Presse; la 27 è di Calderoni/Olympia; la 123 è di Heidi Levine/Stern/Picture/Press; la 126 è di Gaillard/Reuters, la 128 è di Sygma/Corbis; la 129 è di Steve Geschinessner/SPL.
- Le fotografie 17 e 24 sono di AFP; la 90 è di Haidar AFP; la 115 è di Asia News; la 148 e la 149 sono di AFP/Getty Images.